Typologie spatio-temporelle de l'*Ecclesia* byzantine

Supplements

to

Vigiliae Christianae

Formerly Philosophia Patrum

Texts and Studies of Early
Christian Life and Language

Editors

J. den Boeft—J. van Oort—W.L. Petersen
D.T. Runia—C. Scholten—J.C.M. van Winden

VOLUME 74

Typologie spatio-temporelle de l'*Ecclesia* byzantine

La Mystagogie de Maxime le Confesseur dans la culture philosophique de l'Antiquité tardive

par

Pascal Mueller-Jourdan

BRILL

LEIDEN · BOSTON

2005

This book is printed on acid-free paper.

Library of Congress Cataloging-in-Publication Data

Mueller-Jourdan, Pascal.
  Typologie spatio-temporelle de l'ecclesia byzantine : la Mystagogie de Maxime
le Confesseur dans la culture philosophique de l'antiquité tardive / par Pascal
Mueller-Jourdan.
     p. cm.—(Supplements to Vigiliae Christianae ; v. 74)
  Includes bibliographical references and index.
  ISBN 90-04-14230-4 (hard : alk. paper)
     1. Maximus, Confessor, Saint, ca. 580-662. Mystagâgia. 2. Space and time—
Religious aspects—Orthodox Eastern Church. 3. Church. 4. Orthodox Eastern
Church—Liturgy. I. Title. II. Series.

BR65.M413M9736 2004
264'.014—dc22   2004062545

ISSN 0920-623x
ISBN 90 04 14230 4

PRINTED IN THE NETHERLANDS

καθορᾶται διὰ τῶν φαινομένων τὰ μὴ φαινόμενα . . .

La Mystagogie, chapitre 2

TABLE DES MATIÈRES

ABRÉVIATIONS

(Pour le détail des éditions, voir la bibliographie.)

Œuvres de Maxime

Amb	*Ambiguorum Liber*, PG 91 (désigne toujours dans le présent travail les *Ambigua ad Iohannem*)
Char	*Centuries sur la Charité* (de l'édition *Ceresa-Gastaldo*)
Myst	*Mystagogie* (de l'édition de *Ch. Boudignon*), voir aussi PG 91
OpThPol	*Opuscules Théologiques et Polémiques*, PG 91
Thal	*Questions à Thalassios* (de l'édition du *Corpus Christianorum*. Series Graeca)
ThEc	*Centuries sur la théologie et l'économie de l'Incarnation du Fils de Dieu*, PG 90

Autres

CAG	*Commentaria in Aristotelem Graeca*
CCSG	*Corpus Christianorum. Series Graeca*
PG	*Patrologia Graeca* (Migne)
PL	*Patrologia Latina*
SC	*Sources chrétiennes*
TLG	*Thesaurus Linguae Graeca*

Règle adoptée concernant les notes de bas de page : Quand le renvoi en note est de caractère général et purement informatif, la référence entière est donnée. Dans le cas des notes portant sur des citations—plus fréquentes—soit d'auteurs anciens, soit d'auteurs modernes, la citation a été abrégée. L'année et le lieu d'édition se trouvent dans la bibliographie générale.

DES QUESTIONS INITIALES À LA MÉTHODE D'INVESTIGATION. DÉLIMITATION DU CADRE DE RECHERCHE

L'étude proposée dans ces pages est initialement fondée sur la perception d'importantes difficultés apparues au cours de la lecture approfondie de plusieurs textes majeurs tirés de l'œuvre de Maxime le Confesseur, moine et théologien spéculatif du VIIème siècle byzantin.[1] Ce travail n'a pas été entrepris sur la base d'un résultat convenu. Il est le fruit d'un choix de textes et d'une hypothèse de lecture sans cesse révisée et re-précisée. De ce point de vue, il est l'aboutissement d'une recherche ayant reposé sur un risque, certes mesuré, mais un risque réel.

Toute la présente étude va graviter autour d'un texte de Maxime connu sous le nom de *Mystagogie*. Ce texte a récemment fait l'objet de deux études de majeures importances :

La première est la thèse de doctorat que Christian Boudignon a soutenue à l'Université de Provence (Aix-Marseille I, France) en janvier 2000 et qui s'intitule : *La « Mystagogie » ou traité sur les symboles de la liturgie de Maxime le Confesseur (580–662). Edition, traduction, commentaire.* Ce travail comporte deux volumes. Le premier se divise en deux parties : une introduction analytique et une introduction philologique. Le second volume contient le texte critique de la *Mystagogie* et une nouvelle traduction française.[2] A la différence de la plupart

---

[1] Sur la vie et l'œuvre de Maxime le Confesseur, les récentes contributions de Louth et de Larchet : A. Louth, *Maximus the Confessor*, London, New York, Routledge, 1996 ; J.-Cl. Larchet, *Saint Maxime le Confesseur (580–662)*, Paris, Cerf, Initiations aux Pères, 2003. On doit également signaler le remarquable recueil de sept documents concernant la vie de Maxime établis et édités par Pauline Allen et Bronwen Neil in : P. Allen & B. Neil eds., *Maximus the Confessor and his Companions. Documents from Exile*, Oxford University Press, 2002.

[2] L'édition critique de la *Mystagogie* proposée par Boudignon devrait faire prochainement l'objet d'une publication scientifique dans le *Corpus Christianorum Series Graeca*. L'introduction analytique de la thèse de Boudignon est commandée par une idée générale qu'il formule en ces termes : « Le traité sur les symboles que nous éditons présente une vaste fresque 'cosmologique' unique en son genre : à ce titre,

des études antérieures sur la *Mystagogie* plutôt enclines à la concevoir comme un document de nature liturgique, Christian Boudignon prend soin de positionner les propos de Maxime dans un genre qu'il nomme philosophique. Cette approche pourrait se révéler prometteuse et, en un sens, réactualiser la méthode mise en œuvre dans la dissertation doctorale soutenue à Graz en 1962 par Wolfgang Lackner ;[3] thèse qui portait formellement sur le *background* philosophique de Maxime le Confesseur. Les pages qui suivent devraient nous permettre de prolonger ces travaux et de préciser le champ du 'philosophique' auquel Maxime a vraisemblablement accédé.

La seconde étude est elle aussi une thèse de doctorat. Elle a été défendue à l'Université de Paris IV-Sorbonne (France) en décembre 2000 par Marie-Lucie Charpin. Elle porte le titre suivant : *Union et différence. Une lecture de la Mystagogie de Maxime le Confesseur*. Cette étude comprend huit chapitres suivis d'une courte conclusion, d'un dossier annexe sur la réception de Chalcédoine au VIIème siècle et d'une traduction française de la *Mystagogie*. La thèse de Marie-Lucie Charpin est claire et systématique. L'ensemble de ce travail bien construit se propose de voir dans la *Mystagogie* un acte de réception de la formule christologique de Chalcédoine. Cet ouvrage comporte d'ailleurs un épigraphe qui n'est autre que la définition conciliaire.[4] On peut toutefois relever que Marie-Lucie Charpin peine à fonder sur texte son hypothèse de lecture dans la mesure où la *Mystagogie* garde sur le sujet—ce que M.-L. Charpin reconnaît elle-même—un silence étonnant. On peut de plus signaler dans cette thèse la quasi absence de renvoi aux sources philosophiques du Confesseur bien que le lexique utilisé par Maxime dans la *Mystagogie* soit lourd de sens dans le cadre référentiel du néoplatonisme.

Ce fut à notre tour de nous demander quels pouvaient être la nature et l'objectif de ce document. Notre interrogation est partie d'une observation à l'origine fort simple mais qui allait conduire dans les arcanes et par là l'originalité de la *Mystagogie* maximienne. Parmi les ambiguïtés émergeant de ce travail de décryptage, nous avons

---

il est extrêmement précieux pour évaluer la philosophie maximienne. En même temps, cette Weltanschauung fonde une philosophie du symbole à l'œuvre dans toute sa production » (p. 32).

[3] Cf., W. Lackner, *Studien zur Philosophischen Schultradition und zu den Nemesioszitaten bei Maximos dem Bekenner*, Graz, 1962 (thèse dactylographiée).

[4] Cf., *Denzinger*, Symboles et définitions de la foi catholique [§ 301–302], J. Hoffmann ed., Paris, Cerf, 1996.

commencé par relever la composition de la *Mystagogie* elle même. Elle est relativement problématique dans la mesure où, comme notre analyse ultérieure de la structure de l'œuvre devrait contribuer à l'établir, il semble que nous soyons en présence de deux traités juxtaposés[5] cadrés par un courrier introductif et par une sorte de conclusion générale où le destinataire de Maxime n'est même plus mentionné. Ce constat attira notre attention sur la raison de ce diptyque, la nature des deux parties et sur leur contenu. Il apparut alors assez distinctement que la première partie reposait sur la description d'un lieu composé de deux espaces (temple et sanctuaire). De cette description relativement sommaire d'un édifice religieux, Maxime allait tirer une typologie spatiale dont l'universalité dans ce système ne fait aucun doute. Ce constat nous amena à nous intéresser au détail du contenu de la seconde partie qui non seulement décrit une succession de rites mais surtout leur impose une riche interprétation symbolique. Nous avons émis alors l'idée que Maxime pouvait avoir voulu y tracer, sur un schéma similaire à la première partie, une certaine typologie de la temporalité. Nous sommes ainsi parvenus à une hypothèse générale de lecture qui a accompagné la marche progressive de notre enquête : Maxime le Confesseur pouvait avoir eu l'intention de présenter dans la *Mystagogie* une typologie spatio-temporelle de l'*ecclesia*[6] byzantine. Il était cependant délicat de traiter cette question sous cet angle direct. Nous nous sommes donc proposés de la reprendre en termes plus nuancés : La *Mystagogie* maximienne, exprime-t-elle, sous une certaine forme typologique, une application d'une théorie de l'espace et du temps qui lui est présupposée ?

La nouveauté et la difficulté de l'entreprise méritaient un important effort de clarification des concepts 'lieu' et 'temps' dont on sous-estime fréquemment non seulement la complexité mais aussi l'importante mutation qu'ils subissent dans la culture philosophique des élites byzantines du VIIème siècle et ceci sous la vraisemblable influence du 'commentarisme' néoplatonicien d'Aristote. Il fallait de plus être en mesure de vérifier le postulat de leur réception par Maxime le Confesseur et, le cas échéant, trouver le moyen de nous assurer de leur usage dans le contexte même de la *Mystagogie*.

---

[5] Cf., les expressions recueillies dans le huitième chapitre qui assure la transition entre les deux parties de la *Mystagogie*. Le premier traité (chapitre 1 à 7) porterait le titre suivant : περὶ τῆς ἁγίας ἐκκλησίας θεωριῶν [Myst 8.602 (688b)] et le second (chapitre 8 à 23), celui-ci : περὶ τῆς ἁγίας συνάξεως [Myst 8.603–604 (688bc)].

[6] L'usage de la transcription grecque du terme 'église' sera expliqué ci-après.

Ce travail dut donc s'engager dans un examen minutieux d'un appareil terminologique insuffisamment étudié jusqu'alors dans l'œuvre du moine byzantin. A l'exception de la contribution de Sheldon-Williams dans *The Cambridge History of Later Greek and Early Medieval Philosophy*[7] en 1967 et de la récente thèse de doctorat soutenue en 1999 à Oslo par Torstein Tollefsen,[8] aucun travail d'érudition n'a, à notre connaissance, mesuré l'importance dans le système de Maxime de l'usage de deux toutes petites catégories tirées des œuvres logiques d'Aristote et, plus vraisemblablement, de leur situation dans l'esprit de système qui semble avoir partiellement dominé les productions du néoplatonisme. Il s'agit des catégories ποῦ (où) et πότε (quand), respectivement des concepts 'lieu' et 'temps' (*chronos-aiôn*). Comme nous le verrons, ces notions considérées comme accidentelles par rapport à la toute puissante catégorie de substance (οὐσία) vont subir une sorte de promotion dans la doctrine du moine byzantin. Aucun système du monde ne leur avait jusqu'à Maxime accordé cette suprématie.[9] Cette accession de la spatio-temporalité au statut de condition *sine qua non* du monde créé (cf., *Ambiguum* 10 analysé dans le deuxième chapitre) nous poussa, de fait, à repenser la représentation maximienne de l'Univers en fonction de ces deux notions 'maîtresses' : le lieu et le temps. On peut s'étonner de constater le peu d'importance accordée aux conditions mêmes de l'être créé dans la plupart des études qui cherchent pourtant à déterminer les principes du système cosmologique de Maxime. C'est dans la perspective d'évaluer sur texte le statut de l'*ecclesia* byzantine sous le rapport

---

[7] Cf., I.P. SHELDON-WILLIAMS, « The Greek Christian Tradition from the Cappadocians to Maximus and Eriugena », *The Cambridge History of Later Greek and Early Medieval Philosophy*, A.H. Armstrong ed., Cambridge, 1967, notamment p. 500.

[8] Cf., T. TOLLEFSEN, *The Christocentric Cosmology of St. Maximus the Confessor*. A Study of his Metaphysical Principles, Universitet i Oslo, Acta humaniora nr. 72, 2000, p. 138–142. La thèse de Tollefsen est malheureusement passée inaperçue dans le monde francophone. Il a fallu compter sur la commodité des moteurs *web* de recherche et sur la gentillesse de Tollefsen lui-même pour y accéder. Il a bien voulu nous la faire parvenir sans délai aux Etats-Unis où nous nous trouvions pour la rédaction finale de ce travail.

[9] Nous aurons cependant l'occasion de relever ci-après la probable influence que les conceptions de Jamblique peuvent avoir exercé sur cette importante mutation, dans la tradition philosophique, de la nature des catégories espace-temps. Il n'est pas impossible non plus qu'une lecture attentive du *Parménide* de Platon ait préparé dans la tradition byzantine, représentée ici par Maxime, cette promotion du lieu et du temps, respectivement de la localisation et de la temporalisation au niveau des conditions de l'être.

du lieu et du temps que seront relues ici quelques sections parmi les plus délicates à interpréter de l'œuvre de Maxime le Confesseur.

Formellement, notre structure d'enquête et ses résultats se présentent de la façon suivante :

Le premier chapitre se propose de situer la *Mystagogie* dans les écrits de Maxime puis abordera la question assez délicate du genre littéraire dans lequel ce texte s'inscrit. Il cherchera notamment à évaluer la récente thèse de Christian Boudignon qui voulait y voir 'un véritable traité philosophique sur les symboles'. Les difficultés que soulèvent cette affirmation y seront examinées. Cette entrée en matière sera suivie d'une analyse du contenu formel de la *Mystagogie*. Nous verrons en détail l'organisation interne de ce document en y dégageant les structures rhétoriques principales. Ce travail assez austère qui méritait d'être entièrement repris se justifie par l'absence, jusque dans les plus récentes études,[10] d'une correcte perception de la répartition des matériaux conceptuels exposés dans la *Mystagogie*. Le dernier sous-chapitre de cette première partie présentera les conditions de nouvelles perspectives de lecture pour la *Mystagogie* en la situant dans la culture philosophique des VIème et VIIème siècles.[11] Nous y préciserons la nature du 'philosophique' dans l'Antiquité tardive et les points de contact les plus sérieux avec les objectifs du document maximien. Ces choses étant établies, il nous sera possible de proposer un nouvel examen des présupposés catégoriels qui sous-tendent la question de la nature de l'*ecclesia* dans la *Mystagogie*.

L'objectif du deuxième chapitre est de recenser, de classer et d'organiser toutes les notions qui découlent de la réception, par Maxime, des catégories de lieu et de temps. L'intégration, à la base même du système du moine byzantin, de matériaux notoirement

---

[10] Les thèses de Christian Boudignon et de Marie-Lucie Charpin-Ploix toutes deux défendues en l'an 2000 (pour le détail, voir la Bibliographie).

[11] Cette section et plus généralement l'ensemble de cette étude devrait contribuer à relever le *challenge* lancé par Andrew Louth qui pensait que la clarification de l'héritage du Confesseur représente une des directions les plus prometteuses des recherches à venir sur Maxime. Il devait souligner dans un article récent l'importance des traditions philosophiques notamment du néoplatonisme reinterprété par Némésius, évêque d'Emèse, par Denys l'Aréopagite, mais également par les commentateurs néoplatoniciens chrétiens d'Aristote connus sous les noms d'Elias et David que l'on situe habituellement dans le VIème siècle alexandrin. Cf., A. LOUTH, « Recent Research on St Maximus the Confessor : A Survey », *St Vladimir theological Quarterly* 42 (1998) 73–74.

marqués par l'aristotélisme néoplatonicien doit faire l'objet d'un examen minutieux. Nous y aborderons successivement la catégorie 'où' et la catégorie 'quand' que Maxime discute dans l'*Ambiguum* 10. Ce dernier texte date de la même période d'activité littéraire que la *Mystagogie*. Nous pourrons ainsi établir un premier cadre conceptuel en mesure de nous aider à analyser le statut de l'*ecclesia* maximienne. De façon à compléter les premières notions recueillies et à mieux cerner la place du lieu et du temps dans un système philosophique du monde profondément marqué par le néoplatonisme, nous étudierons certaines des mutations les plus significatives que ces deux catégories devaient subir. Nous verrons notamment que la tradition philosophique qui va de Jamblique à Damascius et dont Simplicius se fait l'écho fera remonter les catégories physiques de lieu et de temps dans le voisinage de l'Un dont elles pourraient exprimer un des modes de présence. Ce chapitre sera conclu par un bref tableau réorganisant toutes les notions recensées.

En possession de cet appareil terminologique qui structure la représentation maximienne de l'Univers, nous serons en mesure d'aborder le troisième chapitre.

Celui-ci comprend trois parties qui seront coordonnées comme suit : (1) Analyse de la première *théoria* (chapitre 1 de la *Mystagogie*) : en tant qu'elle porte le type et l'image de Dieu, l'*ecclesia* est conçue comme une entité dotée d'une puissance d'union. (2) Analyse de la deuxième *théoria* sur l'*ecclesia* (chapitre 2 de la *Mystagogie*) : examen de la configuration interne de l'édifice qui se muera sans peine, par abstraction, en une typologie spatiale universelle. Nous verrons que la perception de la stabilité et la permanence des rapports des parties qui constituent l'*ecclesia* une selon l'hypostase se substituent à une analyse de la nature dominée par l'instabilité et la corruption. Cette vision idéaliste est étonnante par son originalité. (3) La troisième partie nous permettra non seulement de mesurer l'impact de la deuxième *théoria* sur la conception du temps chez Maxime, notamment le rapport assez subtil du temps (*chronos*) et de l'*aiôn*, mais également de dégager de l'analyse du mouvement liturgique une typologie universelle de la temporalité. A l'inverse de la typologie spatiale reposant sur une description objective de l'organisation interne de la construction ecclésiale, la typologie temporelle est une typologie reconstruite en inférant les principes de relation visible/invisible de l'espace sacré sur l'analyse du mouvement liturgique et de la succession ordonnée des rites.

L'ensemble de ce travail d'exégèse repose sur les postulats suivants :
L'*ecclesia* maximienne est une entité active.

Sa disposition spatiale n'est pas purement factuelle. Elle est efficace.
Elle coïncide avec la définition du lieu comme entité active telle que
l'a précisée le néoplatonisme.

La progression des actions liturgiques exprime non seulement un
ordre 'temporel' ordonné mais un ordre 'temporel' ordonnant.

La typologie spatio-temporelle de l'*ecclesia* byzantine est l'expression
d'une disposition providentielle de Dieu à l'égard des êtres qu'il
a produit.

La méthode adoptée pour mener à bien cette investigation comprend deux caractéristiques fondamentales. La première consiste à
entrer dans la pensée de Maxime par les textes en privilégiant l'examen du lexique et en apportant une attention spéciale à la structure rhétorique de l'exposé qui trahit habituellement chez le moine
byzantin les étapes d'un argument de nature philosophique. L'analyse rhétorique offre ici de précieux indices pour opérer une exégèse
sérieuse et systématique des textes de cette étude. Nous aurons à
plusieurs reprises l'occasion de démontrer 'sur pièces' l'importance
de la prise en compte de la construction de cette forme d'expression écrite. La seconde caractéristique a déjà été signalée précédemment. Il sera fait en effet une grande place à l'environnement
philosophique qui a permis au Confesseur de se trouver à l'orée d'une
époque dite proprement byzantine par comparaison à l'époque précédente plus communément appelée patristique. Dans la *Mystagogie*,
son style est manifestement marqué, comme celui des grands philosophes athéniens, par l'esprit de système.

L'approche proposée dans ces pages verra s'entrecroiser des questions philologiques, des questions littéraires, des questions philosophiques, le tout pouvant se résumer dans le genre 'exégèse philosophique
des textes'.

Exégèse : car il s'agit bien de faire émerger des concepts et des relations de concepts.

Philosophique : car les préoccupations *a priori* de cette étude relèvent
de la logique et de la physique telles qu'on pouvait les concevoir
dans l'Antiquité tardive.

. . . *des textes* car ils sont la matière première de ce travail.

CHAPITRE 1

NATURE DE LA *MYSTAGOGIE* DE MAXIME LE CONFESSEUR

1.a. *Situation de la* Mystagogie *dans les écrits de Maxime*

Tous les écrits de Maxime, quelles que soient les inévitables traces de maturation repérables lorsqu'on les lit diachroniquement, sont l'œuvre d'un homme dans la force de l'âge. Il semble, si l'on s'en tient aux travaux de Sherwood, que nous ne possédions aucun écrit de Maxime avant l'âge de quarante-cinq ans.[1]

Trois genres littéraires principaux dominent ses travaux.[2] Nous écartons volontairement le genre épistolaire tout en signalant que la correspondance qu'entretint Maxime avec de nombreuses personnalités traite de plusieurs problèmes dogmatiques notamment de précisions lexicales tout à fait capitales.[3] La Lettre XV au diacre Cosmas par exemple montre le moine byzantin bien renseigné de ce qui pouvait se transmettre de la logique aristotélicienne à un auteur chrétien oriental du VIIème siècle. Le témoignage que lègue Maxime de l'usage chrétien de divers concepts aristotéliciens est particulièrement

---

[1] Cf., P. Sherwood, *An annotated date-list of the works of Maximus the Confessor*, p. 23, 59–62.

[2] Sur les formes littéraires de l'œuvre de Maxime, voir : A. Louth, *Maximus the Confessor*, p. 20ss ; T. Tollefsen, *The Christocentric Cosmology of St. Maximus the Confessor*, p. 8ss mais également la meilleure mise au point actuelle : A.E. Kattan, *Verleiblichung und Synergie*. Grundzüge der Bibelhermeneutik bei Maximus Confessor, p. XXX–XLIX.

[3] Cf., Lettre XV, PG 91, 544d–576b pour les notions de *commun*, d'*universel*, de *particulier* et de *propre* (à noter la parenté de ces notions avec celles qui sont présentées dans l'*Isagogè* de Porphyre dont les commentaires ne sont pas rares à l'époque de Maxime [voir en bibliographie sous David, Elias et Pseudo-Elias]) ; toujours dans la *Lettre* 15, les notions de *nature*, d'*hypostase*. Les précisions lexicographiques assez formelles recueillies par Maxime servent incontestablement de base à la christologie chalcédonienne à laquelle se consacre son courrier théologique. Voir également l'analyse des termes entrant dans la définition de l'action volontaire, in : OpThPol 1, PG 91, 9a–37a. Dans un autre opuscule, Maxime propose une liste recensant les divers sens de l'union, in : OpThPol 18, PG 91, 212c–216a. Ce texte court ("Οροι ἑνώσεως) a fait l'objet d'une importante clarification de sa tradition manuscrite dans un article qui en offre également une nouvelle édition et une traduction, in : P. Van Deun, « L'Unionum definitiones (*CPG* 7697, 18) attribué à Maxime le Confesseur : étude et édition », *Revue des Etudes Byzantines* 58 (2000), 123–147.

important pour tenter de faire un état des lieux aussi précis que possible de la nature de la réception de la philosophie grecque dans le monde byzantin à la veille des invasions arabes et de l'appropriation par l'Islam des topiques fondamentaux de la Grèce antique.[4]

La première forme littéraire que l'on trouve dans les œuvres de Maxime est celle de la *Centurie*. Le genre paraît avoir trouvé un terrain de prédilection dans la tradition monastique.[5] Il y a peut-être même été inauguré. Il atteint chez Maxime sa pleine maturité. Comme son nom l'indique, la *Centurie* est une chaîne de cent petits chapitres ou paragraphes faciles à mémoriser. Certaines études modernes ont pensé que le nombre cent symbolisait la perfection ou une certaine plénitude.[6] Chacun de ces chapitres a une double finalité : didactique d'abord, puis pratique. Ils indiquent non seulement le cadre d'exercice d'une conduite correcte de la pensée mais aussi les orientations morales conformes aux principes théoriques préalablement établis. Maxime nous a laissé quatre *Centuries sur la charité* et deux *Centuries sur la théologie et l'économie de l'Incarnation du Fils de Dieu*. Ces deux dernières sont plus techniques que les premières. Ce genre a pris chez le Confesseur la forme d'une compilation dont la structure de composition reste à déchiffrer. On y trouve des formules dogmatiques, des formules philosophiques, des conseils spirituels, une symbolique dont la teneur parfois excessivement ornée décourage toute tentative de compréhension.

La deuxième forme est particulière car elle part de difficultés d'ordre rationnel apparaissant soit dans l'Écriture Sainte comme dans les *Questions à Thalassios*, soit chez deux auteurs qui ont joui d'une incontestable autorité dans les milieux monastiques fréquentés par Maxime : Grégoire de Naziance et Denys l'Aréopagite. Ce dernier ouvrage nous a été transmis dans les travaux d'érudition sous son nom latin : *Ambigua* ou *Liber Ambiguorum* qui traduit le titre grec : περὶ διαφόρων ἀπόρων. . . .[7] D'autres œuvres de Maxime pourraient sans

---

[4] On peut rappeler la précieuse thèse de Wolfgang Lackner (voir *Bibliographie*) défendue à Graz en 1962 mais restée malheureusement inédite. Lackner a recensé la plupart des termes de logique philosophique utilisés par Maxime le Confesseur.

[5] Cf., EVAGRE LE PONTIQUE, *Traité pratique ou le moine* I & II, A. & C. Guillaumont, Paris, Cerf, SC 170–171, 1971 ; mais aussi : DIADOQUE DE PHOTICÉE, *Œuvres spirituelles*, E. des Places ed., Paris, Cerf, SC 5ter, 1997.

[6] Cf., A. LOUTH, *Maximus the Confessor*, p. 20.

[7] Il a été récemment établi que les deux séries composant le Livre des *Ambigua*

nulle doute y figurer mais ces dernières sont particulièrement repré-
sentatives du genre.

Le troisième genre littéraire enfin est nettement plus convention-
nel puisqu'il s'agit du commentaire. On en dénombre habituellement
trois, un *Commentaire du Notre Père*, un commentaire *Sur le Psaume LIX*[8]
et la *Mystagogie*. On peut avec certaines précautions classer la *Mystagogie*
sous le genre 'commentaire' mais on doit le distinguer de ce que
l'on nomme usuellement 'commentaire' dans la tradition philosophique de l'Antiquité tardive. Dans cette tradition, le genre 'commentaire' est caractérisé par un retour à l'exégèse rigoureuse des textes
anciens qui font autorité.[9] On prend d'abord appui sur la lettre du
texte en expliquant tous les mots, principalement ceux qui font
difficulté, et la structure des textes ; cette première démarche est
nommée *lexis*, elle est suivie de la *théoria* qui est une explication et
une interprétation s'autorisant de la première partie du travail. Il est
sûr que la composition duelle de la *Mystagogie* ne peut prétendre
reproduire un mode d'exposé analogue. Le caractère fortement symbolique de ce texte, notamment dans la seconde partie, ne contribue guère à en faire une sorte de version théologique du commentaire
scientifique philosophique. Le titre même de 'commentaire liturgique'
est assez embarassant car on se trouve face à une première partie
(chapitres 1 à 7 inclus) dont on ne sait vraiment que faire car la
mention du rite liturgique n'y apparaît simplement pas.

Essayons ici de reprendre les choses avec ordre et méthode en
prenant appui sur les récents travaux de Christian Boudignon,
auteur d'une nouvelle édition critique de la *Mystagogie*.[10] Nous nous
proposons de vérifier ci-après plusieurs points de son introduction
analytique.

---

ne formaient pas, dans le projet initial de Maxime, un seul corpus. Pour une dis-
cussion détaillée de ce problème, voir l'introduction d'E. Jeauneau à : *Maximi Confessoris
Ambigua ad Iohannem. Iuxta Iohannis Scotti Eriugenae latinam interpretationem*, Leuven-
Turnhout, Brepols, CCSG 18, 1988, p. IX–XIII. Voir également : *Maximi Confessoris
Ambigua ad Thomam una cum Epistula Secuda and Eundem*, B. Janssens ed., Leuven-
Turnhout, Brepols, CCSG 22, 2002.

[8] Ces deux derniers ont fait l'objet d'une récente édition critique : *Maximi Confessoris
Opuscula exegetica duo*, P. Van Deun ed., Leuven, Brepols-Turnhout, CCSG 23, 1991.

[9] Cette observation sur la nature du commentaire philosophique et les remarques qui suivent proviennent de l'article <Athènes. Ecole néoplatonicienne d'> de
Saffrey reproduit dans : H.D. SAFFREY, *Recherches sur le néoplatonisme après Plotin*,
p. 128ss.

[10] Cette édition critique doit faire l'objet d'une prochaine parution dans le *Corpus*

Le titre de l'œuvre n'est connu que sous le nom de *Mystagogie*. C'est ainsi du moins que l'usage l'a imposé. En effet, un certain consensus s'est établi pour désigner l'écrit maximien par ce terme. Toutefois, comme le précise l'étude introductive de Christian Boudignon, cette appellation doit être précisée par le titre qui provient de la tradition manuscrite ancienne :[11] « De quoi sont symboles les actes accomplis dans la sainte Eglise lors de la divine Réunion (synaxe) [περὶ τοῦ τίνων σύμβολα τὰ κατὰ τὴν ἁγίαν ἐκκλησίαν ἐπὶ τῆς θείας συνάξεως τελούμενα καθέστηκεν] ».

Ce titre est complété par le nom du destinataire : Au sieur Théochariste[12] (Κυρίῳ Θεοχαρίστῳ) et par le nom de l'auteur du traité : Maxime humble moine (Μάξιμος ταπεινὸς μοναχός).

Le titre *De quoi sont symboles*... est enfin fréquemment précédé d'un autre titre : *Au sujet de la mystagogie ecclésiastique* (περὶ ἐκκλησιαστικῆς μυσταγωγίας).

Selon Boudignon, la *Mystagogie* serait non seulement une œuvre d'explication des symboles de la liturgie mais plus généralement un essai sur les symboles.[13] Il consacre définitivement cette idée en affirmant : « L'ouvrage dédié à Théochariste et par lui, à l'intelligentsia hellénophone chrétienne d'Afrique, qui selon le sens véritable du titre porte sur la symbolique de la liturgie de la messe ou Réunion, constitue un véritable traité philosophique sur les symboles ».[14]

Christianorum. Series Graeca des éditions Brepols. Se référer à la bibliographie pour le détail. Christian Boudignon a eu l'amabilité de nous remettre son manuscrit au cours d'une rencontre de travail au printemps 2002 à Lyon (France). On lui doit également d'avoir pu discuter le postulat central de cette enquête et d'avoir pu ainsi bénéficier de ses précieux conseils.

[11] Christian Boudignon renvoie à deux manuscrits qui figurent parmi les plus anciens, le *Vaticanus graecus* 504 de l'année 1105 et le *Coislinianus* 293 du XIème siècle. Cf., Ch. BOUDIGNON, *La « Mystagogie » ou traité des symboles de la liturgie*, p. 33.

[12] Sur l'identification de ce dernier, Ch. BOUDIGNON, *La « Mystagogie » ou traité des symboles de la liturgie*, p. 34.

[13] Assertion qu'il développera ainsi : « Le terme essentiel est le mot symbole qui appartient au vocabulaire philosophique de l'époque et qui donne bien le sens de l'ouvrage centré sur cette question : les arrière-fonds symboliques de la célébration (partie théorique), le symbole comme empreinte et participation à ce qui est représenté (τύπος), le symbole comme image de ce qui est représenté (εἰκών), la double efficacité du symbole à la fois action divine (χάρις) et objet de contemplation de l'âme (θεωρία), la distinction entre la réalité subsistante (εἶδος) désignée par le symbole et cette réalité de relation qu'est le symbole... », in : Ch. BOUDIGNON, *La « Mystagogie » ou traité des symboles de la liturgie*, p. 35.

[14] Ch. BOUDIGNON, *La « Mystagogie » ou traité des symboles de la liturgie*, p. 38.

L'idée, séduisante, ne parvient toutefois pas totalement à emporter l'adhésion.

Un rapide regard sur le traité maximien qui comporte deux volets principaux (I = chap. 1–7 / II = chap. 8–24) créé une sorte de malaise car seuls les rites accomplis lors de la sainte synaxe (du chapitre 8 au chapitre 21, avec les *addenda* des chapitres 22–23–24)[15] sont au sens propre porteurs de la symbolique que le titre de l'œuvre paraît induire (περὶ τοῦ τίνων σύμβολα τὰ κατὰ τὴν ἁγίαν ἐκκλησίαν ἐπὶ τῆς θείας συνάξεως τελούμενα καθέστηκεν). On ne sait dès lors que faire exactement du premier volet qui apparaît comme une sorte d'immense avant-propos. Mais peut-être convient-il de rapidement préciser ce que l'on peut entendre par 'symbole'.

De façon générale, 'symbole' désigne un certain rapport, un rapport de type signifiant—signifié, quelque chose qui dit quelque chose de quelque chose d'autre, une réalité porteuse d'une signification qui l'outrepasse. En ce sens, elle est une certaine réalité qui, en soi, possède un pouvoir interne de représentation,[16] un signe concret qui évoque quelque chose d'abstrait, voire d'absent. Il n'est guère aisé de déterminer si le symbole repose sur quelques *a priori* rigoureux ou s'il est de pure convention. De fait sa définition tend à osciller entre les deux.

On peut admettre que la *Mystagogie* dans sa totalité porte sur des rapports symboliques. On doit alors comprendre 'symbolique' diversement selon que l'on parle de la première ou de la deuxième partie du traité maximien. Dans la première partie, 'symbolique' signifie 'correspondance (i.e. analogie) structurelle'. Maxime y expose un système de rapport 'terme à terme' entre l'*ecclesia*, le monde, l'homme, l'âme et l'Écriture.[17] Ces rapports ne sont toutefois pas hiérarchisés. Dans la seconde partie, 'symbolique' signifie que l'action rituelle

---

[15] Christian Boudignon pense que le découpage en chapitres et les titres qui les introduisent ne proviennent pas de Maxime. Œuvre d'un scholiaste, ils seraient apparus à la fin du IXème siècle témoignant d'une probable ancienne tradition de lecture. Sur le sujet : Ch. BOUDIGNON, *La « Mystagogie » ou traité des symboles de la liturgie*, p. 38.

[16] Cf., Prise de position de L. Brunschvicg extraite de la discussion à la séance du 7 mars 1918, in : A. LALANDE, art. 'Symbole', in : *Vocabulaire technique et critique de la philosophie*, Paris, PUF, 1988^16, p. 1080.

[17] Cf., le tableau synthétique proposé par V.L. DUPONT, « Le dynamisme de l'action liturgique. Une étude de la Mystagogie de saint Maxime le Confesseur », *RevSR* 65 (1991) 369.

'brute' est porteuse d'un sens caché ou, pour reprendre l'expression de Maxime, d'un sens implicite (ὑποσημαίνουσα [Myst 14.693–694 (692d)]) et, semble-t-il, d'une efficacité religieuse.

Par-là, si nous pouvons admettre avec Boudignon qu'il s'agit bien d'un traité portant sur des rapports symboliques, il est plus difficile d'accepter sans réserve l'appellation 'véritable traité philosophique sur les symboles' avant d'avoir précisé la nature du 'philosophique' dont il est éventuellement possible de faire usage. La notion de 'philosophie' ou de 'traité philosophique' voire même de 'genre philosophique' est discutée par Boudignon dans le deuxième chapitre de son introduction analytique aux pages 33 à 49. Il parvient aux conclusions suivantes : « Le présent ouvrage est un traité qui suit le plan des traités techniques de l'Antiquité : une première partie théorique suivie d'une partie analytique. C'est un traité philosophique dans la mesure où il reprend à peu près pour la première partie le schéma de la première partie du Περὶ ἀρχῶν d'Origène. Il s'inscrit dans la pratique concrète de la philosophie de la fin de l'Antiquité . . . Maxime se situe donc dans une tradition philosophique commune au christianisme et au néo-platonisme antiques ».[18] Les parallèles plus rhétoriques que philosophiques fournis par Boudignon à l'appui de cette thèse ne sont pas inintéressants mais il est permis de mettre en doute l'idée d'une tradition philosophique *commune* au christianisme et au néoplatonisme.[19] Tout au plus peut-on noter certaines préoccupations communes en partant des indications que nous livre le moyen-platonisme sur l'effort du philosophe qui, affirme par exemple Alcinoos en suivant Platon, porte sur trois

---

[18] Ch. Boudignon, *La « Mystagogie » ou traité des symboles de la liturgie*, p. 48–49. En soutenant que la *Mystagogie* entre 'dans la pratique concrète de la philosophie de la fin de l'Antiquité', Boudignon paraît méconnaître le genre littéraire qui caractérise justement la fin de l'Antiquité. Comme l'a bien montré pour cette période H.-D. Saffrey : « le retour à l'étude sérieuse des textes philosophiques se voit dans la création d'une forme littéraire nouvelle, celle du commentaire scientifique. Cette méthode consiste à soumettre le texte à une exégèse littérale en le divisant par péricopes et en expliquant tous les mots, c'est la lexis, qui donnera au Moyen-Age la lectio ou la lectura. Puis on reprend les résultats de cette exégèse dans la théoria qui est une explication et une interprétation du texte étudié », in : H.-D. Saffrey, *Recherches sur le néoplatonisme après Plotin*, p. 128.

[19] Les travaux de Stephen Gersh ont mis à jour les points de contacts possibles et les évidents points de rupture. Se reporter à son ouvrage principal sur le sujet : St. Gersh, *From Iamblichus to Eriugena. An Investigation of the Prehistory and Evolution of the Pseudo-Dionysian Tradition*, Leiden, Brill, 1978.

points : « la contemplation et la connaissance des êtres, la pratique des belles actions et l'étude même du raisonnement. On appelle théorétique la connaissance des êtres (ἡ μὲν τῶν ὄντων γνῶσις θεωρητική) ; pratique celle des actes qu'il faut accomplir (ἡ δὲ περὶ τὰ πρακτέα πρακτική) ; dialectique, celle du raisonnement ».[20] Du point de vue de la répartition des matériaux, la *Mystagogie* présente une certaine ressemblance avec les domaines d'investigation sur lesquels porte ordinairement l'effort du philosophe ;[21] on peut en effet y reconnaître des éléments théoriques (théologie mystique, étude de la nature) dominant les premiers chapitres et des éléments pratiques dominant les derniers (philosophie morale). On y peut relever une 'apparente absence' d'étude de la logique. On tentera pourtant de démontrer par la suite la présence de plusieurs éléments de logique nécessairement présupposés au traité maximien.

On peut regretter que la notion de philosophie retenue par Christian Boudignon à l'appui de sa thèse demeure finalement imprécise car elle aurait pu contribuer à éclaircir la nature du propos de Maxime et à déterminer plus distinctement l'objectif qu'il se propose en livrant toutes les considérations spéculatives qui s'y trouvent présentées. Elle doit donc impérativement être clarifiée. Peut-être alors sera-t-il permis de repérer dans la *Mystagogie* des préoccupations de nature philosophique offrant quelques parallèles possibles avec la définition de la 'philosophie' telle qu'elle s'est imposée dans l'Antiquité tardive. Mais il faut préalablement tenter de faire un état exact du contenu de la *Mystagogie* maximienne et de son organisation interne. On peine en effet à trouver—même dans les récentes études sur la *Mystagogie*—un plan qui prenne appui sur la lettre du texte de Maxime.

1.b. *Des divers niveaux de structure dans la* Mystagogie

La *Mystagogie* comporte 24 chapitres précédés d'une introduction.

Il est relativement aisé d'établir un plan général du livre.[22] L'analyse du document peut ainsi nous fournir quelques clés de lecture

---

[20] ALCINOOS, *Enseignement des doctrines de Platon* [153.25ss], J. Whittaker ed.
[21] Une étude du plan du traité d'Alcinoos sur l'*Enseignement des doctrines de Platon* (p. LXX–LXXI de l'édition de J. Whittaker) fournirait en effet un utile point de comparaison avec l'ordre des sujets traités par la *Mystagogie*.
[22] Nous ne retenons pas ici le plan proposé par Boudignon qui présente plusieurs incohérences dans sa structure et sa numérotation.

utiles pour élucider la nature du propos du moine byzantin. Cette première proposition de plan sera ensuite spécifiée en prenant pour critères les indices tirés du texte même.

> *Introduction* (προοίμιον)
> *Première partie*
> Chapitres 1 à 7 : Théories concernant l'*ecclesia* / περὶ τῆς ἁγίας ἐκκλησίας θεωριῶν [8.602 (688b)].
> *Deuxième partie*
> Chapitres 8 à 21 : Exposé concernant la sainte *synaxe* / τὴν περὶ τῆς ἁγίας συνάξεως διήγησιν[23] [8.603–604 (688bc)].
> Chapitres 22 à 23 : Reprise des mêmes choses concernant l'âme gnostique / πάλιν τὰ αὐτὰ καὶ περὶ ψυχῆς γνωστικῆς θεωρήσωμεν [22.780 (697b)].
> Chapitre 24.886ss (701d–705a)] : Reprise résumée pour tous les chrétiens / πάντα χριστιανὸν [24.887].
> *Reprise générale conclusive*
> Chapitre 24.951ss (705a–717d) : Récapitulation, parénèse et doxologie.

En soi, ce plan suffit. Cependant, si on veut détailler le contenu de ses deux volets, on constate avec étonnement que les rites divins (deuxième partie) sont passés cinq fois en revue avec de petites variantes quant à la structure des actions qui obéissent d'ailleurs, selon Maxime, à un 'ordonnancement sacré' (ἡ ἱερὰ διάταξις [Myst 13.668 (692b)] ; τὴν . . . ἁγίαν διάταξιν [24.1080–1081 (712b)]). Les actions rituelles présentées sont, soit des mouvements (entrée, sortie, montée, descente, fermeture des portes, baiser), soit des paroles (lectures, chants, proclamations, confession de foi, prières).

1.b.1. *Théories concernant l'ecclesia*

Le plan détaillé qui suit est fondé sur la répétition de la notion de *théoria*.[24] L'ancien dont Maxime, selon ses propres dires, rapporte l'enseignement, présente plusieurs niveaux de comparaison typologique.

---

[23] Sur l'expression διήγησις et sa place dans l'ordre du discours, voir ARISTOTE, *Catégories* [14b1–2], R. Bodeüs ed.

[24] Le terme θεωρία recouvre plusieurs variantes de sens possibles. De façon générale, il se rapporte à l'action de voir, d'observer, d'examiner mais également, par extension, à la contemplation de l'esprit, à l'étude et à la spéculation. Sur le sujet, consulter : A.-J. FESTUGIÈRE, *Contemplation et vie contemplative selon Platon*, Paris, Vrin, 1950[2].

Selon une première conception[25] *théorique* / κατὰ πρώτην θεωρίας ἐπιβολὴν
[Myst 1.128–206 (664d–668c)]
- L'*ecclesia* porte le type et l'image de Dieu / τύπον καὶ εἰκόνα θεοῦ φέρειν
  - en tant qu'elle a la même activité que Lui par imitation et type / ὡς τὴν αὐτὴν αὐτῷ κατὰ μίμησιν καὶ τύπον ἐνέργειαν ἔχουσαν

Selon une seconde conception théorique / κατὰ δευτέραν δὲ θεωρίας ἐπιβολὴν
[Myst 2.207–258 (668c–669d) & Myst 3.259–264 (672a)]
- L'*ecclesia* est le type et l'image du monde tout entier composé d'essences visibles et invisibles / τοῦ σύμπαντος κόσμου τοῦ ἐξ ὁρατῶν καὶ ἀοράτων οὐσιῶν ὑφεστῶτος εἶναι τύπον καὶ εἰκόνα
  - en tant qu'elle reçoit la même union et distinction que lui / ὡς τὴν αὐτὴν αὐτῷ καὶ ἕνωσιν καὶ διάκρισιν ἐπιδεχομένην

- L'*ecclesia* est ensuite le symbole du monde sensible en soi seulement / καὶ αὖθις μόνου τοῦ αἰσθητοῦ καθ᾽ ἑαυτὸν κόσμου τὴν ἁγίαν τοῦ θεοῦ ἐκκλησίαν εἶναι σύμβολον
  - comme ciel, elle a le divin sanctuaire, comme terre, elle possède la splendeur du temple / ὡς οὐρανὸν μὲν τὸ θεῖον ἱερατεῖον ἔχουσαν, γῆν δὲ τὴν εὐπρέπειαν τοῦ ναοῦ κεκτημένην

Et encore selon un autre mode théorique / καὶ πάλιν κατ᾽ ἄλλον τρόπον θεωρίας
[Myst 4.265–285 (672ac) & Myst 5.286–507 (672d–684a)]
- L'*ecclesia* est homme / ἄνθρωπον εἶναι τὴν ἁγίαν τοῦ θεοῦ ἐκκλησίαν
  - en tant qu'elle est image et ressemblance de l'homme qui a été fait selon l'image et la ressemblance de Dieu / ὡς εἰκόνα καὶ ὁμοίωσιν ὑπάρχουσαν τοῦ κατ᾽ εἰκόνα θεοῦ καὶ ὁμοίωσιν γενομένου ἀνθρώπου

---

[25] La notion ἐπιβολή présente plusieurs variantes de sens possible. Celui qui nous paraît prévaloir ici est philosophique. Il peut vouloir dire *intuition* comme chez Plotin (PLOTIN, *Enneas* [II.4.10.3 ; III.7.1.4], P. Henry et H.-R. Schwyzer eds.), chez Jamblique (JAMBLIQUE, *Les mystères d'Égypte* [III.6, 113.13], E. des Places ed.), et chez Proclus (PROCLUS, *De Providentia et Fato* [30.5], D. Isaac ed.) ; *conception*, *notion* ou même *point de vue* comme chez Jamblique (JAMBLIQUE, *De communi mathematica scientia liber* [9], N. Festa ed.) qui l'associe comme Maxime à *théoria* ; ou encore se référer directement à la connaissance divine comme chez l'auteur des *Prolégomènes à la philosophie de Platon* qui affirme que le divin connaît par *intuition simple* (ἁπλῇ ἐπιβολῇ) tandis que nous, nous devons passer par causes et prémisses (cf., *Prolégomènes à la philosophie de Platon* [17.64], L.G. Westerink ed.). La notion d'ἐπιβολή—à laquelle Maxime fait référence ici—nous paraît renvoyer directement au projet de la *théoria symbolique* que nous chercherons à comprendre dans notre analyse du second chapitre de la *Mystagogie* (ci-après MYST 2).

- L'*ecclesia* est aussi image de l'âme en soi / Καὶ οὐχ ὅλου μὲν τοῦ ἀνθρώπου, τοῦ ἐκ ψυχῆς καὶ σώματος κατὰ σύνθεσίν φημι συνεστῶτος, εἰκόνα μόνον εἶναι δύνασθαι τὴν ἁγίαν ἐκκλησίαν ἐδίδασκεν, ἀλλὰ καὶ αὐτῆς τῆς ψυχῆς κατ᾽ ἑαυτὴν τῷ λογῷ θεωρουμένης. Divisée selon ses deux facultés : τὸ θεωρητικὸν et τὸ πρακτικόν impliquant deux modes de vie.

De même par théorie anagogique[26] / Ὥσπερ δὲ τῇ κατὰ ἀναγωγὴν θεωρίᾳ [Myst 6.508–540 (684ad)]
- L'*ecclesia* est homme spirituel et l'homme *ecclesia* mystique / τὴν ἐκκλησίαν ἔλεγεν ἄνθρωπον εἶναι πνευματικόν, μυστικὴν δὲ ἐκκλησίαν τὸν ἄνθρωπον

Et encore selon cette même image / Κατὰ ταύτην δὲ πάλιν εὐμιμήτως τὴν εἰκόνα ;
addendum de la théorie précédente [Myst 7.541–600 (684d–688b)]
- L'homme est monde entier... et le monde homme / καὶ τὸν κόσμον ὅλον τὸν ἐξ ὁρατῶν καὶ ἀοράτων συνιστάμενον ἄνθρωπον ὑπέβαλλεν εἶναι, καὶ κόσμον αὖθις, τὸν ἐκ ψυχῆς καὶ σώματος ἄνθρωπον

Ce plan tend à montrer la situation centrale et par là intermédiaire de l'*ecclesia* maximienne. L'*ecclesia*-édifice offre en effet un point de référence stable à l'approche spéculative de l'ancien[27] dont Maxime rapporte le propos. Elle peut être considérée comme une sorte de clé herméneutique de la réalité comme l'analyse de la seconde *théoria* le démontrera dans le troisième chapitre. De prime abord, ce texte

---

[26] D'un point de vue philosophique, le terme ἀναγωγὴ signifie 'montée' et plus précisément 'montée vers les causes explicatives des choses' ou 'genres supérieurs' (cf. par exemple, Jamblique, *Les mystères d'Égypte* [III.7, 114.10], E. des Places ed.). La tradition patristique en a généralement fait un terme technique d'exégèse que l'on peut, par distinction d'avec le 'sens littéral' ou même d'avec le 'sens historique' des textes bibliques, appeler 'sens spirituel'. Cf., Grégoire de Nysse, *La vie de Moïse* [II.65.2 ; II.92.1 ; II.100.8 ; II.102.1 ; II.136.1 (associé à *théoria*) ; II.153.2 ; II.162.5 ; II.207.2 etc ...], J. Daniélou ed. Maxime connaît et pratique cette forme d'exégèse qui s'inscrit notamment dans le projet des *Questions à Thalassios* en tant qu'elle cherche—rappelions-nous précédemment—à clarifier un certain nombre de points obscures qui demeurent à la lecture des Saintes Ecritures. Cf., Thal, Prologue 19.26–29 [καὶ γνώσεως ἑκάστου κεφαλαίου κατὰ τὴν ἀναγωγικὴν θεωρίαν τὴν ἀπόκρισιν ἔγγραφον] ; Prologue 21.89–92 [τῆς τῶν κεφαλαίων πνευματικῆς ἑρμηνείας τὰ λεγόμενα παρ᾽ ἐμοῦ]. On trouvera une bonne et récente mise au point de cette question dans l'œuvre de Maxime chez : A.E. Kattan, *Verleiblichung und Synergie. Grundzüge der Bibelhermeneutik bei Maximus Confessor*, p. 225–231.

[27] Sur ce dernier, T. Nikolaou, « Zur Identität des Makarios gerôn in der 'Mystagogia' von Maximos dem Bekenner », *Orientalia Christiana Periodica* 49 (1983) 407–418 ; voir également sur le sujet : Ch. Boudignon, *La « Mystagogie » ou traité des symboles de la liturgie*, p. 50ss (Chapitre troisième. Le maître et Maxime).

semble relever du genre de l'*ekphrasis* (description).[28] Maxime, en effet, décrit un lieu. En soi, cette approche est modestement documentaire car il s'agit moins de tel ou tel lieu que la structure binaire de base commandant toute construction ecclésiale selon un processus de réduction parfaitement légitime. Que le bâtiment soit de plan basilical ou de plan centré comme l'église justinienne ne change rien au caractère binaire de sa composition en temple et sanctuaire. Il serait possible—tout comme Cosmas Indicopleustès l'a fait au VIème siècle pour la tente révélée à Moïse sur le Sinaï—de reproduire un croquis de la structure `de base du bâtiment—*ecclesia*. Chacune des deux parties, prise soit individuellement, soit ensemble comme totalité coordonnée, doit être repérable à tous les niveaux de la comparaison typologique.

Très proche du texte, ce plan des approches théoriques successives pourrait cependant faire oublier la cohérence rhétorique de l'exposé.

1.b.2. *Structure rhétorique de la section sur les théories*

La première théorie compare l'agir divin et l'agir de l'*ecclesia*.

La seconde théorie, composée de deux parties d'inégale grandeur, compare tout d'abord l'*ecclesia*—dans sa structure binaire—au monde tout entier (ὁ σύμπας κόσμος) intelligible et sensible et tente d'élucider les rapports complexes de ces deux domaines. Elle la compare ensuite au monde sensible en soi qui comprend lui aussi une structure duelle en ciel et terre.

Selon un autre mode théorique, le troisième, l'*ecclesia* est comparée à l'homme, corps-âme. Dans le prolongement de cette théorie, elle est comparée à l'âme en soi, plus particulièrement à ses facultés *théorétique* et *pratique*. Cette section n'est pas sans nous fournir une sorte d'ébauche d'un *peri psychès* maximien possible et mériterait à elle seule une étude approfondie qui n'a, à ce qu'il semble, jamais été faite.[29]

---

[28] Sur ce genre, voir : H. Maguire, *Art and eloquence in Byzantium*, Princeton N.J., Princeton University Press, 1994.

[29] On pourrait utilement lui comparer l'exposé d'Alcinoos sur les deux genres de vie théorétique et pratique. Voir : Alcinoos, *Enseignement des doctrines de Platon* [152.30ss], J. Whittaker ed.

Enfin, dans une théorie anagogique cette fois-ci, Maxime revient sur le parallèle *ecclesia* / homme et homme / *ecclesia* déplaçant le référent de comparaison de l'*ecclesia* à l'homme qui est, dans une sorte de prolongement, comparé à l'Ecriture et au monde.

Ainsi s'achèvent de façon très résumée les théories maximiennes.

Du point de vue de la structure rhétorique, on a donc graphiquement :[30]

A / *Ecclesia* / monde total (*dialectique visible-invisible, sensible-intelligible*), chap. 2 et 3

B / *Ecclesia* / homme (*dialectique âme-corps*), chap. 4

X / *Ecclesia* / âme, chap. 5

B' / *Ecclesia* / homme → homme / *ecclesia* + homme / écriture (*dialectique âme-corps*), chap. 6

A' / Homme / monde entier (*dialectique visible-invisible, sensible-intelligible*), chap. 7

Nous sommes en présence d'un chiasme assez aisément identifiable. On peut noter en B' le déplacement du référent de comparaison qui passe de l'*ecclesia* à l'homme. Cette structure présente l'intérêt de placer au cœur de cette première partie la problématique de l'âme, son statut médiateur entre le monde d'en-haut et le monde d'en-bas. Ce plan rhétorique pourrait expliquer la longueur assez inattendue de la section sur l'âme (ci-dessus : X). Du point de vue du sens, il est également possible que la focalisation sur l'âme de la première partie annonce sa situation centrale dans l'exposé sur les actions symboliques accomplies dans la synaxe.

1.b.3. *Plan détaillé de la seconde partie 'Exposé concernant la sainte synaxe'*

La deuxième partie présente la particularité de reprendre par quatre fois la symbolique des actions rituelles. Maxime y revient même une cinquième fois dans la récapitulation générale de son traité. Cet effet redondant donne à première lecture un curieux sentiment d'amplification rhétorique. Là-aussi, un plan peut aider à saisir les lignes directrices de cette seconde partie. On le divisera en quatre

---

[30] Nous écartons à dessein la première *théoria* (Myst 1 : rapport agir divin / agir de l'ecclesia) dans la mesure où elle présente une préoccupation différente. En effet, elle établit le statut métaphysique et médiateur de l'*ecclesia* alors que les suivantes en font directement le référent universel d'une prédisposition divine envers les êtres qu'il a produit.

exposés bien que les rites soient passés cinq fois en revue. En effet le premier exposé qui présente une évidente unité du point de vue rhétorique comprend deux explications (ἰδικῶς μὲν . . . [13.670 (692b)] / γενικῶς δὲ . . . [14.693 (692d)]) mais comporte un tronc commun [8.601 (688b)—12.666 (692a)] qui par sa teneur ascétique pourrait renvoyer à une sorte de préparation morale très proche quant à sa fin de celle qui est proposée au candidat entrant dans le programme d'études philosophiques de l'Antiquité tardive. Dans les deux cas le but est de se dégager des passions, de redresser son âme et de fixer son attention sur la vraie nature des êtres.[31]

Premier exposé :
[A] De 'l'entrée dans l'église' aux 'proclamations de paix' [8.601 (688b)—12.666 (692a)]
[B1] De la 'lecture de l'évangile' au 'un seul saint' [13]. Signification particulière (ἰδικῶς μὲν . . .). S'adresse aux 'zélés'[32] (τοῖς σπουδαίοις).
[B2] De la 'lecture de l'évangile' au 'un seul saint' et à la 'distribution du mystère' [14.693 (692d)—21.778 (697a)]. Signification générale (γενικῶς δὲ . . .). S'adresse à la communauté[33] dans son 'devenir' eschatologique.

Deuxième exposé :
De 'l'entrée dans l'église' au 'un seul saint'[34] [23.787–885 (697c–701c)]. S'adresse à 'l'âme gnostique' (περὶ ψυχῆς γνωστικῆς [cf., Myst 22]). « Comment les rites divins de la sainte Eglise (οἱ θεῖοι . . . θεσμοὶ) conduisent l'âme à sa propre perfection à travers une connaissance vraie et active [22.782–784 (697b)] ».

Troisième exposé :
De 'l'entrée dans l'église' au 'un seul saint' (à ce qui suit et à la participation aux mystères immaculés) [24.903–950 (704b–705a)]. S'adresse à 'tous les chrétiens' (πάντα χριστιανὸν), plus spécialement

---

[31] Pour Maxime, voir en particulier Myst 8–12. Sur le sujet dans la tradition néoplatonicienne, voir : Simplicius, *Commentaire sur le manuel d'Epictète* [Prooem.18–71], t.I, I. Hadot ed. ; voir également les pages d'introduction d'I. Hadot, p. XCIIss (5. Le Manuel d'Epictète, premier enseignement éthique destiné aux commençants).

[32] Sur cette catégorie, voir Thal 1.18ss.

[33] Sous la catégorie 'communauté' on doit classer les sous-catégories suivantes : 'ceux qui se rangent sous l'Esprit de Dieu' (i.e. les fidèles, les justes, les saints) [Myst 14] ; 'ceux qui en sont dignes' [Myst 15] ; 'tous', 'ceux qui en sont dignes', 'ceux qui ont part au logos' [Myst 17] ; 'tous' [Myst 18] ; 'tout le peuple fidèle', 'la nature des hommes' [Myst 19] ; 'tous les saints' [Myst 20].

[34] Cette prière n'est pas mentionnée nominalement mais la dernière section y fait manifestement allusion, voir Myst 23.871–885 (701bc).

à ceux qui sont encore au nombre des 'tout petits selon le Christ'
(τῶν ἔτι κατὰ Χριστὸν νηπίων) et à 'ceux qui sont incapables de voir
la profondeur de ce qui advient' (καὶ εἰς τὸ βάθος τῶν γινομένων
ὁρᾶν ἀδυνατεῖ).

Quatrième exposé :
    La récapitulation [24.971–1059 (705c–709c)] reprend chaque étape
    de la synaxe depuis la première entrée en construisant l'exposé sym-
    bolique sur le modèle suivant :
        A / Signification générale (γενικῶς μὲν)
        B / Signification particulière (ἰδικῶς δὲ)
            B1 / pour les croyants (. . . τῶν μὲν πιστευσάντων)
            B2 / pour les pratiques (. . . τῶν δὲ πρακτικῶν)
            B3 / pour les gnostiques (. . . τῶν δὲ γνωστικῶν)

Pour point de départ, il faut remarquer que le support de l'interprétation symbolique est perceptible par les sens, soit par la vision, soit
par l'audition. Il est donc de l'ordre des réalités sensibles (τὰ αἰσθητά).
De ce point de vue on peut noter qu'il s'apparente à l'*ecclesia*—bâtiment qui, par la perception qu'elle offre de sa structure spatiale, sert
de support aux parallèles dont elle est longuement l'objet dans la
partie théorique de la *Mystagogie*.

On repère ensuite assez aisément deux niveaux de comparaison
symbolique.

Le premier plus général est de nature théorique voir idéelle. Il dit
'ce qui a été',[35] mais surtout 'ce qui sera', 'ce qui advient'. Il est
objectif au sens où il ne dépend pas des sujets auxquels ils s'adres-
sent. La totalité des rites sacrés symbolise de façon générale (γενικῶς)
des 'actions' qui semblent n'être pas dans le 'temps de ce monde'
(χρόνος) bien qu'elles se servent de la possible diaphanie de ce dernier pour se révéler.

Le second niveau de comparaison symbolique est subjectif. Il dit
les modes singuliers de réalisation actuelle ou à venir de ce qui est
symboliquement annoncé et rituellement joué.

Cette réalisation diverge sensiblement selon la catégorie de fidèles
à laquelle on fait référence. Elle est cependant toujours inscrite dans
l'ordre de la progression individuelle. Les topiques impliquent dans
chaque cas le passage d'une situation à une autre. On en relève trois
fondamentaux : 1. de l'incroyance à la foi (ἐξ ἀπιστίας εἰς πίστιν) ;

---

[35] Telle 'la première venue du Christ' [8.605–608 (688c) ; 24.972–973 (705c)].

2. du vice à la vertu (ἀπὸ κακίας εἰς ἀρετὴν) ; 3. de l'ignorance à la connaissance (ἀπὸ ἀγνωσίας εἰς γνῶσιν).[36] Il n'est guère aisé de savoir si, en distinguant 'croyants', 'pratiques' et 'gnostiques',[37] Maxime ne conserve pas d'une manière ou d'une autre le reliquat de rapports hiérarchiques dans la communauté humaine ; rapports qu'ils semblent par ailleurs atténuer voire écarter par comparaison à la *Hiérarchie ecclésiastique* du Pseudo-Denys. Il est difficile également de savoir s'il s'agit dans le cas présent de catégories closes ou exclusives. Cette classification pourrait faire écho à la théorie des genres de vie qui semble avoir connu plusieurs variantes dans l'Antiquité.[38] Elle serait ainsi fonction non seulement du degré d'initiation des membres de l'église mais surtout fonction des options et choix de vie des individus auxquels elle se réfère. Il est enfin beaucoup plus probable que ces 'genres de vie' doivent être conçus comme transversaux à chaque individu qui tendrait ainsi au moins idéalement vers un mode de vie mixte. Cette dernière paraît avoir représenté une exigence et une nécessité notamment pour le stoïcisme et le moyen-platonisme qui y voyaient le moyen d'implanter dans les mœurs humaines les objets vus dans la contemplation.[39] Cette tradition est également attestée chez les platoniciens du VIème siècle comme cela a été démontré dans les études de Dominic O'Meara qui a recensé plusieurs passages éclairants concernant l'étroite connexion entre la contemplation des premiers principes et l'engagement politique et social.[40]

---

[36] Cf., Myst 24.973–975 (705c).

[37] Le couple πρακτικός/γνωστικός est à consonance évagrienne.

[38] Sur le sujet : A.-J. Festugière, Les 'trois vies', in : *Etudes de philosophie grecque*, Paris, 1971, p. 117–156 ; R. Joly, *Le thème philosophique des genres de vie dans l'Antiquité classique*, Bruxelles, 1956.

[39] Cf., Alcinoos, *Enseignement des doctrines de Platon* [152.30ss], J. Whittaker ed. Certaines sections du cinquième chapitre de la *Mystagogie* pourraient en effet témoigner en faveur de cette thèse. Maxime y développe longuement le rapport que les facultés *théorétique* et *pratique* de l'âme entretiennent avec l'objet de connaissance qui leur est propre, la vérité pour la partie théorétique [Cf., Myst 5.324–326 (673c)], le bien pour la partie pratique [Cf., Myst 5.326–328 (673c)] et laisse clairement entendre que c'est une exigence pour l'âme de rassembler ses propres puissances et d'unir ainsi intellect et raison (νοῦν εὔλογον), sagesse et prudence (σοφίαν ἔμφρονα), théorie et pratique (θεωρίαν ἔμπρακτον), connaissance et vertu (γνῶσιν ἐνάρετον). Pour l'intégralité de cette question, Myst 5.430ss (680ab).

[40] Cf., ses deux contributions majeures sur la question : D. O'Meara, « Vie politique et divinisation dans la philosophie néoplatonicienne », in : ΣΟΦΙΕΣ ΜΑΙΗΤΟΡΕΣ « Chercheurs de sagesse ». Hommage à Jean Pépin, Paris, Collection des Etudes Augustiniennes, Série Antiquité 131, 1992, p. 501–510 ; D. O'Meara, « Philosophie politique néoplatonicienne chez le Pseudo-Denys », in : *Denys l'Aréopagite et sa posté-*

1.c. *Nouvelles perspectives de lecture*

Le présent sous-chapitre voudrait commencer par élucider le problème sensible de l'arrière-plan philosophique du discours de Maxime. Cette question est complexe car le Confesseur n'est pas un simple compilateur mais un 'reformulant'. Cette caractéristique a pu sensiblement brouiller les pistes du dossier encore ouvert des sources philosophiques de la pensée du moine byzantin. Nous verrons que la mise en perspective de la pensée maximienne avec certains topiques néoplatoniciens ouvre de nouvelles possibilités de lecture et présente l'avantage de faciliter l'accès à des textes réputés difficiles sur lesquels les études contemporaines font en général l'impasse.

1.c.1. *Philosophie de l'Antiquité tardive et* 'Mystagogie' *maximienne. De quelques parallèles*

Peut-on établir des points de contacts précis entre la philosophie de l'Antiquité tardive dans les définitions qu'elle donne d'elle-même[41] (définitions qui semblent faire l'objet d'un consensus chez les commentateurs grecs des Vème et VIème siècles) et les apparentes traces de préoccupations philosophiques que recèle la *Mystagogie* ? L'affirmation 'trace de préoccupation philosophique' entend bien ne pas confondre la démarche scolaire du commentaire scientifique et l'approche de la réalité par voie de symboles proposée dans la *Mystagogie* par le Confesseur. On peut cependant tenter de démontrer que les méthodes qui les supportent présentent au moins deux points de contact : leur objet et leur fin. Leur différence réciproque réside essentiellement dans la modalité de traitement du substrat sur lequel porte l'investigation et a pour conséquence une nette différence de genre littéraire de l'œuvre qui s'y consacre. Le fait que la *Mystagogie* comporte une partie théorique et une partie pratique ne suffit pas, sans

---

rité en Orient et en Occident. Actes du Colloque International Paris, 21–24 septembre 1994, Y. de Andia ed., Paris, Collection des Etudes Augustiniennes, Série Antiquité 151, 1997, p. 75–88. Les lignes les plus importantes sur le sujet sont recueillies dans son dernier ouvrage : D. O'MEARA, *Platonopolis : Platonic Political Philosophy in Late Antiquity*, Oxford, Clarendon Press, 2003.

[41] On trouvera une étude très fouillée sur le sens du mot 'philosophie' jusqu'au IVème siècle chez A.-M. MALINGREY, *'Philosophia'. Etude d'une groupe de mots dans la littérature grecque des présocratiques au IVe siècle après J.-C.*, Paris, Klincksieck, 1961.

précision, à faire de celle-ci un traité philosophique comme le soutient Christian Boudignon. Il n'est cependant pas impossible que Maxime ait volontairement réparti ses matériaux de façon à remplir certaines conditions requises par l'universalité à laquelle paraît manifestement prétendre son ouvrage.

Pour saisir la spécificité d'un domaine d'étude, il peut être utile de l'appréhender dans son principe (i.e. à son point départ). Il faut si possible qu'il se définisse lui-même et qu'il précise les contours du champ d'investigation qu'il se propose d'explorer. L.G. Westerink[42] a signalé l'existence de nombreux *prolégomènes à la philosophie* dans les écoles néoplatoniciennes. La plupart de ceux qui nous sont parvenus—rassemblés il y a un siècle dans les *Commentaria in Aristotelem graeca*—introduisent soit à la philosophie en général et à l'*Isagoge* de Porphyre, soit à la philosophie d'Aristote et aux *Catégories*. Les prolégomènes à la philosophie sont en général formés sur le diptyque suivant :

- *Premier volet : Définition de la philosophie.* La philosophie est définie soit à partir de son objet, soit à partir de sa fin. Six définitions sont retenues. Chacune d'entre elles est construite sur le modèle φιλοσοφία ἐστὶ ... Celles qui sont rapportées ici proviennent du *prooemium* d'Ammonius à l'*Isagoge* de Porphyre (*In Porphyrii isagogen sive quinque voces*, CAG 4.3, A. Busse ed., Berlin, 1891).[43] La philosophie est : 'connaissance des êtres en tant qu'êtres' (γνῶσις τῶν ὄντων ᾗ ὄντα ἐστί [2.22–23]) ;[44] 'connaissance des réalités divines et humaines' (θείων τε καὶ ἀνθρωπίνων πραγμάτων γνῶσις [3.1–2]) ; 'ressemblance à Dieu dans la mesure possible à l'homme' (ὁμοίωσίς ἐστι θεῷ τὸ δὲ κατὰ τὸ δυνατὸν ἀνθρώπῳ [3.8–9]) ; 'préparation à la mort' (μελέτη θανάτου [4.15–16]) ; 'art des arts et science des sciences' (τέχνη τεχνῶν καὶ ἐπιστήμη ἐπιστημῶν [6.27]) ; 'amour de la sagesse' (φιλία σοφίας [9.7]).

- *Deuxième volet : subdivision de la philosophie.* Ce volet suit la répartition classique en (I) philosophie théorétique qui comprend : théologie (1), mathématique (2) et physique (3) ayant respectivement pour objets

---

[42] Voir l'introduction de Westerink aux *Prolégomènes à la philosophie de Platon*, L.G. Westerink ed., p. XLIX.

[43] Nous ne reprendrons pas ici les nombreux parallèles chez les commentateurs provenant de l'Ecole d'Alexandrie qui témoignent de la réception assez largement répandue de ces définitions.

[44] Cette expression introduit le projet du Livre 'Gamma' de la *Métaphysique* d'Aristote, voir : ARISTOTE, *Métaphysique* [1003a21ss], W.D. Ross ed.

l'immatériel (1), l'intermédiaire[45] (2), le matériel (3) et en (II) philosophie pratique : éthique (1), économie (2), politique (3).[46]

Ce diptyque donne une bonne idée de ce qui peut dans certains cas
remplir le rôle de genre philosophique.

Peut-on, sur la base de ce qui précède, classer la *Mystagogie* de
Maxime dans une de ces subdivisions ? C'est une question assez délicate car par voie d'exposé symbolique la *Mystagogie* comporte du
théologique, des éléments tirés des sciences mathématiques, de la
physique, mais également de l'éthique, de l'économie et du politique. Elle n'entre donc pas dans un domaine spécifique mais comprend des éléments de chacun d'eux. On trouve dans la première
partie de la *Mystagogie* les trois premiers et dans la seconde partie les
trois derniers. Toutefois si la première partie n'est pas dépourvue de
considérations anthropologiques [Myst 5, 6 & 7], la seconde connaît
des digressions, notamment théologiques [Myst 23.829–866 (700c–
701b)].

La première partie travaille sur un rapport dialectique essentiel.
On y met en jeu de l'invisible et du visible,[47] ce qui n'apparaît pas
et ce qui apparaît.[48] Les premières sont les causes explicatives des
secondes et les secondes des réalisations révélatrices des premières et
ceci par l'intermédiaire d'un référent de comparaison commun qui
n'est autre que l'*ecclesia*. Comme intermédiaire, les théories maximiennes sur l'*ecclesia* semblent posséder des vertus similaires à celle
que l'on attribuait alors aux sciences mathématiques. Car de fait, si
l'*ecclesia* de Maxime n'est pas sans affinité avec l'invisible, elle n'est
pas non plus sans affinité avec le visible.[49] Maxime n'hésite d'ailleurs

---

[45] Les mathématiques sont subdivisées en (a) géométrie, (b) astronomie, (c) musi-
que, (d) arithmétique.

[46] Pour ce schéma classique, voir dans le détail L.G. Westerink, in : *Prolégomènes
à la philosophie de Platon*, L.G. Westerink ed., introduction p. XLIXss.

[47] Cf., Myst 2.208 (668c) ; 7.542 (684d).

[48] Cf., Myst 2.251ss (669c) ; 6.518ss (684b).

[49] Voir par exemple la description des sciences mathématiques que donne Proclus :
« Car, en commençant de haut (ἄνωθεν), la science mathématique s'étend jusqu'aux
exécutions sensibles, se rapproche de la nature et démontre beaucoup de choses
conjointement avec la physique, de même qu'en partant d'en bas (κάτωθεν), elle se
rapproche de la connaissance intelligente et parvient à la connaissance des choses
premières (ἐφάπτεται τῆς τῶν πρώτων θεωρίας) », in : PROCLUS, *In primum Euclidis
elementorum librum commentarii* [19.20], G. Friedlein ed. Nous empruntons ici la traduction de P. Ver Eecke. Mais également toujours chez Proclus, *In primum Euclidis
elementorum librum commentarii* [4.18ss ; 5.11ss ; 7.13ss], G. Friedlein ed.

pas à lui associer l'image géométrique du cercle, du centre et des rayons[50] qu'il peut avoir empruntée à Proclus par l'intermédiaire de Denys.[51] Une autre importante notion tirée de la géométrie sera associée à l'*ecclesia* dans les *Questions à Thalassios*. Maxime y soutient en effet que : « L'ecclesia est un angle selon l'écriture (Γωνία γάρ ἐστιν ἡ ἐκκλησία κατὰ τὴν γραφήν) ».[52] Elle l'est en vertu du Christ qui est devenu la tête d'angle (ὁ γενόμενος εἰς κεφαλὴν γωνίας) mais aussi en fonction de sa situation qui est d'unir les croyants venus du judaïsme et des nations. L'*ecclesia* est dotée d'une fonction similaire dans la *Mystagogie* comme Maxime l'affirme dès la première théorie où il compare l'agir de l'*ecclesia* à l'agir divin ;[53] agir sur lequel nous aurons à revenir plus longuement dans la présente étude. Quoi qu'il en soit, la reprise et l'usage par Maxime de la notion d''angle' n'est pas sans trouver d'importants points d'ancrage dans la tradition proclusienne[54] alors qu'elle est à notre connaissance totalement absente du Corpus dionysien à notre disposition.

La seconde partie de la *Mystagogie* implique quant à elle une progression morale de chaque homme pris de façon individuelle mais également un idéal communautaire, de fait une unification de la communauté humaine.[55] Elle débouche sur une importante parénèse sur la justice et la miséricorde qui n'est pas sans assonances politique et sociale.[56]

---

[50] Cf., MYST 1.189ss (668ab). Il faut toutefois relever que cette image n'est associée à l'*ecclesia* que de façon indirecte par l'intermédiaire du Christ qui est la tête du corps ; pour les autres parallèles chez Maxime, voir : THEC II, 4, 1125d–1127a ; AMB 7, 1081c.

[51] Cf., PSEUDO-DENYS, Noms divins [185.4–11], *Corpus Dionysiacum I : Pseudo-Dionysius Areopagita. De divinis nominibus*, B.R. Suchla ed. ; chez Proclus, on peut relever le très important passage suivant : PROCLUS, *In primum Euclidis elementorum librum commentarii* [153.10–155.17], G. Friedlein ed. ; voir également les remarques de Gersh, in : St. GERSH, *From Iamblichus to Eriugena*, p. 251ss.

[52] THAL 53.9–10. Pour un développement plus important de cette notion chez Maxime, on pourra consulter THAL 48 où la notion apparaît vingt fois symbolisant les 'unions' opérées par le Christ.

[53] Voir spécialement MYST 1.163ss (665c).

[54] Voir : PROCLUS, *In primum Euclidis elementorum librum commentarii* [128.26–129.3], G. Friedlein ed.

[55] Cf., toute la seconde partie du premier chapitre de la *Mystagogie* [MYST 1.163ss (665c)] ; mais surtout la 'signification générale' (γενικῶς δὲ) du premier exposé concernant la sainte synaxe [MYST 14.693 (692d)–21.778 (697a)].

[56] MYST 24.1113ss (713a). Christian Boudignon tente non sans difficulté de clarifier le rapport entre eschatologie et politique au début de son cinquième chapitre (p. 89ss). On peut regretter que Boudignon focalise son attention sur une préten-

La confrontation du traité de Maxime et des définitions de la philosophie retenues par Ammonius, ne nous permet de relever qu'un parallèle littéral possible avec ces dernières. Il s'agit de la deuxième définition : « La philosophie est connaissance des réalités divines et humaines (φιλοσοφία ἐστὶ θείων τε καὶ ἀνθρωπίνων πραγμάτων γνῶσις) ».[57]

Au terme d'une longue introduction sur les facultés théorétique et pratique de l'âme, Maxime affirme :

> C'est à partir des deux (l'intellect et la raison) qu'est constituée la vraie *science* des réalités divines et humaines (ἡ ἀληθὴς τῶν θείων καὶ τῶν ἀνθρωπίνων ἐπιστήμη συνέστηκε πραγμάτων), la *gnose* vraiment infaillible (ἡ ὄντως ἄπταιστος γνῶσις) et le terme de toute la très divine[58] *philosophie* des chrétiens (πάσης τῆς κατὰ χριστιανοὺς θειοτάτης φιλοσοφίας πέρας).[59]

On trouve dans ce texte une formule très proche de la seconde définition de la philosophie d'Ammonius notamment quant à son objet : les réalités divines et humaines (ἡ ἀληθὴς τῶν θείων καὶ τῶν ἀνθρωπίνων ἐπιστήμη ... πραγμάτων). Plusieurs occurrences d'une formule similaire (θείων τε καὶ ἀνθρωπίνων πραγμάτων) sont attestées dans la tradition stoïcienne.[60] Cette affirmation en partie reformulée

---

due fuite du monde prônée par le Confesseur et sur le désengagement social et politique que celui-ci entraînerait. Peut-être aurait-il gagner à exploiter davantage un topique central du néoplatonisme, à savoir l'étroite connexion entre la divinisation et l'engagement politique et social. On consultera avec profit sur le sujet les deux contributions de D. O'Meara signalées précédemment : D. O'MEARA, « Vie politique et divinisation dans la philosophie néoplatonicienne », ΣΟΦΙΕΣ ΜΑΙΗΤΟΡΕΣ « Chercheurs de sagesse », p. 501–510 ; « Philosophie politique néoplatonicienne chez le Pseudo-Denys », *Denys l'Aréopagite et sa postérité en Orient et en Occident*, p. 75–88.

[57] AMMONIUS, *In Porphyrii isagogen sive quinque voces* [3.1–2], A. Busse ed.

[58] L'expression 'très divine' (θειοτάτη) est fréquente chez Proclus et Denys ; ils semblent cependant ne l'avoir jamais attribuée à la philosophie. Sur la forme 'la très divine philosophie', voir : JAMBLIQUE, *Protreptique* [36.12], E. des Places ed.

[59] MYST 5.315–318 (673b).

[60] Voir : CHRYSIPPE, Fragmenta logica et physica 36 [Sextus, Adv. math. IX 13], in : *SVF*, vol. 2, J. von Arnim ed. ; POSIDONIUS, Fragmenta 251c.3 [Sextus, Adv. math. IX 13], in : *Posidonios, Die Fragmente*, W. Theiler ed. ; PHILON, *De congressu eruditionis gratia* [79.2–4], M. Alexandre ed. ; CLÉMENT D'ALEXANDRIE, *Stromates* [I.V.30.1], C. Mondésert & M. Caster eds. ; ORIGÈNE, *Contre Celse* III [72.4–6], M. Borret ed. Il semble toutefois que l'expression remonte à Platon, voir : PLATON, *Symposium* [186b2], *Platonis opera*, vol. 2, J. Burnet ed., Oxford, Clarendon Press, 1967 ; voir également les récentes pages de I. MÄNNLEIN-ROBERT, « 'Wissen um die göttlichen und die menschlichen Dinge'. Eine Philosophiedefinition Platons und ihre Folgen », *Würzburger Jahrbücher für die Altertumswissenschaft Neue Folge* 26 (2002), 13–38.

s'est manifestement imposée dans l'Antiquité tardive comme une
définition adéquate de la philosophie.[61] Dans le paragraphe du cinquième chapitre de la *Mystagogie* qui retient ici notre attention, Maxime
associe la science des réalités divines et humaines à deux membres
de phrase qui paraissent n'avoir d'autre utilité que d'accentuer le
premier. On peut toutefois relever l'intéressante association des trois
termes 'science', 'connaissance' et 'philosophie'. Si on observe bien
le parallélisme, on constate qu'il n'y a qu'un objet de connaissance :
les 'réalités' (τὰ πράγματα).[62] Le fait qu'elles soient qualifiées de 'divines'
et 'humaines' ne contribue guère à cerner la nature de ces 'réalités'.
Par contre, Ammonius fait suivre cette définition de la précision suivante : « en appelant les éternelles divines et celles qui sont soumises à génération et corruption humaines (τὰ μὲν ἀΐδια εἰπὼν θεῖα,
τὰ δὲ ἐν γενέσει καὶ φθορᾷ εἰπὼν ἀνθρώπινα) ».[63] Rien ne permet
toutefois de penser que c'est ainsi que Maxime a compris cette formule. Peut-être ne dit-elle rien de plus qu'une certaine prétention à
l'universalité.[64] C'est également en ce sens qu'il faut comprendre les
propos de Maxime dans le second chapitre de la *Mystagogie* où il
décrit un aspect central de la théorie de la connaissance à laquelle
il semble délibérément adhérer :

> La *théoria* symbolique des intelligibles par l'intermédiaire des choses
> visibles est science spirituelle et intelligence des visibles par l'intermé-
> diaire des invisibles (τῶν γὰρ νοητῶν ἡ διὰ τῶν ὁρατῶν συμβολικὴ θεωρία,
> τῶν ὁρωμένων ἐστὶ διὰ τῶν ἀοράτων πνευματικὴ ἐπιστήμη καὶ νόησις).[65]

Cette thèse maximienne fera l'objet d'une importante notice dans la
dernière partie de la présente étude.

---

[61] Voir également : OLYMPIODORE, *Prolegomena* [16.21–27], A. Busse ed. ; DAVID,
Prolegomena philosophiae [18.6–9], A. Busse ed.
[62] Un très utile récapitulatif des significations de ce mot se trouve chez P. HADOT,
« Sur divers sens du mot *pragma* dans la tradition philosophique grecque », in :
Concepts et catégories dans la pensée antique, P. Aubenque ed., Paris, Vrin, 1980,
p. 309–319.
[63] AMMONIUS, *In Porphyrii isagogen sive quinque voces* [3.4–5], A. Busse ed.
[64] Sur le philosophe ami de l'universel (φιλοκαθόλου), voir : OLYMPIODORE, *In
Aristotelis meteora commentaria* [3.19–20 & 55.9], G. Stüve ed., repris par celui qui est
considéré comme son successeur chrétien : ELIAS, *In Aristotelis categorias commentarium*
[107.10 & 130.28–29], A. Busse ed. On notera le parallèle *philosophos* / *philokatholou*.
Ce rapprochement semble renforcé par la cinquième définition où la philosophie
signifie 'art des arts' et 'science des sciences'.
[65] MYST 2.254–256 (669d). Maxime fonde cette affirmation sur une citation de
l'Epître de Paul aux Romains [Rm 1.20].

La *Mystagogie* pourrait également postuler à la troisième définition de la philosophie proposée par Ammonius. Ce parallèle est plus thématique que littéral. La philosophie est 'ressemblance à Dieu dans la mesure du possible pour l'homme' (ὁμοίωσίς ἐστι θεῷ, τὸ δὲ κατὰ τὸ δυνατὸν ἀνθρώπῳ).[66]

A trois reprises au moins, Maxime place au terme du parcours mystagogique symbolisé par les rites sacrés un thème similaire. Il convient cependant d'écarter toute équivoque. Sur cette question Maxime pouvait trouver dans la tradition patristique le même point de doctrine. Il s'y trouve bien attesté comme l'a montré Jean-Claude Larchet dans son étude exhaustive sur la divinisation dans la pensée du Confesseur.[67]

Le thème de la ressemblance à Dieu apparaît en conclusion du deuxième exposé concernant l'âme gnostique [cf., MYST 23.871ss (701bc)]. Au terme d'un parcours initiatique qui n'est autre que la succession de rites liturgiques porteurs d'un sens symbolique et d'une certaine efficacité, l'âme est conduite en haut par une similitude ressemblante (δι' ὁμοιότητος) pour être ramenée à l''un' le plus secret de Dieu (πρὸς τὸ ἓν τῆς αὐτοῦ κρυφιότητος) où elle sera tout entière 'divinisée' (ὅλην θεοποιήσαντος).[68]

Une autre occurrence de la ressemblance à Dieu se trouve au terme du troisième exposé qui concerne tout chrétien [24.935–938 (704d)]. En prenant part aux mystères immaculés et vivifiants, il reçoit communion et identité par participation à travers la ressemblance (δι' ὁμοιότητος). Il est ainsi rendu digne de devenir Dieu (γενέσθαι θεὸς) d'homme qu'il était.

Enfin, la même idée réapparaît au terme du quatrième exposé [24.1051ss (709c)] où sont révélées 'pour ceux qui le méritent', l'adoption filiale (υἱοθεσίαν), l'union (ἕνωσίν), la familiarité (οἰκειότητα), la divine ressemblance (ὁμοιότητα θείαν), et la divinisation (θέωσιν).

L'objectif de ce bref parcours n'est pas de discuter la notion de déification dans le cadre de la liturgie. L'étude a été menée ailleurs.[69]

---

[66] AMMONIUS, *In Porphyrii isagogen sive quinque voces* [3.8–9], A. Busse ed.

[67] Cf., J.-Cl. LARCHET, *La divinisation de l'homme selon saint Maxime le Confesseur*, Paris, Cerf, Cogitatio Fidei, 1996. L'objectif de notre étude ne nous permet guère de nous attarder à l'étude des sources philosophiques de cette notion chez les Pères grecs.

[68] Un ancien manuscrit retenu par Boudignon [C : *Parisinus, Coislinianus* 293] possède une note en marge sur la 'recréation sans changement' de l'âme (ἀμεταβόλως μεταποιήσαντος) qui paraît compléter la mention sur la déification.

[69] Presque tous les travaux portant sur la *Mystagogie* traite de cette question. Voir

Il est cependant possible maintenant de cerner avec un peu plus de précision le second lien que la *Mystagogie* entretient avec la conception du 'philosophique' dans l'Antiquité tardive.

Cette enquête serait incomplète si nous n'y ajoutions un autre aspect chevillé à ce dernier point de contact. La divinisation a chez Maxime, comme dans les formes de néoplatonisme qui formaient le cadre culturel des élites byzantines, une portée politique et sociale. Dominic O'Meara a bien montré l'étroite association entre la *théoria* comme connaissance des premiers principes et l'organisation de la Cité et ceci dans une conception qui se précise de Platon aux grands commentateurs néoplatoniciens de l'Antiquité tardive. Dans un article qui a sans doute marqué un important tournant dans la conception du rapport entre la plus haute activité de l'esprit et l'engagement politique, O'Meara note :

> Ammonius explique dans son cours sur l'*Isagoge* de Porphyre la définition de la philosophie selon Platon (« assimilation à Dieu dans la mesure du possible pour l'homme ») sur la base d'une distinction entre deux sortes d'activité divines.[70] D'une part Dieu agit sur le plan de la connaissance, selon lequel il sait toutes choses. D'autre part Dieu exerce des activités providentielles envers les êtres inférieurs. S'assimiler à Dieu implique donc à la fois une activité contemplative, la connaissance des choses, et une activité providentielle par rapport aux êtres inférieurs, c'est-à-dire une activité politique de juridiction et de législation.[71]

La 'connaissances des réalités', la 'ressemblance à Dieu' (divinisation), l''engagement social et politique' sont de fait associés par Maxime dans l'exhortation qui conclut la *Mystagogie* :

> C'est une claire démonstration de cette grâce (divinisation) que l'affection volontaire envers le prochain par bienveillance, dont l'œuvre consiste à se faire proche comme s'il était Dieu, autant que possible, de n'importe quel homme qui a besoin de notre secours, à ne pas le laisser sans soin et sans providence, mais par le zèle qui convient, à montrer vivante, en acte, la disposition en nous envers Dieu et envers le prochain ; 'l'œuvre en effet est une démonstration de la disposition'. Car rien n'est aussi facile pour la justice ou pour la divinisation, pour ainsi

---

en particulier : H.-I. DALMAIS, « Mystère liturgique et divinisation dans la 'Mystagogie' de saint Maxime le Confesseur », in : *Epektasis*. Mélanges patristiques offerts au cardinal Daniélou, Paris, 1972, p. 55–62.

[70] AMMONIUS, *In Porphyrii isagogen sive quinque voces* [3.8–19], A. Busse ed.

[71] D. O'MEARA, Vie politique et divinisation dans la philosophie néoplatonicienne, ΣΟΦΙΕΣ ΜΑΙΗΤΟΡΕΣ « Chercheurs de sagesse », p. 508.

dire, et n'est devenu plus convenable pour la proximité avec Dieu, que de faire preuve de miséricorde d'âme envers les nécessiteux.[72]

Ce long paragraphe montre que le moine byzantin a parfaitement assimilé l'un des topiques véhiculés par la tradition platonicienne tout en le resituant dans un environnement chrétien. La correspondance entre la divinisation et l'attention portée à tout homme y est claire-ment exprimée.

La philosophie unit connaissance et ressemblance. De ce point de vue, les 'théories symboliques' de la *Mystagogie* sur *l'ecclesia* auxquel-les il faut adjoindre 'l'exposé symbolique des rites de la synaxe' lais-sent bien entrevoir ce que le parcours proposé par Maxime partage avec les étapes de l'enseignement philosophique tel qu'il fut générale-ment admis par les représentants des écoles de l'Antiquité tardive. Ces deux composants—connaissance et ressemblance—de la définition de la philosophie sont formellement précisés dans les *Prolégomènes à la philosophie* d'un auteur chrétien qui peut avoir été contemporain de Maxime, David.[73] Celui-ci soutient :

> Ainsi donc, nous définissons la philosophie soit à partir de son objet (τὴν φιλοσοφίαν ὁριζόμεθα ἀπὸ μὲν τοῦ ὑποκειμένου), quand nous dis-ons qu'elle est connaissance des réalités divines et humaines, soit à partir de sa fin (ἀπὸ δὲ τοῦ τέλους), lorsque nous disons qu'elle est res-semblance à Dieu dans la mesure du possible à l'homme.[74]

La *Mystagogie* intègre vraisemblablement le substrat et la fin de la philosophie tel que l'auteur des *Prolégomènes à la philosophie* les définit.

Il reste à établir le rapport qu'entretient *l'ecclesia* avec l'organisa-tion du savoir. Ainsi sera démontré combien la *Mystagogie* est toute pénétrée de notions philosophiques sans toutefois prétendre au genre 'véritable traité philosophique'. Il apparaîtra plus clairement ainsi

---

[72] MYST 24.1113–1123 (713a). Maxime y ajoute peu après : « il est évident, ... qu'il sera dieu davantage celui qui par imitation de Dieu, par amour de l'humanité guérit à travers lui-même, comme il convient à Dieu, les passions de ceux qui souffrent et qui montre, par disposition, la même puissance que Dieu, en propor-tion de la providence salutaire » [MYST 24.1133–1137 (713b)], traduction de Boudignon retouchée.

[73] Sur cet obscur philosophe chrétien, voir les propos et les notes de L.G. Westerink dans l'introduction aux *Prolégomènes à la philosophie de Platon*, p. XXXVI–XXXVIII ; voir également : A. OUZOUNIAN, « David l'Invincible », *DPhA*, tome II (1994), 614–615.

[74] DAVID, *Prolegomena philosophiae* [18.6–9], A. Busse ed. Un schéma analogue se trouvait déjà chez AMMONIUS, *In Porphyrii isagogen sive quinque voces* [3.5–10], A. Busse ed. & OLYMPIODORE, *Prolegomena* [16.21–27], A. Busse ed.

que les théories sur l'*ecclesia* incluent d'une certaine manière tous les domaines du savoir.

Une importante idée qui traverse l'Antiquité veut que le 'système des sciences' corresponde terme à terme à la structure de la réalité. On y dénote trois niveaux facilement reconnaissables que l'on peut schématiser comme suit :

Tableau 1

Structure de la réalité	Système des sciences
Domaine des intelligibles	Théologie, dialectique
Intermédiaires mathématiques	
Domaine des sensibles	Physique, éthique, politique

Ce schéma ne correspond pas en tout point au système maximien qui ferait sans aucun doute sortir le théologique du champ de ces disciplines et ferait remonter la 'physique' au niveau des intelligibles comme le tableau ci-après l'indiquera. Les 'théories symboliques' (ou système de correspondances symboliques) de la première partie de la *Mystagogie* peuvent toutefois être reprises sur une base structurelle similaire. On peut décrire ces correspondances ainsi :

Tableau 2

Ecclesia		Disciplines
Autel		Théologie mystique / καὶ ὡς διὰ νοὸς τοῦ θείου θυσιαστηρίου, τὴν μυστικὴν θεολογίαν ἐμφαίνουσαν [Myst 4.272–273 (672b)]
Sanctuaire	*Monde intelligible*	Etude de la nature / διὰ δὲ τοῦ ἱερατείου ὡς διὰ ψυχῆς τὴν φυσικὴν θεωρίαν πνευματικῶς ἐξηγουμένην [Myst 4.270–272 (672b)]
Temple	*Monde sensible*	Philosophie morale / διὰ μὲν τοῦ ναοῦ ὡς διὰ σώματος τὴν ἠθικὴν φιλοσοφίαν προβαλλομένην [4.269–270 (672b)]

La conception typologique de *l'ecclesia* proposée par le Confesseur la considère comme un référent intermédiaire entre les sciences car il semble bien qu'en un sens elle les embrasse toutes. Elle pourrait donc présenter dans sa configuration (τῇ κατὰ τὴν θέσιν τοῦ σχήματος ποιᾷ ἰδιότητι [MYST 2.212 (668d)]) une construction similaire à celle que nous trouvons dans le tableau 1, sous la colonne 'structure de la réalité'. Nous retrouverions ici comme suggéré précédemment une proximité réelle, entendue ici dans le cadre d'une certaine théorie de la connaissance, entre la *théoria* symbolique de l'*ecclesia* et les sciences mathématiques.[75] Cette proposition de lecture repose, dans le système maximien, sur l'existence d'analogies vraisemblables entre tous les niveaux de la réalité rapportés à un commun référent : l'*ecclesia*.

1.c.2. *L'objectif de la* Mystagogie

Le *prooimion* apporte quelques précieuses indications sur l'intention qui commande l'organisation de la *Mystagogie*. Cet écrit répond à une demande précise. Cet enseignement que Maxime tient d'un 'bienheureux vieillard' a dû primitivement faire l'objet d'un exposé oral. Un certain Théochariste[76] fut l'un des auditeurs du Confesseur. Inquiet de voir s'éroder sous l'effet du temps la connaissance ainsi acquise, cet auditeur soucieux demanda expressément à Maxime de rédiger le contenu de son enseignement.

> Tu as voulu, *lui dit Maxime*, avoir l'écrit pour *remède à l'oubli*[77] et secours de la mémoire. Tu disais qu'elle avait naturellement le temps pour destructeur et qu'il pouvait insensiblement la dépouiller, par l'oubli, des bonnes choses qui s'y trouvaient, et même en faire disparaître toutes traces et images. C'est pour cela qu'il est nécessaire de reproduire ce propos d'une nouvelle manière, par laquelle la puissance de la parole, à son plus haut degré d'intensité, a naturellement le pouvoir de conserver en tout une mémoire infaillible et intacte.[78]

L'objectif initial de la *Mystagogie* est donc de reproduire sous forme écrite un discours.[79] Maxime cède à cette requête de façon à suppléer à l'érosion d'un certain savoir sous l'effet du temps. Il fixe ainsi

---

[75] Sur la situation intermédiaire des mathématiques dans la philosophie païenne, voir : JAMBLIQUE, *De communi mathematica scientia liber* [15.25–33], N. Festa ed.

[76] Sur celui-ci : Ch. BOUDIGNON, *La « Mystagogie » ou traité des symboles de la liturgie*, p. 34.

[77] Sur cette expression (λήθης φάρμακον), voir : CLÉMENT D'ALEXANDRIE, *Stromates* [I.I.11.1ss], C. Mondésert & M. Caster eds.

[78] MYST, ΠΡΟΟΙΜΙΟΝ 14ss (660a).

[79] Sur la valeur, le rôle mais également le danger de l'écrit' dans la tradition philosophique, on consultera avec profit : PLATON, *Phèdre* [274b6 ss], J. Burnet ed.

sous une forme permanente (i.e. écrite) un ensemble de notions tenues pour vraies concernant le monde, l'homme, l'âme et l'union à Dieu.

Implicitement Maxime concède à Théochariste l'idée d'un temps destructeur des bonnes choses que l'âme contient, pouvant même faire disparaître toutes traces et images de celles-ci. Maxime répond de manière directe à la requête en laissant de fait un écrit de ce qu'il avait proposé sur mode de discours. Il y répond de manière indirecte en centrant son enseignement sur un objet de perception sensible : un bâtiment composé de deux parties et la succession de divers rites dont le mouvement est objectivement soumis à la perception sensorielle.

En reconnaissant à l'homme une faiblesse native, à savoir la prédominance de l'oubli (évanescence) sur la mémoire (durée), Maxime souscrit à l'une des théories les plus puissantes du néoplatonisme. La formulation que Simplicius donne de cette thèse contribue fortement à éclairer l'objectif de la *Mystagogie* :

> Une fois tombée dans le devenir et remplie d'oubli (πεσοῦσα δὲ εἰς γένεσιν καὶ λήθης ἀναπλησθεῖσα), elle [l'âme] a eu besoin de la vue (ἐδεήθη μὲν ὄψεως), et elle a eu besoin de l'ouïe pour se ressouvenir (ἐδεήθη δὲ ἀκοῆς πρὸς ἀνάμνησιν) : elle a besoin en effet de quelqu'un qui, ayant déjà vu la vérité, met aussi en mouvement à partir de la parole proférée à partir de la notion (qui est en lui), la notion qui jusqu'alors était refroidie en cette âme. Et ainsi est apparue l'utilité de la parole, qui s'efforce de s'assimiler immédiatement aux notions, et qui, par leur intermédiaire, s'ajuste aussi aux réalités et cherche à faire corps naturellement avec elles (καὶ οὕτως ἡ τῆς φωνῆς ἐγένετο χρεία προσεχῶς μὲν τοῖς νοήμασιν ἐξομοιοῦσθαι σπευδούσης, δι' ἐκείνων δὲ καὶ τοῖς πράγμασιν ἐφαρμοττούσης καὶ συμφυομένης πρὸς αὐτά), afin que les paroles ne soient pas prononcées en vain, mais qu'elles mettent en mouvement, chez celui qui écoute des notions semblables aux notions motrices. Car, procédant des notions (qui sont dans le maître), les notions (qui sont dans le langage) meuvent elles aussi sans intermédiaire les notions de celui qui apprend, et elles les relient aux notions de celui qui enseigne, en se faisant médiations entre les unes et les autres. Les notions, mises en mouvement de manière appropriée, viennent s'ajuster aux réalités (αἱ δὲ νοήσεις οἰκείως κινηθεῖσαι ἐφαρμόττουσι τοῖς πράγμασιν), et ainsi se produit la connaissance des êtres (οὕτως γίνεται ἡ τῶν ὄντων γνῶσις), et le désir inné de l'âme (pour le savoir) est satisfait.[80]

---

[80] SIMPLICIUS, *In Aristotelis categorias commentarium* [12.25–13.5], K. Kalbfleisch ed., traduction Ph. HOFFMANN, « Catégories et langage selon Simplicius—La question du 'skopos' du traité aristotélicien des 'catégories' », in : *Simplicius, sa vie, son œuvre, sa survie*, p. 83–84.

La portée de ce texte philosophique sur la nature du rapport entre langage, notions et réalités ne pourra se mesurer qu'en cours de lecture. L'objectif des théories sur l'*ecclesia* et de l'exposé sur la sainte synaxe est bien d'introduire par l'intermédiaire des sens tels vision et audition soumis à la raison [Cf., Myst 24.1164–1168 (716a)] à la connaissance des réalités par le moyen des notions. Nous verrons que le propos du Confesseur est d'introduire son lecteur à la connaissance vraie des êtres. La trace écrite de son enseignement portant sur un objet de perception sensible a pour objectif, dans une ligne très proche de la théorie de Simplicius, de satisfaire le désir naturel de l'âme des destinataires directes et indirectes de la *Mystagogie*.

1.c.3. *L'analyse par les catégories*

Maxime rapporte ce qu'il a lui-même entendu *au sujet de la sainte Église et de la sainte synaxe qui s'accomplit en elle* (περί τε τῆς ἁγίας ἐκκλησίας, καὶ τῆς ἐν αὐτῇ ἐπιτελουμένης ἁγίας συνάξεως).[81] Cette expression, qui aurait pu être le titre de l'œuvre, annonce qu'il va être question *de* quelque chose, et *de* quelque chose qui se produit *dans*[82] quelque chose (τῆς ἐν αὐτῇ ἐπιτελουμένης). Deux termes sont donc en relation. Le premier est la condition de l'autre. Le bâtiment ecclésial est le cadre spatial de la *synaxe*. On peut en effet admettre que leur rapport est désigné par la préposition ἐν suivi du datif locatif αὐτῇ. Comme maison, l'*ecclesia* est en mesure de postuler au titre de 'lieu' circonscrivant ou délimitant le rayon d'une action ; *synaxis* désigne en effet l'action de rassembler. C'est d'ailleurs avec ce sens qu'elle désigne la réunion dominicale de la communauté chrétienne. Quant à ce qui ce qui se produit en elle (ἐν αὐτῇ), il s'agit d'une succession de plusieurs rites ayant pour effet de rassembler en une unité ceux qui y participent ; ne serait-ce que du point de vue topographique.

Une première lecture, même un peu rapide, de la *Mystagogie* convainc que le sens du vocable 'église' n'est pas d'abord 'institution'—comprise comme organisation d'une hiérarchie et d'un peuple de fidèles—mais plus modestement un bâtiment, un lieu cultuel. Pour éviter toute équivoque, ce travail a préféré au terme église celui d'*ecclesia* qui, non traduit, a le mérite d'attirer l'attention sur la nuance

---

[81] Myst, ΠΡΟΟΙΜΙΟΝ. 1–2 (657c).
[82] Sur les diverses acceptions de la préposition ἐν, voir : Aristote, *Physique* IV [210a 14–24], H. Carteron ed.

de sens que Maxime lui reconnaît dans les premières théories de la *Mystagogie*.

En prenant appui sur la dialectique contenant-contenu (ἐν αὐτῇ) bien attestée dans la pensée du moine byzantin [cf., Amb 10, 1153b ; Amb 17, 1225c], nous sommes en mesure de proposer une nouvelle approche de la *Mystagogie* qui se distance de la question de sa classification ou non dans le genre 'commentaire liturgique'.

La question centrale qui commande la présente recherche est la suivante : Y a-t-il et, si oui, quels sont les *a priori* logiques qui commandent et légitiment la portée universelle des 'théories' de Maxime sur l'*ecclesia* ?

La logique d'Aristote occupe à l'époque de Maxime une place privilégiée dans l'enseignement supérieur. Les nombreux commentaires, en particulier du Livre des *Catégories*, recensés dans les *Commentaria in Aristotelem Graeca* à la fin du XIXème siècle et au début du XXème, en témoignent amplement. Son étude est même la condition *sine qua non* d'accès à la philosophie. Simplicius, qui fut disciple de Damascius, le dernier scolarque de l'école philosophique d'Athènes, l'affirme en disant :

> Beaucoup ont consacré de longues réflexions au Livre d'Aristote sur les Catégories. La raison en est non seulement qu'il s'agit d'un prélude à toute la philosophie—car ce traité est principe de la logique et la logique précède à juste titre toute la philosophie—mais encore que, d'une certaine manière, ce livre porte sur les premiers principes.[83]

Les premiers principes dont Simplicius fait mention peuvent être conçus sur plusieurs plans. La logique d'Aristote a voulu régler les conditions correctes de l'usage des mots en général et de l'attribution en particulier. Les catégories qui en font parti rendent compte de certaines déterminations inscrites dans les choses. Cette question a fait l'objet d'une importante discussion d'Aristote à nos jours car les déterminations pourraient n'être liées qu'à notre mode de connaissance. Pour Maxime, comme ce travail devrait contribuer à l'établir, elles sont transversales aux mots, aux concepts et aux choses. Elles s'apparentent ainsi aux *logoi* dont la portée dans le système

---

[83] Simplicius, *In Aristotelis categorias commentarium* [1.3–7], K. Kalbfleisch ed.

maximien n'est plus à démontrer.[84] En effet, pour le moine byzantin, la structure de la réalité, la structure de l'âme connaissante, la structure des domaines du savoir, et même la structure rhétorique du discours présentent une similarité qui témoigne d'un rapport de proportion universel.

Comme l'ensemble de ce premier chapitre l'a établi, la *Mystagogie* offre les linéaments d'un système du monde basé sur des rapports généraux et premiers. Chez Maxime, ils sont exprimés par les concepts de symbole, d'image, mais surtout par le concept de type. Cette notion se situe au point de contact du monde visible et du monde invisible, sur elle repose la thèse d'une similarité de structure entre tous les niveaux du réel. Cette idée est au cœur de la *théoria* symbolique de Maxime affirmant au sujet du rapport entre les choses visibles et les choses invisibles : « Il faut en effet que les êtres qui sont en tout révélateurs les uns des autres aient des reflets vrais et évidents les uns des autres (δεῖ γὰρ τὰ ἀλλήλων ὄντα δηλωτικὰ πάντως ἀληθεῖς καὶ ἀριδήλους καὶ τὰς ἀλλήλων ἔχειν ἐμφάσεις [Myst 2.256–258 (669d)]) ».

La fonction du type est non seulement de rendre visible l'invisible mais d'exprimer—libre de l'impermanence des choses engagées dans le devenir—la permanence de certains rapports stables. Cette correspondance transversale permet d'établir une typologie permanente. Dans cette étude de la *Mystagogie*, notre attention se porte principalement vers la typologie spatio-temporelle de *l'ecclesia* byzantine. Il est nécessaire pour explorer convenablement ce domaine de se faire une idée claire de la réception par Maxime des catégories aristotéliciennes de *lieu* et de *temps* et de leur transformation dans le tradition philosophique dont le moine byzantin dépend vraisemblablement. C'est la prochaine étape que nous nous fixons. Ces deux concepts et les notions qui en découlent étant classés, il sera possible d'aborder la nature de *l'ecclesia* maximienne sous le rapport de l'espace et du temps.

---

[84] Par exemple : I.H. Dalmais, « La théorie des '*logoi*' des créatures chez saint Maxime le Confesseur », *Revue des sciences philosophiques et théologiques* 36 (1952), 244–249 ; E.D. Perl, *Methexis : Creation, Incarnation, Deification in Saint Maximus Confessor*, (Dissertation Thesis, Ph.D., Yale University, 1991), Ann Arbor, Mich., U.M.I. Dissertation Services, 1995, p. 147ss ; T. Tollefsen, *The Christocentric Cosmology of St. Maximus the Confessor*. A Study of his Metaphysical Principles, Universitet i Oslo, Acta humaniora nr. 72, 2000, p. 24ss.

CHAPITRE 2

LES CONCEPTS D'ESPACE ET DE TEMPS

L'objectif de ce chapitre est de déterminer les principaux éléments philosophiques sur lesquels repose la *Mystagogie*. Cette proposition entend passer de la structure rhétorique du commentaire symbolique de Maxime telle qu'elle a été définie dans les pages précédentes à un examen plus approfondi des présupposés logiques de l'enseignement qui y est exposé. Les théories du *lieu* et du *temps* développées par la philosophie néoplatonicienne et leur vraisemblable assimilation par Maxime peuvent-elles contribuer à la compréhension de la *Mystagogie* ? En d'autres termes, peut-on raisonnablement associer aux théories du Confesseur sur l'*ecclesia* certaines catégories, tirées de l'aristotélisme interprété par les néoplatoniciens, et réintroduites dans un des plus importants 'systèmes du monde' de l'univers byzantin ?

Pour préciser certains acquis philosophiques—habituellement attribués à la logique aristotélicienne—dont Maxime fait usage plus implicitement qu'explicitement d'ailleurs dans la *Mystagogie*, il est nécessaire de définir plusieurs étapes et d'en coordonner l'ordre de succession.

La première idée qui guide la présente recherche est la comparaison possible entre l'*ecclesia* et la nature (i.e. ce qui est ou devient et les lois internes de son organisation). Nous voudrions vérifier la pertinence d'un rapprochement entre le statut accordé par Maxime à la dimension spatiale de l'*ecclesia* comme édifice et la définition philosophique de la nature 'authentique' du lieu telle qu'elle émerge aux VIème et VIIème siècles des commentaires néoplatoniciens des *Catégories* et de la *Physique* d'Aristote mais également prolonger cette approche par une comparaison entre l'ordonnancement sacré du rite liturgique et la délicate question du temps. Une certaine préférence sera accordée à l'étude du lieu. Cette catégorie, peut-être plus facile à saisir que celle de temps en raison de sa 'stabilité', fournira la structure d'enquête qui servira à mieux comprendre les importantes mutations que le concept 'temps' subit d'Aristote aux néoplatoniciens. Nous devrions être ainsi en mesure d'évaluer la réception de ces notions dans la pensée du Confesseur et de mieux mesurer leur

usage dans un système qui acclimate plusieurs postulats néoplatoniciens aux linéaments d'une théologie byzantine du monde créé.

La littérature philosophique de l'Antiquité rapporte plusieurs tentatives de penser le temps sur le modèle du lieu. Les notions de lieu
et de temps sont généralement associées depuis Aristote qui, dans le
livre des *Catégories*, les avait traitées dans le cadre du 'quantifié continu'.[1] Elles sont par ailleurs étudiées parallèlement dans le quatrième
livre de la *Physique*. Cette association se retrouve chez tous les commentateurs d'Aristote de l'Antiquité tardive.

La seconde idée qui sous-tend cette investigation voudrait établir
que du point de vue de leur fonction comme distinguant et unifiant
ce qu'ils contiennent, 'lieu' et 'temps' présentent une étroite parenté
avec l'organisation spatio-temporelle de l'*ecclesia*. Cette étude est basée
sur le présupposé néoplatonicien selon lequel les notions de 'nombre', de 'lieu' et de 'temps'—comme fonctions d'unification, de limitation et d'ordination—sont analogues dans leur domaine à la fonction
de l'Un en sauvant de la dispersion ce qui tombe dans le divisible
et l'étendu en lui donnant proportion.[2] Le postulat qui en découle
assez naturellement et qui continue à soutenir la progression de notre
investigation consiste à affirmer que la typologie spatio-temporelle de
l'*ecclesia* byzantine assume précisément ces fonctions d'unification et
de distinction.

2.a. *Des conditions présupposées à l'être des étants.* *Les catégories* ποῦ *et* πότε *[Amb 10]*

2.a.1. *Justification de l'emprunt à l'Ambiguum 10*

Il manque certainement à la *Mystagogie* les outils conceptuels nécessaires pour engager une étude approfondie de ses propres présupposés. Ce texte part d'une situation concrète, empirique, proche du
modèle τό ἐν τόπῳ / τό ἐν χρόνῳ désignant la relation au lieu de ce
qui est dans le lieu, la relation au temps de ce qui est dans le temps.
Il ne s'agit certes pas ici de limiter cette étude du lieu et du temps

---

[1] Cf., Aristote, *Catégories* [4b20ss], R. Bodéüs ed.
[2] Cf., l'introduction à Damascius, *Traité des premiers principes*, L.G. Westerink &
J. Combès eds., p. XLI. C'est également—pour le lieu—l'idée qui prévaut chez
Jamblique. Simplicius nous la rapporte dans le *Commentaire aux Catégories d'Aristote*
(Simplicius, *In Aristotelis categorias commentarium* [363.29–364.1], K. Kalbfleisch ed.).

à une approche trop empiriste de l'*ecclesia* quand bien même elle est fondée, comme nous le verrons, dans l'expérience, c'est-à-dire dans la perception d'un certain espace puis dans celle d'un certain mouvement ordonné, enfin dans le raisonnement qui en dégage la structure stable. Il fallait convoquer un autre texte de Maxime qui put, autant que possible, servir d'appui et de base de travail à cette enquête inédite. Nous avons fait le choix d'entrer dans ce champ d'étude sur la spatio-temporalité par le dixième chapitre du livre des *Ambigua*. Cette démarche se justifie pour plusieurs raisons.

La première provient du fait que le texte des *Ambigua* qui servira ici d'''instrument de travail', traite d'un sujet apparenté à la *Mystagogie*. Il y est en effet question de la compréhension correcte d'un texte de Grégoire de Naziance dont voici le contenu :

> Heureux donc celui qui grâce à la raison et à la contemplation a pu renoncer à ce monde de la matière et de la chair—ce brouillard ou ce voile, peu importe comme il faut l'appeler—, rencontrer Dieu et s'unir à la lumière absolument sans mélange, dans la mesure où celle-ci est accessible à la nature humaine ! Heureux est-il de s'élever d'ici (τῆς τε ἐντεῦθεν ἀναβάσεως) et d'être déifié là-bas (καὶ τῆς ἐκεῖσε θεώσεως) ! Cette grâce est acquise à qui mène sincèrement une vie 'philosophique' (ἣν τὸ γνησίως φιλοσοφῆσαι χαρίζεται) et transcende la dyade matérielle par l'unité conçue dans la triade (καὶ τὸ ὑπὲρ τὴν ὑλικὴν δυάδα γενέσθαι, διὰ τὴν ἐν τῇ Τριάδι νοουμένην ἑνότητα).[3]

Un sujet : l'âme (i.e. tout être humain doué de perception et de raison).

Un parcours : de la multiplicité à l'un.

Ce mouvement de l'âme suppose des étapes relevant conjointement de l'être et de la connaissance. Les penseurs grecs, de la tradition parménidienne surtout, ne tentèrent jamais vraiment, à ce que l'on peut constater, de séparer les deux notions. Elles sont quasiment inséparables à l'époque de Maxime.[4] C'est en effet en s'unifiant que l'âme connaît l'un et simultanément c'est en le connaissant qu'elle s'unifie.[5]

[3] GRÉGOIRE DE NAZIANCE, Discours 21 [2.1–8], En l'honneur d'Athanase, évêque d'Alexandrie, in : *Discours* 20–23, J. Mossay ed., traduction revue.
[4] Cette association (être / connaître—pré-exister / pré-connaître) est au cœur même de la *Question* 60 à Thalassios de Lybie (voir *bibliographie*).
[5] C'est là un lieu fréquent du néoplatonisme. Voir notamment : PLOTIN, Enneas VI [9], *Plotini Opera*, T.III, P. Henry et H.-R. Schwyzer eds. Topique repris chez

La seconde raison qui a motivé le choix de ce texte est chronologique. Il a été démontré que l'*Ambiguum* 10 selon la numérotation qu'en donne la *Patrologia Graeca* (PG) correspond en fait à un second volet de ce que l'on nomme encore parfois le *Liber Ambiguorum*. Il fait parti d'un ensemble—les *Ambigua ad Iohannem*[6]—daté des années 628–630 tout comme la *Mystagogie*. On les distingue des *Ambigua ad Thomam*[7] qui pourraient leur être postérieurs et auxquels ils ont été associés soit par Maxime lui-même, soit par un copiste. Les dates de 628–630 correspondent aux premières années que Maxime a passé dans l'Afrique encore byzantine. Ces deux textes—l'*Ambiguum* 10 et la *Mystagogie*—bien que très différents dans leur facture peuvent donc être tenus pour avoir été écrits dans les mêmes conditions. Ils trahissent par ailleurs des préoccupations similaires. L'arrière-plan logique et peut-être plus systématique du premier peut donc être légitimement supposé acquis par Maxime au moment de la rédaction du second.

Les parties choisies et présentées ici fournissent plusieurs notions utiles qui seront soigneusement analysées du point de vue rhétorique. Cette méthode de lecture se fonde sur une pratique rédactionnelle bien attestée à l'époque de Maxime. Cette approche des textes relève de l'analyse structurale et présente l'avantage de dégager la construction d'un argument tout en le fondant dans la lettre du texte. Ce procédé est dans un sens descriptif et exégétique rigoureusement objectif. La portion de texte choisie a été divisée en deux sections qui seront nommées texte 1 et texte 2. Le premier présente, comme on le verra, une très forte unité dans sa construction. Le deuxième, volontairement amputé d'un long développement, secondaire pour le but fixé ici, est cité à titre de complément destiné à préciser certains aspects des propos du premier.

---

le dernier maître de l'école d'Athènes : DAMASCIUS, *Traité des premiers principes*, vol. I [83.7ss], L.G. Westerink & J. Combès eds.

[6] Cf., MAXIMI CONFESSORIS, *Ambigua ad Iohannem*. Iuxta Iohannis Scotti Eriugenae latinam interpretationem, E. Jeauneau ed., Leuven-Turnhout, Brepols, CCSG 18, 1988.

[7] Cf., MAXIMI CONFESSORIS, *Ambigua ad Thomam una cum Epistula secunda ad eundem*, B. Janssens ed., Leuven-Turnhout, Brepols, CCSG 48, 2002.

2.a.2. Ambiguum 10, *les textes*

Texte 1 : Amb 10, 1180b–1181a *[VI.38.1421–1452, E. Jeauneau ed.]*

Là, je permettrai de dire que l'être même des êtres est être sous un certain mode [τὸ πῶς εἶναι][8] et non de manière absolue [ἀλλ᾽ οὐχ ἁπλῶς], ce qui est précisément une première—forte et importante—forme de circonscription, en vue de la démonstration du fait que les êtres ont commencé selon l'essence et la génération.

Qui ignore qu'à tout être, de quelque manière que ce soit—à l'exception du divin et seul qui soit en propre au-delà de l'être même—est préconçue la catégorie 'où' [ποῦ], avec laquelle est conçue par nécessité, partout et dans tous les cas celle du 'quand'. Il n'est pas possible en effet de concevoir le 'où' séparé par privation du 'quand' [πότε] (ces choses, en effet, sont parmi celles qui sont concomitantes lorsqu'elles se trouvent être des conditions *sine qua non* [τῶν οὐκ ἄνευ][9] <sous-entendues de l'être des êtres>), ni en aucune façon le 'quand' séparé par privation du 'où' avec lequel il est naturellement conçu.

Par le 'où', tous les êtres sont montrés comme étant dans un lieu.

En effet, le tout même du tout n'est pas au-delà du tout (il est en effet d'une certaine manière contraire à la raison et impossible de proclamer que le tout même est au-delà de son propre tout), mais il a par lui-même et en lui-même sa circonscription— après la puissance infinie cause de tout circonscrivant tout—comme la limite même la plus extérieure de lui-même ; c'est ce qu'est précisément le lieu du tout comme certains le définissent en disant : le lieu est la périphérie extérieure du tout, ou bien la position extérieure du tout, ou bien la limite du contenant en qui est contenu le contenu [τόπος ἐστὶν ἡ ἔξω τοῦ παντὸς περιφέρεια, ἢ ἡ ἔξω τοῦ παντὸς θέσις, ἢ τὸ πέρας τοῦ περιέχοντος ἐν ᾧ περιέχεται τὸ περιεχόμενον].

Par le 'quand', les êtres seront montrés comme étant, dans tous les cas, dans le temps,

puisqu'ils sont non de manière absolue [μὴ ἁπλῶς] mais sous un certain mode [ἀλλὰ πῶς]. Tous ont l'être après Dieu et par là ne sont pas sans commencement car tout ce qui—quel qu'il soit— admet la détermination d'un certain mode d'être [τὸ πῶς εἶναι], même s'il est, du moins il n'était pas [κἂν εἰ ἔστιν, ἀλλ᾽ οὐκ ἦν].[10]

---

[8] Nous sommes conscients que traduire τὸ πῶς εἶναι [le 'comment'] par *être sous un certain mode* ne peut totalement satisfaire l'aspect technique de cette expression. Autre traduction : *être selon certaines modalités*, en l'occurrence, comme nous le verrons, il s'agit de modalité spatiale et de modalité temporelle.

[9] Sur cette expression : Aristote, *Métaphysique* [1072b12], W.D. Ross ed.

[10] Cette formule sera expliquée ci-après.

Il s'ensuit qu'en disant 'être' le divin, nous ne le disons pas sous un certain mode d'être [τὸ πῶς εἶναι] ; c'est pourquoi nous disons de lui : 'il est', 'il était', de manière absolue [ἁπλῶς], sans fixer de limites [ἀορίστως] et en dehors de toute relation [ἀπολελυμένως]. Le divin en effet ne peut admettre aucune parole et pensée, dans la mesure où en lui prédiquant l'être, nous ne disons pas l'être même. Car l'être provient de lui mais il n'est pas l'être même. En effet, il est au-delà de l'être même qui se dit et se pense soit selon un certain mode, soit de manière absolue.

Si les êtres ont l'être selon un certain mode et non de manière absolue, on admettra qu'ils l'ont

par le 'où' à cause de la position et de la limite de leurs raisons naturelles [διὰ τὴν θέσιν καὶ τὸ πέρας τῶν ἐπ' αὐτοῖς κατὰ φύσιν λόγων],

et, dans tous les cas, par le 'quand' à cause de leur commencement [διὰ τὴν ἀρχὴν].

Texte 2 : AMB 10, 1181a–1181b *[VI.39.1456–1469, E. Jeauneau ed.]*

A nouveau, s'il n'est pas possible à l'essence des 'touts' [ἡ πάντων οὐσία]—bien qu'ils soient plusieurs 'touts' [πολλῶν ὄντων τῶν πάντων]—d'être infinie (car une limite retient la quantité numérique [τὴν ἐν πλήθει ποσότητα] de ces nombreux êtres mêmes en circonscrivant la raison d'être et les modalités d'être de leur essence car l'essence des 'touts' n'est pas débridée), il est évident que l'hypostase de chacun ne sera pas sans circonscription non plus, étant circonscrites l'une et l'autre par le nombre[11] et par l'essence conformément à leur raison. Si donc aucun des êtres n'est libre de circonscription, tous les êtres ont de toute évidence pris—à proportion de ce qu'ils sont eux-mêmes—l'être 'quand' et l'être 'où' [πάντα τὰ ὄντα δηλονότι ἀναλόγως ἑαυτοῖς καὶ τὸ ποτὲ εἶναι καὶ τὸ ποῦ εἶναι εἴληφε]. Sans ceux-ci absolument rien ne pourra être [Τούτων γὰρ ἄνευ τὸ παράπαν οὐδὲν εἶναι δυνήσεται], ni essence, ni quantité, ni qualité, ni relation, ni action, ni passion, ni motion, ni disposition, ni aucune autre parmi les catégories dans lesquelles les experts en ces matières enferment le tout [οὐκ οὐσία, οὐ ποσότης, οὐ ποιότης, οὐ σχέσις, οὐ ποίησις, οὐ πάθος, οὐ κίνησις, οὐχ ἕξις, οὐχ ἕτερόν τι τῶν οἷς τὸ πᾶν περικλείουσιν οἱ περὶ ταῦτα δεινοί.]. Aucun des êtres donc n'est sans commencement à qui on peut préconcevoir quelque autre chose ; ni privé de circonscription à qui on peut ajouter quelque autre chose dans la pensée.

---

[11] Voir sur ce thème classique, l'affirmation de Plotin : « En effet, ce qui a l'existence et l'être est de ce fait même sous l'emprise du nombre », in : PLOTIN, *Traité sur les nombres* (Ennéade VI.6 [3.10ss]), J. Berthier et al. eds. Sensiblement la même idée chez Simplicius : « . . . de la pluralité différenciée, c'est le nombre qui a arrêté la dispersion à l'infini », in : SIMPLICIUS, *Corollarium de loco* [640.35–641.1], *In Aristotelis physicorum libros octo commentaria*, H. Diels ed.

2.a.3. *L'environnement philosophique de Maxime. Les sources*

L'argumentation de Maxime est serrée mais elle est très bien structurée. Elle ne dénote d'ailleurs pas avec la totalité de l'*Ambiguum* 10.
La tonalité philosophique de ces deux textes se vérifie diversement.
L'usage d'expressions types et l'organisation des idées trahissent une
certaine connaissance des questions philosophiques discutées au début
du VIIeme siècle. Plusieurs parallèles sont à envisager. On y retrouve
non seulement le vocabulaire des livres de la *Physique* et des *Catégories*
d'Aristote ainsi que les développements de leurs commentaires respectifs,[12] mais également celui des Commentaires et des Traités sus-
cités par le *Parménide* de Platon.[13] La convergence de concepts tirés
de l'aristotélisme et de concepts provenant de la tradition platonicienne est une donnée bien attestée dans l'esprit de système qui semble s'imposer dans l'Antiquité tardive. Ce rapprochement ne veut
toutefois pas induire une démarche strictement similaire entre Maxime
et les commentateurs néoplatoniciens. Il est cependant manifeste que
le moine byzantin intégra très tôt, dès ses premiers écrits, des éléments de discussions philosophiques qui laissent supposer une certaine familiarité avec les concepts de fond qui durent alors faire
l'objet de débat dans les élites intellectuelles de l'Empire romain
d'Orient.

Concernant les catégories d'espace et de temps qui nous intéressent ici, nous accorderons une attention particulière aux commen-

---

[12] Par exemple l'expression παντὸς τοῦ ὁπωσοῦν ὄντος (1181b), associée par
Maxime à la catégorie 'où', se trouve employée de façon similaire par Jamblique
dans une opinion qui nous est rapportée par Simplicius : « Il faut, dit Jamblique,
étendre à toutes les choses qui de quelque manière que ce soit (τὰ ὁπωσοῦν ὄντα),
sont comme autres en d'autres la nature entière du lieu », in : Simplicius, *In Aristotelis
categorias commentarium* [363.8ss], K. Kalbfleisch ed. ; cette même expression est mise
à plusieurs reprises en relation avec l'être conditionnel dans un contexte qui l'associe à la temporalité dans le traité des *Noms Divins* du pseudo-Denys, notamment
chapitre V, paragraphe 5 de ce chapitre, in : *Corpus Dionysiacum I : Pseudo-Dionysius
Areopagita. De divinis nominibus* [183.12ss], B.R. Suchla ed. ; voir également l'expression ἔξω τοῦ παντὸς apparaissant deux fois en Amb 10, 1180c dans une définition
du lieu ; lui comparer Aristote, *Physique* IV [212b 16–17], H. Carteron ed. ; quant
à l'étude conjointe des catégories ποῦ et πότε coordonnées respectivement au lieu
et au temps, elle est commune aux commentateurs d'Aristote du VIeme siècle ; cf.,
Simplicius, *In Aristotelis categorias commentarium* [341.7ss ; 357.8ss], K. Kalbfleisch ed.
[13] Voir notamment la position centrale de la problématique du 'tout' et de son
statut dans les deux textes sélectionnés. Nous ferons parfois appel à certains postulats fondamentaux du néoplatonisme lorsque le sens de telle ou telle notion n'est
pas explicité par Maxime. Nous nous référerons principalement aux textes de la
tradition athénienne (Proclus, Damascius et Simplicius).

taires de Simplicius. C'est en effet chez ce dernier qu'on trouve la présentation la plus développée des catégories ποῦ et πότε que l'Antiquité nous ait léguée. Simplicius prend couramment appui sur la tradition de ses prédécesseurs.[14] Cette méthode est largement répandue dans le néoplatonisme. Il a, de son propre aveu, « pris modèle sur le commentaire de Jamblique /.../ en le suivant pas à pas et en utilisant fréquemment le texte même de ce philosophe ».[15] Cette confession nous intéresse particulièrement car c'est précisément à partir de Jamblique que les concepts d'espace et de temps tirés de la *Physique* d'Aristote vont progressivement migrer vers le premier principe et devenir des formes dotées d'une certaine puissance d'union.

Jean Philopon peut également être cité dans l'environnement philosophique du Confesseur. En effet, Sophrone, dont l'influence sur Maxime est largement admise,[16] a apparemment fréquenté Etienne (Stéphanos) le disciple de Philopon à Alexandrie.[17] Est-ce à dire que

---

[14] Cf., SIMPLICIUS, *In Aristotelis categorias commentarium* [340.14–364.35], K. Kalbfleisch ed.

[15] SIMPLICIUS, *In Aristotelis categorias commentarium* [3.2ss], K. Kalbfleisch ed., traduction Philippe Hoffmann, in : « Catégories et langage selon Simplicius », in : *Simplicius, sa vie, son œuvre, sa survie*, I. Hadot ed., p. 61.

[16] Sophrone fut, semble-t-il, higoumène du monastère des Eucratades (nom peutêtre tiré du surnom donné à celui qui pourrait en avoir été son fondateur, Jean Moschus) près de Carthage regroupant plusieurs exilés dont Maxime. C'est durant ce séjour en Afrique byzantine que Maxime a rédigé plusieurs œuvres maîtresses, notamment la *Mystagogie*, les *Questions à Thalassios* et les *Ambigua ad Iohannem*. De l'avis de plusieurs théologiens, Maxime y aurait pris Sophrone pour père spirituel. Cf., J.-Cl. LARCHET, *La divinisation de l'homme selon saint Maxime le Confesseur*, p. 13 ; P.M. BLOWERS, *Exegesis and Spiritual Pedagogy in Maximus the Confessor*, p. 5–6 ; cette thèse prend appui sur les indications de la *Lettre* 12 [533a] de Maxime. On peut noter qu'une étude comparative plus complète de l'influence de Sophrone sur Maxime reste à faire.

[17] Sur ce sujet : Ch. VON SCHÖNBORN, *Sophrone de Jérusalem*, p. 58 ; cette thèse repose sur le témoignage de Jean Moschus qui nous a laissé de pittoresques récits des diverses rencontres qu'il fit en compagnie de Sophrone le Sophiste qui n'est autre que celui qui sembla exercer une si profonde influence sur Maxime. Voir en particulier *Le pré spirituel* [77] : « Nous allâmes un jour, moi et maître Sophrone, à la demeure d'Etienne le sophiste, pour affaire... ». Notons encore que, selon les renseignements que nous donne Jean Moschus, il semble avoir existé à Alexandrie, une importante élite chrétienne parfois moine, parfois simple particulier, qui sans titre officiel paraissait fort bien renseignée sur les questions philosophiques discutées vers la fin du VIème siècle. Voir à titre de complément la mention de personnage tel l'abbé Théodore le philosophe [que Jean et Sophrone fréquentèrent 'pour raison d'études'], Zoïle, lecteur (*Le pré spirituel* [171]) ainsi que Procope le lettré (*Le pré spirituel* [131]) et maître Cosmas le lettré (*Le pré spirituel* [172]). Pour l'identité d'Etienne d'Alexandrie, il faut signaler la meilleure étude actuelle sur le sujet : W. WOLSKA-CONUS, « Stéphanos d'Athènes et Stéphanos d'Alexandrie », *Revue des études byzantines* 47 (1989) 5–89.

ces vraisemblables échanges philosophiques avec Etienne et d'autres savants servirent d'intermédiaire entre les commentateurs néoplatoniciens et Maxime ? Rien ne permet ici de l'attester de façon définitive.

Trois indications tirées des deux textes d'*Ambiguum* 10 retenus ici se réfèrent directement au cadre et à la tradition de pensée philosophique dans laquelle s'inscrit le moine byzantin.

Une première mention soutient par exemple : «... Qui (τίς) ignore qu'à tout être, de quelque manière que ce soit—à l'exception du divin et seul qui soit en propre au-delà de l'être même—est préconçue la catégorie 'où'... » (voir *supra*, texte 1). Le pronom interrogatif 'qui' (τίς) suppose que les propos qui suivent sont connus et vraisemblablement admis. L'étape préliminaire du raisonnement est donc l'opinion commune, autrement dit, ce que nul n'est censé ignorer. Le souci de prendre initialement appui sur ce qui peut facilement être admis par tous rappelle des formules telles celles d'Aristote qui soutient : « Selon l'opinion commune, en effet les êtres sont, comme tels, quelque part (ποῦ) ».[18]

Un deuxième cas signale un groupe de personnes auxquelles Maxime emprunte une définition du lieu. Elles sont mentionnées par le pronom indéfini '*certains*' (καθὼς καὶ ὁρίζονταί τινες τὸν τόπον λέγοντες... [1180c]). Il peut sembler malaisé d'identifier ceux qui sont ainsi désignés. En fait la triple définition du lieu qui s'ensuit et qui sera discutée dans la trame de cette enquête livre tout de même quelques indices. Le plus évident est la troisième définition qui décrit le lieu comme « la limite du contenant en qui est contenu le contenu (τὸ πέρας τοῦ περιέχοντος ἐν ᾧ περιέχεται τὸ περιεχόμενον [1180c]) ». La formule « limite du contenant » est d'Aristote[19] mais elle n'apparaît pas chez lui dans la forme que lui donne Maxime. Cette formulation doit être rapportée aux commentateurs. Elle est alors énoncée

---

[18] « τά τε γὰρ ὄντα πάντες ὑπολαμβάνουσιν εἶναί που », in : ARISTOTE, *Physique* [208a 29], H. Carteron ed. ; une comparaison avec l'*Ambiguum* 18 [PG 91, 1232c–1233c] de Maxime pourrait s'avérer éclairante où 'être en un certain lieu', signifie exister. Une position similaire avait été tenue par Parménide dans le dialogue de Platon qui porte son nom : « Ce qui est, avait-il affirmé, se trouve toujours quelque part » (*Parménide* [151a3–4]). Il s'ensuivait inéluctablement que le fait de 'ne se trouver nulle part' signifiait 'ne pas être' (cf., *Parménide* [145e1]).

[19] Cf., ARISTOTE, *Physique* IV [212a 5–6 et 20], H. Carteron ed. : « le lieu est la première limite immobile de l'enveloppant ». Sur les difficultés qu'entraînent cette définition, voir : Ph. HOFFMANN, « Simplicius : Corollarium de loco », in : *L'astronomie dans l'Antiquité classique*, p. 145–149 (Les difficultés de la doctrine aristotélicienne du lieu).

dans des termes très proches de ceux que fournit l'*Ambiguum* 10. Plusieurs occurrences peuvent être signalées notamment chez Ammonius,[20] Jean Philopon[21] et Simplicius.[22]

Enfin, une autre source est indiquée par Maxime. A la suite d'une énumération de catégories (texte 2 *supra*), le moine byzantin fait mention 'd'experts en ces matières'[23] (οἷς τὸ πᾶν περικλείουσιν οἱ περὶ ταῦτα δεινοί [1181b]). La proximité d'une liste des *Catégories* de tournure aristotélicienne avec la mention d''experts' (ou de gens avisés) en ces matières ne laisse aucun doute. C'est bien d'un milieu philosophique apparenté à celui dont nous possédons encore les œuvres recueillies dans les *Commentaria in Aristotelem Graeca* que Maxime tient ces informations. Dans l'état actuel de nos connaissances, on ne trouve aucun parallèle évident dans la tradition patristique qui aurait pu servir d'intermédiaire entre ces textes, dont la teneur logique est indéniable, et notre auteur. Tout au plus peut-on relever une formule ou l'autre du *De Natura Hominis* de Nemesius[24] mais dans ce dernier cas l'articulation des concepts 'lieu' et 'temps' n'est pas faite, pas plus que la relation entre les adverbes ποῦ—πότε et les substantifs τόπος—χρόνος. Maxime pourrait avoir été le premier théologien à intégrer délibérément dans un 'système du monde' original certaines théories du commentarisme néoplatonicien d'Aristote traitant du lieu et du temps à partir des catégories ποῦ et πότε.

Partant d'une certaine opinion commune (τίς ἀγνοεῖ ὅτι ... [1180b]), Maxime prend appui sur l'avis d'experts en ces matières (οἱ περὶ ταῦτα δεινοί [1181b]) en passant par les définitions que certains donnent du lieu (ὁρίζονταί τινες τὸν τόπον [1180c]).

---

[20] Voir : AMMONIUS, *In Aristotelis categorias commentarius* [58.16], A. Busse ed.

[21] Entre autres occurrences, JEAN PHILOPON, *In Aristotelis categorias commentarius* [165.1–2], A. Busse ed., mais également JEAN PHILOPON, *In Aristotelis physicorum libros octo commentaria* [567.1ss] H. Vitelli ed. où Philopon discute l'opportunité ou non de définir le lieu comme la limite du contenant (plus particulièrement 567.29ss).

[22] Voir par exemple : SIMPLICIUS, *In Aristotelis categorias commentarium* [361.30ss], K. Kalbfleisch ed.

[23] Cette expression n'est pas unique chez Maxime, voir par exemple la *Lettre* 12 (473d) ; on peut relever la teneur logique de l'argument de Maxime dans ce courrier théologique adressé à Jean le Cubiculaire. Dans les *Questions à Thalassios*, les 'experts' fournissent à Maxime d'importants éléments de doctrine sur la nature du mouvement circulaire : « Μόνην γὰρ καλοῦσιν ἄτρεπτον τὴν σφαιρικὴν κίνησιν, ὡς ὁμαλότητα διὰ πάντων παρὰ τὰς λοιπὰς τῶν ὄντων κινήσεις ἔχουσαν, οἱ περὶ ταῦτα δεινοί », in : THAL 55.493–495.

[24] Cf., NEMESIUS D'EMESE, *De natura hominis* [41.22–42.1], M. Morani ed.

Nous nous autoriserons de ces emprunts avérés bien qu'anonymes pour, le cas échéant, convoquer les auteurs néoplatoniciens en mesure d'éclairer telle ou telle expression utilisée mais guère explicitée par le moine byzantin.

2.a.4. *Analyse rhétorique du texte 1 [Amb 10, 1180b–1181a]*

Une difficulté lexicographique doit être initialement signalée. Comme on peut le noter, les catégories ΠΟΥ—ΠΟΤΕ sont par préférence traduites non comme des adverbes indéfinis—'un certain lieu' et 'un certain temps' (ou 'un jour')—mais comme des adverbes interrogatifs 'où ?' et 'quand ?' (ποῦ / πότε). Nous proposons donc d'uniformiser ce que l'accentuation rapportée par la *Patrologia Graeca* (PG) distinguait.[25] Rien n'impose dans le présent texte le maintien d'une dissymétrie de forme grammaticale entre des catégories présentant une si manifeste proximité. On peut appuyer cet accord sur le plan du lexique en mettant en parallèle les formules τὸ πῶς εἶναι [1180b, 1180d, 1181a] τὸ ποῦ εἶναι [1180d, 1181b] τὸ ποτὲ—corrigé τὸ πότε εἶναι [1181a, 1181d].[26] Il semble en effet préférable de garder cette forme si l'on veut, comme ce texte semble l'indiquer, donner un caractère plus général et donc plus universel aux deux catégories ποῦ et πότε et par elles, non seulement classer certaines déterminations propres à l'être des étants mais, le cas échéant, interroger la réalité.

Le premier texte (texte 1 *supra*) se délimite assez naturellement. Une expression fort simple portant sur la modalité de l'être des étants

---

[25] On aura en effet noté que si la catégorie ΠΟΥ est accentuée comme un adverbe interrogatif : ποῦ, la catégorie ΠΟΤΕ n'est accentuée comme adverbe interrogatif qu'une seule fois dans le texte 1 [1180b]. Une difficulté similaire présente dans l'édition ancienne des manuscrits d'Aristote a fait l'objet de plusieurs remarques de la part de Ph. Hoffmann dans son article : « Les catégories ΠΟΥ et ΠΟΤΕ chez Aristote et Simplicius », p. 218ss.

[26] Il semble que l'accord des formes grammaticales de ποῦ et πότε soit fort ancien. Dans la traduction latine que Jean Scot Erigène fit de l'*Ambiguum* 10, ΠΟΥ est transcrit systématiquement par *ubi* et ΠΟΤΕ par *quando* (cf., *Maximi Confessoris Ambigua ad Iohannem* [VI.1418–1452], E. Jeauneau ed.) On peut cependant relever que lorsque, dans le *Periphyseon*, Jean Scot fait appel à l'autorité de ce même texte de Maxime qu'il cite, *ubi* devient *locus* et *quando* devient *tempus* (cf., *Periphyseon*. Liber Primus [1669–1719], E. Jeauneau ed. correspondant à *PL* 122, 481b–482c). Quelques décennies avant le présent texte, Simplicius avait proposé deux façons de comprendre ΠΟΤΕ : la première signifiant 'le temps passé' (ὁ παρεληλυθὼς χρόνος) et la seconde, la situation 'dans le temps' (τὸ ἐν χρόνῳ), in : SIMPLICIUS, *In Aristotelis categorias commentarium* [358.12–14], K. Kalbfleisch ed. On peut lui comparer JEAN PHILOPON, *In Aristotelis categorias commentarium* [164.22–23], A. Busse ed.

(αὐτὸ τὸ εἶναι τῶν ὄντων, τὸ πῶς εἶναι ἔχον, ἀλλ᾽ οὐχ ἁπλῶς) produit un phénomène d'inclusion très net. On la trouve dans les premières lignes de cette section où elle propose une brève introduction au thème qui va être discuté. Elle réapparaît au terme de l'argument dans ce que nous appellerons le rapport conclusif qui, comme nous le verrons, présente un notable développement sur les premières affirmations.

On peut clairement dégager du texte 1 la disposition rhétorique suivante :

> *A/ l'être même des êtres est être sous un certain mode* (τὸ πῶς εἶναι) *et non de manière absolue* (ἀλλ᾽ οὐχ ἁπλῶς)
>
> A(x) / Première mention des notions de *circonscription* et de *commencement* suivie d'un paragraphe fondé sur l'opinion 'reçue' (« qui ignore . . . ») du rapport de 'tout être de quelque manière que ce soit' et des catégories de lieu (ποῦ) et de temps (πότε) toujours conçues ensemble.
>
> *B/ Par le 'où', tous les êtres sont montrés comme étant dans un lieu*
>
> B(x) / *Développement* : le tout, sa limite, la puissance infinie circonscrivante, les définitions du lieu.
>
> *C/ Par le 'quand', les êtres seront montrés comme étant, dans tous les cas, dans le temps*
>
> C(x) / *Développement* : le tout, le divin, leur rapport respectif à l'être et au temps.

Rapport conclusif :

> *A'/ Si les êtres ont l'être selon un certain mode* (τὸ πῶς εἶναι) *et non de manière absolue* (ἀλλ᾽ οὐχ ἁπλῶς),
> *on admettra qu'ils l'ont*
>
> *B'/ par le 'où' à cause de la position et de la limite de leurs raisons naturelles,*
>
> *C'/ et, dans tous les cas, par le 'quand' à cause de leur commencement.*

Une rapide recension du vocabulaire atteste que Maxime recourt intentionnellement à trois adverbes sur le modèle A / A' ['comment' (πῶς) que nous nous sommes résignés à traduire 'selon un certain mode'], B / B' ['où' (ποῦ)], C / C' ['quand' (πότε)] pour former un parallélisme d'ensemble aisément identifiable. Il associe la catégorie 'où' (ποῦ) au concept 'lieu' et aux notions de 'limite' et de 'position'. La catégorie 'quand' (πότε) porte tout d'abord sur la relation au 'temps' puis est conclusivement associée à l'idée de 'commencement' qui, dans le présent cas, signifie également 'principe'.

On constate un notable développement de sens entre la proposition B et la proposition B' ainsi qu'entre les propositions C et C'. Ces mutations s'expliquent par les arguments exposés en B(x) et C(x).

Ces premières remarques établissent la structure formelle de cette
section d'*Ambiguum*. Sur cette base nous pouvons faire remarquer que
la catégorie 'où' ne se confond pas avec le concept 'lieu' et que la
catégorie 'quand' ne se confond pas avec le concept 'temps' mais
chacun d'eux désigne une relation (ἐν) respectivement au lieu (ἐν
τόπῳ) et au temps (ἐν χρόνῳ) pour tous les êtres.

2.a.5. *Modalités spatiale et temporelle de l'être des étants*

La fréquence, dans la trame du texte, du vocable εἶναι contribue à
en unifier le propos et exprime un aspect central de la problématique abordée par l'auteur. Il y est d'abord question de l'*être* usité soit
sous sa forme substantivée τὸ εἶναι, soit de façon explétive[27] avec les
adverbes πῶς et ποῦ, πότε. On le trouve également comme participe
substantivé τό ὄν (τὰ ὄντα). Sur ces variantes lexicales, Maxime opère
une distinction capitale qui tend à dominer toute la dernière partie
du texte 1. L'être peut en effet se dire soit de façon absolue (ἁπλῶς),
soit de façon non absolue (οὐχ ἁπλῶς) ; soit l'être simple sans conditions, soit l'être soumis à certaines conditions. Cette différenciation
produit une nette séparation entre 'tout être, de quelque manière
que ce soit' (παντὸς τοῦ ὁπωσοῦν ὄντος [1180b]) et 'le divin seul'
(πλὴν τοῦ θείου καὶ μόνου τοῦ καὶ ὑπὲρ αὐτὸ τὸ εἶναι κυρίως ὑπάρχ-
οντος [1180b]), autrement dit entre 'ce qui est nécessairement d'une
certaine manière' et 'ce qui est absolument (ἁπλῶς)'. L'adverbe ἁπλῶς
suppose d'ailleurs l'indépendance à l'égard de toute condition d'existence ou de tout rapport avec autre chose. Nous pouvons prolonger
cette dialectique en faisant remarquer que ce qui est absolument
(ἁπλῶς) est complètement dégagé de l'analyse catégoriale et qu'à
l'inverse ce qui n'est pas absolument (οὐχ ἁπλῶς) en fait directement
l'objet. Sur ce point, Maxime dépend de ceux qu'il nomme 'experts
en ces matières'[28] comme le montre manifestement le texte 2 : « Sans
ceux-ci *(l'être 'où' et l'être 'quand')* absolument rien ne pourra être, ni
essence, ni quantité, ni qualité, ni relation, ni action, ni passion, ni
motion, ni disposition, ni aucune autre parmi les catégories dans lesquelles les experts en ces matières enferment le tout ».[29] Chaque catégorie accuse un trait particulier de l'être des étants.

---

[27] Sur cet usage : M. Bizos, *Syntaxe grecque*, p. 246.
[28] Vraisemblablement un ou plusieurs commentateurs grecs d'Aristote.
[29] Amb 10, 1181b.

Ces distinctions étant faites, précisons le contenu du mode d'être conditionnel. Le schéma précédent indique que les propositions A / A' (τὸ πῶς εἶναι ἀλλ᾽ οὐχ ἁπλῶς [1180b et 1180d]) impliquent deux modalités d'être qui entrent dans la structure intime des étants :[30] une modalité spatiale (ὑπὸ τὸ ποῦ δὲ πάντα, ὡς ἐν τόπῳ ὄντα, δείκνυται [AMB 10, 1180c]) et une modalité temporelle (ὑπὸ τὸ ποτὲ, ὡς ἐν χρόνῳ πάντως ὄντα, συναποδειχθήσεται [AMB 10, 1180c]). La structure du premier texte proposée *supra* le met bien en évidence. Précisons toutefois que ces deux modalités distinguées pour la commodité de l'exposé ne sont pas réellement séparées dans l'être des étants.

Maxime renforce d'ailleurs cette thèse en soutenant que la catégorie 'où' et la catégorie 'quand' sont conjointement condition *sine qua non* de tout et sont donc logiquement présupposées à tout (Τούτων γὰρ ἄνευ τὸ παράπαν οὐδὲν εἶναι δυνήσεται, οὐκ οὐσία . . . [AMB 10, 1181b]). Il est utile de préciser que cette préséance doit être conçue comme une détermination 'structurelle' *a priori* en dehors de toute connotation temporelle. Cette priorité ne doit pas en effet nous conduire à considérer la 'spatio-temporalité' telle qu'elle est présentée ici sur le mode de l'antériorité chronologique. En effet, l'espace-temps—envisagé ici à partir des catégories ποῦ et πότε—qui impose de foncières limites à l'être créé considéré sous le vocable générique 'tout' (πᾶν), accompagne nécessairement la génération de chaque chose. Ποῦ et πότε sont donc, pour Maxime, concomitants à l'être créé dans un sens proche de celui qu'Aristote pouvait par exemple attribuer au lieu : « le lieu est simultané aux réalités ; car, les limites sont concomitantes aux choses limitées (ἔτι ἅμα τῷ πράγματι ὁ τόπος· ἅμα γὰρ τῷ πεπερασμένῳ τὰ πέρατα) ».[31] Il est avéré que, pour le moine byzantin, les catégories ποῦ et πότε revêtent un caractère de simultanéité avec l'être des étants (τῶν γὰρ ἅμα ταῦτά ἐστιν [AMB 10, 1180b]).

Dans le même *Ambiguum*, le Confesseur a soutenu une idée très proche de celle qui est présentée ici mais sans vraiment l'argumenter. Il prenait alors appui sur les substantifs 'lieu', 'temps' et *'aiôn'*

---

[30] H.-U. Von Balthasar avait proposé une idée similaire en partant des écrits de Grégoire de Nysse. Sur les catégories de lieu et de temps considérées non comme des qualités ajoutées mais comme la substance intime de l'être créé (i.e de l'être fini), voir : H.-U. Von BALTHASAR, *Présence et pensée*. Essai sur la philosophie religieuse de Grégoire de Nysse, p. 2ss.

[31] ARISTOTE, *Physique* [212a.29–30], H. Carteron ed. ; sur le simultané (ἅμα), voir : ARISTOTE, *Catégories* [14b24ss], R. Bodeüs ed.

qui étaient exposés sous la forme suivante : « Dieu de manière simple et infinie est au-dessus de tous les êtres, contenants et contenus
et au-dessus de la nature même de 'ce sans quoi' (ὧν οὐκ ἄνευ ταῦτα)
rien ne serait : j'entends le temps, l'aiōn et le lieu en lesquels l'univers est enfermé de toutes parts, étant lui (Dieu) insaisissable par
quoi que ce soit » [AMB 10, 1153b]. Le rapprochement des deux
formules—ὧν οὐκ ἄνευ ταῦτα [1153b] et Τούτων γὰρ ἄνευ τὸ πάρά-
παν οὐδὲν εἶναι δυνήσεται [1181b]—montre clairement que ποῦ et
τόπος tout comme πότε et χρόνος-αἰών sont pensés sur un modèle
similaire par Maxime (i.e. comme conditions nécessaires du réel). La
spatio-temporalité est ainsi conçue comme une caractéristique essentielle de la nature des êtres. Elle est simultanée aux choses qu'elle
délimite. Dans cette dernière citation, tous les êtres après Dieu se
départagent en 'contenants' (περιέχοντα) et 'contenus' (περιεχόμενα).
Le caractère universel de cette répartition provient en droite ligne
de la tradition de Jamblique. Elle est à notre connaissance unique—
du moins sous cette forme—chez les théologiens grecs.[32]

Notons enfin que ποῦ et πότε en tant que catégories mères sont
non seulement des catégories ontologiquement nécessaires mais des
catégories ouvrant le champ du 'connaître' car, comme le dit Maxime,
sans elles « absolument rien ne pourra être, ni essence, ni quantité,
ni qualité, ni relation, ni action, ni passion, ni motion, ni disposition ».[33] Modalités d'existence requises par l'être des étants, le 'où'
et le 'quand' sont indicatifs de notre propre mode de connaissance
et conséquemment de notre mode de discourir.[34] Le contenu de la
Mystagogie est une application directe de cette thèse.

---

[32] Sur l'universalité du rapport 'contenant-contenu' chez Jamblique et sa relec-
ture critique par Simplicius, voir : SIMPLICIUS, *In Aristotelis categorias commentarium*
[363.9ss], K. Kalbfleisch ed. Voir toutefois dans la tradition chrétienne : GRÉGOIRE
DE NAZIANCE, Discours 28 [10.8ss ; 22.23ss], *Discours 27.31*, P. Gallay ed.

[33] AMB 10, 1181b.

[34] Ces deux modalités font également l'objet d'un double classement que Maxime
énumère par exemple dans son analyse de l'Ecriture Sainte : « C'est *sous l'aspect du
temps* qu'est considéré le discours scripturaire (κατὰ μὲν χρόνον ὁ τῆς Γραφῆς θεωρεῖται
λόγος) lorsqu'il indique : quand, était, est, sera, précédent, actuel, suivant, au temps
de, dès le commencement, le passé, l'avenir, années, saisons, mois, semaines, jours,
nuits et leurs parties respectives et simplement tout ce qui est propre à faire connaître le temps. C'est *sous l'aspect du lieu* (κατὰ δὲ τόπον) qu'il est envisagé quand il
mentionne : ciel, terre, air, mer, terre habitée, limites, endroits, îles, villes, temples,
villages, champs, monts, ravins, routes, fleuves, déserts, pressoirs, aires et vignes,
simplement tout ce qui peut caractériser le lieu », in : AMB 37, 1293c.

2.a.6. *Les concepts résultant de l'usage de la catégorie 'où' (*ποῦ*) :
Limite et position*

Nous allons passer à l'analyse systématique des étapes de l'argument maximien en nous concentrant sur les théories qui découlent directement de l'usage des catégories ποῦ et πότε. Ces dernières, bien que toujours conçues ensemble, seront à l'instar de la démonstration du Confesseur et pour la clarté de l'exposé étudiées séparément. L'objectif général de cette enquête est non seulement d'établir les soubassements du système maximien mais de préparer concrètement à comprendre la nature de l'*ecclesia* de la *Mystagogie* sous le rapport de l'espace et du temps.

Des propos de Maxime, on peut déduire que la catégorie 'où' (ποῦ) signifie la relation au lieu de ce qu'y se trouve dans le lieu ('Υπὸ τὸ ποῦ δὲ πάντα, ὡς ἐν τόπῳ ὄντα, δείκνυται). Le moine byzantin ne s'arrête pas à cette thèse d'école mais va la prolonger en l'appliquant à la notion générique 'tout' et conclure ce paragraphe par une définition du lieu en trois points. On peut représenter graphiquement la progression de l'argument comme suit :

Ποῦ   →   ἐν τόπῳ
                    ↓

              Explication (application) :
              le *tout* (τὸ πᾶν), sa *limite* (πέρας),
              la puissance *infinie* (ἄπειρον)
              circonscrivante,
              mention du lieu du *tout*.

                    ↓

              Définitions du lieu :   Reprise des notions
              – la périphérie extérieure du *tout*   de *position* et de
              – la *position* (θέσις) extérieure du   *limite* référées aux
              tout   →   'raisons naturelles'
              – la *limite* (πέρας) du contenant en   dans le rapport
              qui est contenu le contenu   conclusif.

La situation dans le lieu étant admise, analysons l'application de cet axiome à la nature du 'tout'. Le fait que l'objet d'explication soit le 'tout' fonde l'universalité de la catégorie 'où' dans le champ du réel tel que devait le concevoir Maxime.

Faisant immédiatement suite à l'affirmation qui veut que tout être par la catégorie 'où' soit montré comme 'étant dans un lieu', Maxime allègue :

> En effet, le tout même du tout n'est pas au-delà du tout (il est en effet d'une certaine manière contraire à la raison et impossible de proclamer que le tout même est au-delà de son propre tout), mais il a par lui-même et en lui-même sa circonscription—après la puissance infinie cause de tout circonscrivant tout—comme la limite même la plus extérieure de lui-même ; c'est ce qu'est précisément le lieu du tout . . . [Amb 10, 1180c]

Ce texte, suivi sans transition d'une triple définition du lieu que nous retrouverons ci-après, doit être brièvement commenté pour lui-même.

Son objet est le 'tout' (τὸ πᾶν). Ce choix maximien n'est pas anodin d'autant plus qu'initialement l'objet de l'exposé était l'être même des étants. Cela pourrait, par exemple, signifier que l'être des étants est par ce fait considéré en tant qu'entité délimitée et numériquement distincte d'autres entités. Le choix d'organiser son exposé autour du concept 'tout' fait pourtant directement référence aux spéculations complexes suscitées dans le néoplatonisme par l'exégèse du *Parménide* de Platon. L'étude du 'tout' est clairement replacée ici dans un contexte où les catégories d'Aristote assument une fonction de détermination fondamentale.

Par la mention 'tout de l'univers', Maxime peut avoir voulu généraliser sa théorie. Cette expression est universellement inclusive dans la mesure où en dehors d'elle il n'y a que la puissance infinie. Elle est contenante en tant que le 'tout' possède par définition des parties qui sont également des 'touts' contenant et ainsi de suite . . . C'est ainsi, nous semble-t-il, qu'il faut entendre la mention dans le texte 2 de 'touts' qui sont plusieurs 'touts'.[35] Ce postulat est enté sur une idée qui paraît bien admise dans la philosophie athénienne. Pour Proclus, par exemple, l'univers est un 'tout' pris comme 'tout', en tant que composé de 'touts' (καὶ τὸ μὲν πᾶν ὅλον ὁλικῶς ἐστιν, ὡς ὅλον ἐξ ὅλων).[36] Le 'tout' se trouve au point de convergence de

---

[35] Cf., Amb 10, 1181a.

[36] Ce topique, tiré du *Commentaire sur le Timée* de Proclus, est exposé en ces termes : « Seul est proprement entier le tout (τὸ δὲ πᾶν κυρίως ὅλον ἐστίν). Car, comme on l'a vu, autre est le tout pris comme tout (<τὸ> ὅλον ὁλικῶς), autre la partie prise comme tout (τὸ μέρος ὁλικῶς), autre en troisième lieu le tout pris comme partie (τὸ ὅλον μερικῶς), autre en dernier lieu la partie prise comme partie (τὸ μέρος μερικῶς). Ainsi *l'Univers est un tout pris comme tout, en tant que composé de touts* (καὶ τὸ μὲν πᾶν ὅλον ὁλικῶς ἐστιν, ὡς ὅλον ἐξ ὅλων) », in : Proclus, *In Platonis Timaeum commentaria* [II.62.1ss], E. Diehl ed., traduction A.-J. Festugière. Pour la clarté de l'exposé, il faut faire ici une brève mise au point terminologique en nous référant aux éclairantes remarques d'Annick Charles-Saget : « On peut donc indiquer l'ensemble des parties par trois termes aux connotations différentes : τὰ πάντα

l'un—car il est bien **un** 'tout'—et du multiple car le 'tout' est nécessairement une certaine totalité de parties coordonnées pouvant être, le
cas échéant, considérées comme des 'touts' (i.e des entités distinctes).[37]

On concède volontiers au moine byzantin que le 'tout' de l'univers n'est pas au-delà de son propre 'tout'.[38] Il porte par lui-même
(ὑφ᾽ ἑαυτοῦ) et en lui-même (ἐν ἑαυτῷ) la mesure qui stoppe le pro-
cès d'expansion de son être. Cette mesure, Maxime la nomme 'circonscription'. Cette notion suppose une certaine étendue retenue (i.e.
bornée). Une seule mais capitale restriction veut que sa circonscription lui vienne initialement d'un principe qu'il n'est pas et avec lequel
il ne fait pas nombre. L'argument de Maxime comporte une incise
qui identifie ce principe : « ... après la puissance infinie cause de
tout circonscrivant tout (μετὰ τὴν πάντα περιγράφουσαν τοῦ παναιτίου
ἄπειρον δύναμιν) ». Le 'tout' ne peut donc échapper à la cause première de sa limite inhérente (ἐν ἑαυτῷ). Celle-ci entre même dans
sa définition. Le 'tout' ne saurait être infini car, comme l'affirme le
moine byzantin peu après (texte 2 [Amb 10, 1181a]) : « ... l'essence
des 'touts' n'est pas débridée (οὐ γὰρ ἄφετος) ».

Dans notre étude de l'application au 'tout' du postulat qui veut
que tout être soit dans un lieu, nous proposons de lire la mention
de 'limite la plus extérieure'[39] (αὐτὸ τὸ πέρας ἑαυτοῦ τὸ ἐξώτερον) en
apposition à circonscription (ἐν ἑαυτῷ τὴν περιγραφὴν ἔχον). Les deux
concepts sont en effet étroitement associés. Cette proposition de lecture voudrait surtout apporter un éclaircissement sur la nature de la
retenue du 'tout' car si la circonscription borne une certaine étendue, la limite en soi est plus générale.[40] Sans foncièrement diverger

---

insiste sur le nombre des parties qui sont toutes là, τὸ πᾶν insiste sur l'unité de
cette mise-ensemble, et τὸ ὅλον, qui n'est pas nécessairement lié au nombre, marque l'intégrité, l'absence de défaut, tout en étant cependant le corrélatif 'naturel'
des parties, ce qui le rend par nature divisible », in : A. Charles-Saget, *L'architecture du divin*. Mathématique et Philosophie chez Plotin et Proclus, p. 72–73. Sur la
proximité sémantique des deux notions τὸ πᾶν et τὸ ὅλον, on consultera également
l'article πᾶς, in : P. Chantraine, *Dictionnaire étymologique de la langue grecque*, t.II
[Λ-Ω], Paris, Klincksieck, 1984, p. 859.

[37] C'est le topique même de la seconde *théoria* sur l'*ecclesia*.

[38] L'idée pourrait initialement provenir d'Aristote. Cf., Aristote, *Physique* IV
[212b.14–22], H. Carteron ed. Sous cette forme elle est cependant directement liée
aux spéculations assez complexes du néoplatonisme athénien. Cf., Damascius, *Traité
des premiers principes*, vol.I [1.1ss], L.G. Westerink & J. Combès eds.

[39] Sur cette dernière expression, voir : Damascius, *Commentaire du Parménide de Platon*
[II.91.8ss], L.G. Westerink & J. Combès eds.

[40] En effet, la limite peut être un simple point ou encore, sans que sa signification

de circonscription, 'limite la plus extérieure' signifie plus spécifiquement l'extrémité au delà de quoi on ne parle plus de la même chose, ce 'tout'.[41] De cette extrémité-limite, Maxime fait le lieu du 'tout'. Une attention accrue à la terminologie de ce paragraphe établit avec évidence que le lieu (ici le lieu du 'tout') se trouve au point de contact de l'illimité (ἄπειρον) et de la limite (πέρας).[42]

La question de la délimitation ultime du 'tout' débouche sur une triple définition du lieu qui, en quelques manières, détaille l'affirmation du 'lieu du tout' (ὁ τόπος τοῦ παντὸς [1181c]).

> ... certains le définissent en disant : le lieu est
> - la périphérie extérieure du tout (ἡ ἔξω τοῦ παντὸς περιφέρεια), ou bien
> - la position extérieure du tout (ἡ ἔξω τοῦ παντὸς θέσις), ou bien
> - la limite du contenant en qui est contenu le contenu (τὸ πέρας τοῦ περιέχοντος ἐν ᾧ περιέχεται τὸ περιεχόμενον [Amb 10, 1180c]).

Cette définition assez austère renforce l'idée qui voulait voir dans le 'tout' (1) l'objet de cette démonstration et (2) le caractère universel de la catégorie 'où' dans la mesure où au-delà du 'tout de l'univers' il n'y a rien d'autre que la puissance infinie qui n'est pas le 'tout',

---

en soit altérée, une circonférence. Comme dans le cas des figures géométriques. Proclus, dans la 'définition XIII' du *Commentaire sur le premier livre des éléments d'Euclide*, associe τὸ πέρας à l'extrémité. « Ainsi, soutient Proclus, nous disons que dans le cercle, la circonférence (τὴν περιφέρειαν) est sa limite (ὅρον) et son extrémité (πέρας), tandis qu'il est lui-même une certaine aire plane et il en est de même pour d'autres aires », in : Proclus, *In primum Euclidis elementorum librum commentarii* [136.15], G. Friedlein ed., traduction P. Ver Eecke.

[41] Dans un sens proche, Aristote affirme : « 'Limite' (πέρας) se dit de l'extrémité de chaque chose, c'est-à-dire du premier point au delà duquel il n'est plus possible de rien appréhender de la chose, et du premier point en deçà duquel est son 'tout' », in : Aristote, *Métaphysique* [1022a4–5], W.D. Ross ed., traduction J. Tricot.

[42] Cette thèse fait écho à un topique plotinien formulé comme suit : « Mais l'infinité, dans quelle condition se trouve-t-elle ? En fait, si elle se trouve parmi ce qui a l'être, de ce fait même elle est limitée, ou bien si elle n'est pas limitée, elle ne fait pas partie de ce qui est, mais peut-être de ce qui devient, comme <elle en fait partie> aussi par l'action du temps. Mais si elle a été définie, c'est qu'elle était infinie, car ce n'est pas le fini mais l'infini qui subit la limite : de fait, il n'y a pas entre le fini et l'infini d'autre intermédiaire qui puisse recevoir une limitation. <Maintenant, cet infini fuit quant à lui la forme du fini, mais il est attrapé ayant été enveloppé de l'extérieur. Son mouvement de fuite est non pas d'un lieu vers un autre, car il n'a pas de lieu, mais, quand il est attrapé, un lieu existe> (Τοῦτο δὴ τὸ ἄπειρον φεύγει μὲν αὐτὸ τὴν τοῦ πέρατος ἰδέαν, ἁλίσκεται δὲ περιληφθὲν ἔξωθεν. Φεύγει δὲ οὐκ εἰς τόπον ἄλλον ἐξ ἑτέρου οὐ γὰρ οὐδ' ἔχει τόπον ἀλλ' ὅταν ἁλῷ, ὑπέστη τόπος) », in : Plotin, *Traité sur les nombres* (Ennéade VI.6 [3.10ss]), J. Berthier et al. eds.

qui n'est pas une partie du 'tout', qui n'est simplement pas nombrable avec le 'tout'.

A la connexion précédemment opérée entre l'auto-circonscription inhérente du 'tout' (ὑφ' ἑαυτοῦ / ἐν ἑαυτῷ) et la 'limite la plus extérieure', Maxime associe la périphérie extérieure (du 'tout'), la position extérieure (du 'tout') et la 'limite du contenant'.

La définition en trois points empruntée à un groupe dont nous ne connaissons pas le nom (τινες) voit converger trois termes qui appartiennent à la nomenclature des sciences mathématiques : périphérie (περιφέρεια), position (θέσις) et limite (πέρας). Les deux premiers sont qualifiés d'extérieur (ἔξω) et ont pour complément le 'tout' (τοῦ παντὸς).[43] Dans notre contexte, l'interprétation de ἔξω est assez délicate. Pourquoi cette précision ? Il n'est guère aisé d'y répondre car en soi la périphérie est par définition une limite extérieure. Nous sommes vraisemblablement là encore en présence d'une réminiscence d'école comme en témoigne par exemple la formule ἡ ἐκτὸς περιφέρεια usitée par Proclus dans son *Commentaire sur le premier livre des éléments d'Euclide*.[44] Cette expression composée n'est malheureusement guère explicitée par Maxime. La définition du lieu comme position extérieure du tout (ἡ ἔξω τοῦ παντὸς θέσις) est encore plus obscure et Maxime n'apporte sur elle aucun éclairage particulier. Tout comme le terme 'limite', le concept de 'position' (θέσις) est repris dans le rapport conclusif. L'absence de précision dans le corps même de la présente définition empêche de donner une explication exhaustive de cette expression. On peut toutefois admettre qu'il faille la comprendre comme la position qu'un 'tout', conçu comme partie d'un

---

[43] On trouve quelques occurrences de l'expression ἔξω τοῦ παντὸς dans la tradition philosophique athénienne d'où elle pourrait provenir. Cette expression fait l'objet d'une longue spéculation dans le *Commentaire sur le Timée* que nous a laissé Proclus, voir : PROCLUS, *In Platonis Timaeum commentaria* [II.57.17ss], E. Diehl ed., on y trouve une quinzaine d'occurrences, toutes dans le livre II ; voir également : SIMPLICIUS, *In Aristotelis physicorum libros octo commentaria* [511.31 ; 512.20–25 ; 564.9 ; 590.11 ; 683.33], H. Diels ed.
[44] Cf., PROCLUS, *In primum Euclidis elementorum librum commentarii* [153.22–23], G. Friedlein ed. Pour l'usage de cette expression dans les sciences géométriques : SIMPLICIUS, *In Aristotelis physicorum libros octo commentaria* [63.18], H. Diels ed. On devrait également renvoyer ici à la formule de Proclus dans le *Commentaire sur le Timée*, notamment lorsqu'il affirme qu'il n'y a, selon Platon, aucun élément hors du 'Tout' (i.e. hors de l'Univers) (οὐδὲν ἔξω τοῦ παντὸς ἀπολείπει στοιχεῖον). Platon, toujours selon Proclus, en donne trois raisons : (1) la complétude (τὴν τελειότητα), (2) l'unicité (τὴν ἑνότητα), (3) la sempiternité (τὴν ἀιδιότητα) Pour un examen approfondi de l'argument, voir : PROCLUS, *In Platonis Timaeum commentaria* [II.58.20ss], E. Diehl ed.

'tout' plus enveloppant entretient avec d'autres 'touts' dans un rapport de coexistence et de proportion harmonieux. Nous analyserons cette conception ci-après.

Ces deux premières notions sont complétées par une troisième explication. « Le lieu est (. . .) la limite du contenant en qui est contenu le contenu ». Cette définition est sans conteste la plus répandue aux confins des VIème et VIIème siècles.[45] Une brève comparaison avec les commentateurs néoplatoniciens d'Aristote montre cependant une légère différence avec Maxime.

Le moine byzantin reproduit cette définition sous la forme suivante :

τὸ πέρας τοῦ περιέχοντος	ἐν ᾧ περιέχεται	τὸ περιεχόμενον
La limite du contenant	*en qui est contenu*	*le contenu*

Les commentaires consultés rapportent tous :

τὸ πέρας τοῦ περιέχοντος	καθὸ περιέχει	τὸ περιεχόμενον
La limite du contenant	*en tant qu'il contient*	*le contenu*

D'un simple point de vue descriptif et grammatical, le moine byzantin change le sens du verbe περιέχω en le faisant passer de la voie active—retenue par les commentateurs—à la voix passive. Il est difficile de dire si cette modification est intentionnelle. La reformulation que Maxime rapporte de cette thèse d'école pourrait toutefois aller dans le sens d'un éclaircissement du terme ἔξω évoqué plus haut qui se trouverait ainsi mis en contraste avec la forme ἐν ᾧ. La limite du contenant coincide ainsi avec la 'périphérie extérieure' et la 'position extérieure'. Les deux formes induisent assez naturellement dans cette théorie du lieu un balancement dialectique 'dedans—dehors' qui n'est qu'une formulation différente du rapport universel 'contenu—contenant'.

Cette problématique est profondément ancrée dans la tradition philosophique athénienne comme en témoigne l'axiome suivant—tiré du Commentaire de Damascius sur le *Parménide* de Platon—qui élucide partiellement les zones d'ombre laissées par Maxime :

---

[45] Andrew Louth pensait que Maxime tenait cette formule de Nemesius. Voir : A. Louth, *Maximus the Confessor*, p. 209, note 100. Tollefsen, quant à lui, estime qu'il est vain de chercher dans cette définition une source 'littérale' du moine byzantin, in : T. Tollefsen, *The Christocentric Cosmology of St. Maximus the Confessor*, p. 142.

… c'est toujours à l'extérieur d'un limité que se trouve le limitant, comme aussi l'illimité (Ἔξω γὰρ ἀεὶ τοῦ πεπερασμένου τὸ πέρας, ὡς καὶ τὸ ἄπειρον) ; mais l'illimité est toujours à l'extérieur une infinité de fois, tandis que le limitant n'est à l'extérieur qu'une seule fois. Aussi grand que soit le limité, celui-ci est tout entier à l'intérieur (Ὅσον δέ ἐστι τὸ περατούμενον εἴσω τοῦτο πᾶν) ; ce qui est à l'intérieur est enveloppé dans la délimitation extérieure (τὸ δὲ εἴσω ἐν τῷ ἔξω ὅρῳ περιέχεται).[46]

La prise en considération de l'alternance 'dedans—dehors' permet enfin, dans le cas de la théorie maximienne du lieu, de préciser la nature du rapport qui lie le 'tout' à cette 'entité'—nommée ainsi par analogie avec les étants—que Maxime décrit comme « la puissance infinie cause de tout circonscrivant tout (μετὰ τὴν πάντα περιγράφουσαν τοῦ παναιτίου ἄπειρον δύναμιν [AMB 10, 1180c]) ». Cette puissance divine[47] pourrait, sans occuper elle-même de lieu, être en un certain sens le 'lieu de tout'.[48] Cette élégante solution se heurte pourtant à ce que Maxime croit devoir ajouter peu après :

Aucun des êtres donc n'est sans commencement à qui on peut préconcevoir quelque autre chose ; *ni privé de circonscription à qui on peut ajouter quelque autre chose dans la pensée* (οὐδὲ ἀπερίγραφον ᾧ τι ἕτερον συνεπινοεῖσθαι δύναται [AMB 10, 1181b]).

Cette difficulté peut toutefois trouver une issue dans le fait que l'entité créée (conçue sous le vocable τὸ πᾶν) n'est simplement pas nombrable avec le divin.

Les notions rencontrées jusqu'ici (περιγραφή—πέρας—περιφέρεια—θέσις), qui soulignent la foncière tenue de tout ce qui est et conséquemment la condition de possibilité de l'*être* des étants, entrent toutes dans la catégorie sémique de limite. Le concept de 'position' (θέσις) mérite toutefois d'en être partiellement distingué car si qualifié d'extérieur (ἔξω) il revêt, tout en le nuançant, le sens des autres expressions, en l'absence de cette qualification, il indique simplement la relation réciproque des parties d'un 'tout' quel qu'il soit. Il peut donc

---

[46] DAMASCIUS, *Commentaire du Parménide de Platon* [II.91.4ss], L.G. Westerink & J. Combès eds.

[47] Nous l'appelons divine comme nous y autorise l'usage d'une expression similaire dans la *Mystagogie* [MYST 1.132 (664d)] : « Dieu a fait toutes choses par son infinie puissance (τῇ ἀπείρῳ δυνάμει) ».

[48] Cette thèse a fait l'objet d'une intéressante étude, in : S.J. GRABOWSKI, « God 'contains' the Universe. A Study in Patristic Theology », *Revue de l'Université d'Ottawa*. Section spéciale 26 (1956) 90*–113*.

être utilement convoqué pour rendre compte de la disposition interne de toute totalité composée de parties.

Le lieu conçu sous la catégorie ποῦ semble ainsi contribuer—après avoir limité des 'touts' (i.e. des êtres conçus comme des totalités numériquement distinctes[49] d'autres totalités)—à protéger de la confusion les éléments entrant dans des compositions de plus en plus complexes. Du point de vue analytique, le concept de 'position' (θέσις) qui découle de la catégorie ποῦ permet en effet de distinguer correctement chaque entité, qu'elle soit élémentaire ou déjà composée, par sa notion (i.e. son *logos* au sens où Aristote l'entendait dans les premières lignes du livre des *Catégories*). Cela suppose que chacune d'entre elles puisse faire l'objet d'une certaine distinction. Cette fonction induit que chaque entité—qu'elle soit simple élément ou déjà un premier composé—se voit attribuer une position propre à l'intérieur d'un 'tout' plus enveloppant. Ceci s'entend du plus petit composé jusqu'aux ramifications les plus complexes de l'univers.

La notion de 'position' (θέσις) devient théoriquement utile, voire indispensable dès lors qu'il faut considérer la coordination des parties constitutives d'un 'tout' et ceci jusqu'au 'tout de l'univers' au delà de la limite duquel l'être n'est plus (entendons l'être des étants).[50]

Maxime reprend ce concept dans le rapport conclusif du texte 1 en renforçant sa portée universelle.

Rappelons-en brièvement le propos :

> Si les êtres ont l'être selon un certain mode et non de manière absolue, on admettra qu'ils l'ont par le 'où' à cause de la position (διὰ τὴν θέσιν) et de la limite de leurs raisons naturelles [Amb 10, 1180d–1181a].

---

[49] Pour justifier brièvement cette assertion, il faut renvoyer aux premières lignes du texte 2 [Amb 10, 1181ab]. Maxime y développe la question du 'tout' envisagé cette fois-ci comme de nombreux 'touts'. Le moine byzantin y mentionne alors l'*hypostase* de *chacun* (ἡ τοῦ καθ' ἕκαστον ὑπόστασις) des 'touts' circonscrites par le nombre et l'essence.

[50] Nous devons à Philippe Hoffmann de nous avoir aidé à mieux comprendre une idée qui paraît centrale dans la théorie maximienne des 'touts'. Cf., Ph. HOFFMANN, « Simplicius : Corollarium de loco », in : *L'astronomie dans l'Antiquité classique*, p. 156 : « L'Univers étant un Tout vivant, il est clair que la position essentielle entendue au premier sens [i.e. constitué de . . . (ndr)] est un cas particulier de la position essentielle entendue au deuxième sens [constitutive de . . . (ndr)] : le corps envisagé comme tout est à son tour partie d'une totalité supérieure, l'Univers, et alors sa position essentielle est déterminée par la disposition interne de cette totalité plus enveloppante ».

La construction de la phrase atteste qu'il est ici question de la 'position' (θέσις) des raisons naturelles des êtres. Cette assertion est assez curieuse. En un certain sens, cette proposition est purement logique, structurelle. Comme nous l'avons relevé, l'usage du concept de 'position' (θέσις) dans l'univers physique n'acquiert toute sa pertinence que dans un cadre de référence qui tente d'articuler 'totalité constituée et parties constitutives'. Il se place au niveau de la réciprocité des parties constitutives de toute entité—numériquement distincte— qui relève de l'univers physique.[51] Par contre, l'idée d'une 'position' des raisons naturelles renvoie à une prédétermination structurelle précédant les possibles réalisations particulières qui traversent la totalité de l'univers. Elle suggère un certain rapport inétendu et transcendant précédant la génération des réalités intramondaines. Elle renvoie à une structure *a priori* (i.e. à une structure paradigmatique) que le divin contient et garde en lui et dont il est en un sens l'exemplaire premier.[52]

La notion de 'position' doit faire l'objet d'une dernière distinction. Elle peut être conçue comme position essentielle, c'est-à-dire comme une position co-naturelle à chaque être. Elle peut également être conçue comme une position adventice qui veut que les éléments de tout composé soient en mesure de changer de position. Il est clair qu'elle n'a pas le même sens dans les deux cas. Le concept que Maxime devait présenter dans les textes *d'Ambiguum* que nous venons de parcourir se réfère à la 'position' ou disposition essentielle. Il a non seulement un statut idéal mais un statut requis par la nature concrètement réalisée des êtres considérés comme des 'touts' composés de parties. On peut résumer graphiquement ces variantes comme suit :

---

[51] Pour exemplifier cette affirmation un peu théorique nous pouvons nous référer aux propos de Simplicius qui envisage la structure des corps soit comme tout, soit comme parties et discute par exemple dans le *Commentaire sur la physique d'Aristote* la raison de l'organisation « dans les animaux et dans les plantes de la position respective des membres, selon laquelle, chez les animaux, tête, mains, pied se rangent de telle manière l'un par rapport à l'autre, chez les plantes, racines, tiges, branches, de telle manière », in : Simplicius, Corollarium de loco [641.17ss], *In Aristotelis physicorum libros octo commentaria*, H. Diels ed.

[52] Cf., Amb 10, 1188c, Maxime renvoie au livre IV des Noms divins de Denys l'Aréopagite ; voir : Pseudo-Denys, Noms divins [148.13ss], *Corpus Dionysiacum I : Pseudo-Dionysius Areopagita. De divinis nominibus*, B.R. Suchla ed.

Position essentielle Θέσις οὐσιώδης, σύμφυτος τῇ οὐσίᾳ [cf., Simplicius, De loco 625.15]		Position adventice
Sens premier (Dis)position interne	Deuxième sens Position à l'intérieur de l'univers	Tantôt ici—tantôt là
Tout constitué de parties	Constituant avec d'autres un tout organisé.	Plusieurs corps peuvent se succéder en un même lieu

Il est vraisemblable que la notion de position (θέσις) proposée par le moine byzantin [cf., Amb 10, 1180d–1181a] qui l'associe à la raison essentielle s'apparente à la position essentielle entendue soit dans son sens premier comme bonne disposition des parties constitutives d'un 'tout' donné et donc interne à la chose ou dans son deuxième sens comme position de parties constituantes d'un 'tout' plus enveloppant.

La position essentielle bien qu'idéalement stable peut toutefois être sujette à toutes sortes de variation ici bas. Elle pourrait ainsi représenter une situation idéale, sinon en devenir, du moins travaillant au cœur de l'existant concret. Elle est, semble-t-il toujours chez ce dernier, 'en voie de réalisation'. Il se peut en ce sens que les êtres aient besoin du temps pour parvenir à la pleine actualité de ce qu'ils sont en puissance.

De ce parcours, nous pouvons conclure que la catégorie 'où' signifie la relation au lieu de tous les êtres. Cette relation implique deux notions : limite (πέρας) et position (θέσις). Elle induit premièrement que chaque étant, considéré comme un 'tout', est foncièrement tenu dans des limites qui sont la condition nécessaire de son être et qui le distinguent numériquement d'autres êtres considérés à leur tour comme des entités délimitées. Elle induit enfin que chaque être, comme entité composée, a une disposition interne proportionnelle à sa raison de nature.

2.a.7. *Universalité de la catégorie 'quand'* (πότε). *La convergence de l'être et du temps. La référence au principe*

La relation au lieu pour tous les êtres qui sont dans le lieu a pour parallèle immédiat et simultané la relation au temps (ὑπὸ τὸ ποτὲ, ὡς ἐν χρόνῳ πάντως ὄντα). Tout comme le rapport au lieu, le rapport au temps fait l'objet d'une explication détaillée par Maxime. Dans la présente application de cet axiome, les êtres à nouveau

représentés par un 'tout' (πᾶν) générique—c'est le seul de ce paragraphe—sont comparés au divin et distingués de lui sur le plan de
leur rapport à la notion d''être'. Il en découle une étroite corrélation entre l'être des étants et le temps en tant qu'ils sont concomitants et référés à un principe unique. Nous proposerons de présenter
le texte de cette démonstration maximienne de façon très structurée
comme le choix des termes et l'ordre des parallélismes nous y auto-
risent. Maxime vient d'affirmer que par le 'quand', tous les êtres
sont montrés comme étant, dans tous les cas, dans le temps. La dialectique 'tout' / divin est brièvement introduite comme suit :

> ... puisqu'ils sont non de manière absolue (μὴ ἁπλῶς) mais sous un
> certain mode (ἀλλὰ πῶς). Tous ont l'être après Dieu et par là ne sont
> pas sans commencement [Амв 10, 1180d].

De cette brève introduction, retenons particulièrement la mention
'pas sans commencement' (οὐκ ἄναρχα) que nous étudierons plus bas
en la mettant en parallèle avec le rapport conclusif qui affirme que
les êtres ont l'être sous le mode du 'quand' en raison de leur commencement (διὰ τὴν ἀρχὴν).

L'exposé qui prolonge cette entrée en matière se présente en ces
termes :

> **X** / tout ce qui—quel qu'il soit—
>   **Y** / admet la détermination d'un certain mode d'être
>   (τὸν τοῦ πῶς ἐπιδέχεται λόγον),
>   **Z** / même s'il est, du moins *il n'était pas* (κἂν εἰ ἔστιν, ἀλλ' οὐκ
>   ἦν).
>
> **X'** / Il s'ensuit qu'en disant (λέγοντες) 'être' le divin (τὸ θεῖον),
>   **Y'** / nous ne le disons pas sous un certain mode d'être
>   (οὐ τὸ πῶς εἶναι λέγομεν) ;
>   **Z'** / et c'est pourquoi nous disons de lui : 'il est', *'il était'*, de
>   manière absolue, sans fixer de limites et en dehors de toute rela-
>   tion (διὰ τοῦτο καὶ τὸ ⟨Ἔστι⟩ καὶ τὸ ⟨Ἦν⟩ ἁπλῶς καὶ ἀορίστως καὶ
>   ἀπολελυμένως ἐπ' αὐτοῦ λέγομεν) [Амв 10, 1180d].

Ce parallélisme antithétique de forme X-Y-Z / X'-Y'-Z' oppose deux
sujets πᾶν et τὸ θεῖον et deux types de prédication catégoriale. Dans
le présent cas, il s'agit surtout des conditions de la prédication de
l'être[53] au divin. Nous pouvons, sur le plan de la structuration de

---

[53] Le *Prologue* de la *Mystagogie*, par exemple, commence par une très claire mise au
point de cette difficulté : « Il faut, en effet, puisqu'il nous est nécessaire de connaître

l'argument, faire remarquer que chacune des propositions X'/Y'/Z' contient le verbe 'dire' (λέγοντες, λέγομεν, λέγομεν). Cette problématique est reprise et singulièrement renforcée par la section qui conclut ce parallélisme antithétique de comparaison.

Le parallèle Z / Z' signale le curieux rapport que πᾶν d'une part, τὸ θεῖον d'autre part entretiennent avec le verbe 'être' (εἶναι) conjugué soit au présent 'il est' (ἔστι) soit à l'imparfait 'il était' (ἦν). Ce renvoi à la grammaire—ici au temps du verbe—s'enracine dans une pratique qui n'est pas ignorée des commentateurs néoplatoniciens auxquels Maxime emprunte manifestement cet usage. Il provient de l'exégèse du *Timée*.[54] Privé d'une explication que Maxime aurait pu nous fournir lui-même, il est indispensable de tenter de cerner la tradition dans laquelle il se situe et d'y faire référence.

Dans le *Timée*, Platon affirme en effet :

> Les expressions *il était* (ἦν), *il sera* (ἔσται), ne sont que des modalités du temps, qui sont venues à l'être ; et c'est évidemment sans réfléchir que nous les appliquons à l'être qui est éternel, de façon impropre. Certes, nous disons qu'*il était*, qu'*il est* et qu'*il sera*, mais, à parler vrai, seule l'expression *il est* (ἔστιν) s'applique à l'être qui est éternel. En revanche, les expressions *il était* et *il sera*, c'est à ce qui devient en progressant dans le temps qu'il sied de les appliquer, car ces deux expressions désignent des mouvements.[55]

Platon part de la fonction usuelle des temps verbaux. L'interprétation néoplatonicienne, notamment celle de Proclus, va faire subir à cet usage une importante mutation. C'est l'imparfait du verbe 'être' (ἦν) qui verra son sens usuel le plus fortement transformé. Platon a d'ailleurs lui aussi fait usage de l'imparfait pour le divin lorsqu'il

---

vraiment la différence entre Dieu et les créatures, affirmer que poser l'être de 'celui qui est au-delà de l'étant' revient à priver d'être les étants et que poser l'être des étants revient à priver d'être 'celui qui est au-delà de l'étant'. A son sujet il a été vu que les deux noms lui conviennent en propre et qu'aucun des deux ne puisse lui convenir en propre ; je veux dire l'être et le non-être (Δεῖ γὰρ, εἴπερ ὡς ἀληθῶς τὸ γνῶναι διαφορὰν Θεοῦ καὶ κτισμάτων ἐστὶν ἀναγκαῖον ἡμῖν, θέσιν εἶναι τοῦ ὑπερόντος τὴν τῶν ὄντων ἀφαίρεσιν· καὶ τὴν τῶν ὄντων θέσιν, εἶναι τοῦ ὑπερόντος ἀφαίρεσιν· καὶ ἄμφω περὶ τὸν αὐτὸν κυρίως θεωρεῖσθαι τὰς προσηγορίας, καὶ μηδεμίαν κυρίως δύνασθαι· τὸ εἶναι φημι, καὶ μὴ εἶναι [Myst, ΠΡΟΟΙΜΙΟΝ.110–116 (664b)]) ».

[54] A cet égard, l'article éclairant de Ph. Hoffmann, « Paratasis. De la description aspectuelle des verbes grecs à une définition du temps dans le néoplatonisme tardif », *REG* XCVI (1983) 1–26.

[55] Platon, *Timée* [37e–38a], A. Rivaud ed. On lui a préféré ici la traduction de L. Brisson (Paris, GF, 1992).

affirme à propos du Démiurge : « Il *était* bon (ἀγαθὸς ἦν [29d]) ».
Dans son *Commentaire sur le Timée*, Proclus commentant cette assertion soutient que Platon ne veut pas dire du Démiurge qu'il 'était
bon' seulement dans les temps anciens (ἀπὸ χρόνου), mais qu'il l'a
toujours été (ἀεὶ ἦν).[56] Proclus développe cette interprétation comme
suit :

> ... *était* (ἦν) manifeste la surplénitude, le complet achèvement, la sur-
> éternité de l'être divin (τὸ ὑπεραιώνιον τῆς θείας ὑπάρξεως). Par *est*
> (ἔστι) on entend les Hénades suréternelles, et par *sera* (ἔσται) les cho-
> ses qui existent dans le temps. Car si *est* convient aux êtres éternels,
> *était* sera propre aux êtres qui les précèdent, *sera* à ceux qui suivent
> les éternels, et ce sont là les choses qui ont besoin de temps (εἰ γὰρ
> τὸ <ἔστι> προσήκει τοῖς αἰωνίοις, τὸ μὲν <ἦν> τοῖς πρὸ τούτων οἰκεῖον,
> τὸ δὲ <ἔσται> τοῖς μετὰ τὰ αἰώνια· τοιαῦτα δὲ τὰ χρόνου δεόμενα).[57]

Ce bref excursus dans la tradition platonicienne reprise par les commentateurs de l'Antiquité tardive contribue nettement à éclairer la
dialectique mise en œuvre par Maxime dans le schéma précédent.
Le parallélisme Z / Z' montre en effet que l'imparfait dont il est
question exprime l'antériorité métaphysique du 'divin' sur 'toute
chose'. Cette antériorité le dégage des conditions qui entourent l'être
propre des étants et relativise toute catégorisation du divin sur le
modèle de ce qu'il a produit. Si en effet, on peut dire du 'tout' (πᾶν),
'il est' (ἔστιν) on doit simultanément affirmer 'il n'était pas' (οὐκ ἦν).
A l'inverse, on peut—sous certaines conditions d'énonciations—dire
du divin : 'il est' mais également 'il était' et ceci (1) de manière absolue (ἁπλῶς), (2) sans fixer de limites (ἀορίστως) et (3) en dehors de
toute relation (ἀπολελυμένως).

La comparaison du 'tout' et du divin que nous venons d'effectuer
aboutit à une importante mise en garde de la part du moine byzantin qui affirme :

> Le divin en effet ne peut admettre aucune parole et pensée (λόγου καὶ
> νοήματος), dans la mesure où en lui prédiquant l'être, nous ne disons
> pas l'être même. Car l'être provient de lui mais il n'est pas l'être
> même. En effet, il est au-delà de l'être même qui se dit et se pense
> (λεγομένου τε καὶ νοουμένου) soit selon un certain mode, soit de manière
> absolue. [Amb 10, 1180d].

---

[56] Cf., PROCLUS, *In Platonis Timaeum commentaria* [III.16.11–18], E. Diehl ed.
[57] PROCLUS, *In Platonis Timaeum commentaria* [I.362.10–16], E. Diehl ed., traduction A.-J. Festugière.

Ce paragraphe complète les restrictions précédentes à propos du discours sur le *divin* et précise que l'être qui lui est prédiqué n'est pas l'être propre des étants (αὐτὸ τὸ εἶναι τῶν ὄντων) autrement dit, le divin ne se confond pas avec l'être qui provient de lui. L'être propre des étants seul est l'objet de ce qui se dit et de ce qui se pense ;[58] seul, il est soumis à l'analyse catégoriale. Maxime renforce ce point peu après (texte 2, Amb 10, 1181b) en laissant clairement entendre que le 'tout' (formellement associé aux étants [ὄντα] dans ses déclarations) est enfermé dans des catégories qui non seulement règlent le discours mais—comme les 'experts en ces matières' semblent l'indiquer—imposent à l'être propre des étants des déterminations dont ils ne peuvent en aucun cas se départir.[59] Les premières de ces déter-

---

[58] L'étroite association par Maxime des notions d'αὐτὸ τὸ εἶναι, de λεγόμενον et de νοούμενον nous place nettement devant le problème délicat du rapport 'réalité-dit-concept' qui occupe le champ de la logique, d'Aristote aux néoplatoniciens.

[59] Nous pourrions formuler la thèse énoncée ici par une question qui traverse l'histoire de la pensée occidentale : ne trouve-t-on les catégories que dans le langage, dans les mots, ou expriment-elles quelque chose qui précède la faculté de perception et le discours sur la réalité perçue ? Peut-on postuler la réalité d'un 'antéprédicatif' qui porterait dans sa structure les dénominations possibles qu'un homme doué de raison et de langage pourrait formuler. Il conviendrait alors de parler de déterminations internes aux choses—pouvant être soit nécessaires, soit contingentes—indépendantes d'un sujet pensant présent pouvant les énoncer. En fait, il semble bien que pour Maxime, les choses ne sont pas des essences pures dépourvues de déterminations. Si elles tolèrent des contraires, ce n'est certes ni dans le même temps, ni sous le même rapport mais elles doivent nécessairement être porteuses de déterminations s'offrant à la perception et donc à l'analyse. Elles ne sont donc perçues qu'en l'état actuel. Notons toutefois que l'imagination a la formidable capacité de créer ou de modifier des images de choses réelles ou non. On sait souvent par expérience que les reconstructions imaginaires peuvent dévier et orienter la pensée vers le fantastique, comme le bouc-cerf par exemple ou tout autre personnage remplissant les mythologies populaires. La raison peut se comporter à l'égard de ces images comme si elles étaient réelles et en un sens elles le sont mais en tant qu'images (*phantasma*).

Nous savons et nous pouvons constater que les déterminations, toutes, hormis la première (à laquelle on peut prudemment associer le ποῦ et le πότε comme conditions *sine qua non* d'existence) qui présente une notable exception, sont soumises au changement. Ainsi, tel homme pourra être assis à tel moment, debout à tel autre, petit à tel moment de son existence, grand à tel autre. De ce point de vue, les catégories ont un point de référence actuel qui les distingue du passé et les pose comme susceptibles de changement face aux 'possibles' dans l'avenir. Elles sont toutes prises dans un mobilisme universel.

Nous noterons cependant qu'il n'est possible à aucun être d'échapper à leur tenue (si nous comprenons bien Maxime en Amb 10, 1181b). On peut être de telle ou telle grandeur mais il n'est pas possible d'échapper à une certaine grandeur. On peut être ici ou ailleurs mais il n'est pas possible d'échapper au fait d'être nécessairement en un certain lieu. D'autres catégories, comme l'agir ou le pâtir semblent plus souples dans leur application mais il n'est pas possible d'y échapper non plus.

minations—chez Maxime les conditions *sine qua non* de l'essence (οὐσία) elle-même—sont l'espace (τὸ ποῦ εἶναι) et le temps (τὸ πότε εἶναι).

Le rapport conclusif achève de compléter les indications précédentes et vient partiellement éclairer une affirmation que nous nous proposions de reprendre après la lecture de la comparaison dialectique 'tout' / divin. Maxime affirmait alors que par le fait d'avoir l'être selon un certain mode, les étants ne sont pas sans commencement (οὐκ ἄναρχα [Amb 10, 1180d]). La catégorie 'quand' signifie non seulement 'être dans le temps' mais avoir 'commencé' (i.e. être caractérisé par une limite initiale). Cette question est cruciale pour Maxime qui par divers moyens cherche à clore la problématique de la coéternité du créé avec le divin.[60] La même idée, exprimée dans le premier paragraphe de la première *Centurie sur la Théologie et l'Économie de l'Incarnation du Fils de Dieu* vient confirmer l'importance de cette question pour le Confesseur. Voyons-en brièvement le propos :

> Il est un seul Dieu, sans commencement (ἄναρχος), incompréhensible, qui a en lui absolument toute la puissance de l'être, et qui exclut totalement qu'on puisse penser au quand et au comment de son être (πότε καὶ πῶς εἶναι).[61]

L'opposition οὐκ ἄναρχα / ἄναρχος permet à Maxime d'exprimer—sur le mode du rapport à la temporalité—l'opposition créé / incréé. Nous pouvons faire observer que la formule οὐκ ἄναρχα renvoie à plusieurs entités et sous-entend donc une certaine pluralité alors que ἄναρχος est au singulier, un seul.

---

[60] Problématique qui n'est pas sans avoir trouvé d'importants points d'appui dans le *Peri Archôn* d'Origène. On trouvera chez Maxime un important dossier sur cette question. Voir notamment : Char III.28 ; Char IV.1–6, particulièrement le sixième paragraphe de la quatrième *Centurie sur la Charité* qui affirme : « Certains disent que les créatures existent avec Dieu de toute éternité (Τινές φασι συνυπάρχειν ἐξ ἀϊδίου τῷ Θεῷ τὰ δημιουργήματα), ce qui est impossible. Car comment les êtres qui, en tout, sont finis peuvent-ils exister de toute éternité avec celui qui est totalement infini (Πῶς γὰρ τῷ πάντη ἀπείρῳ τὰ κατὰ πάντα πεπερασμένα συνυπάρχειν δύναται ἐξ ἀϊδίου ;) ? Ou comment seraient-elles proprement des créatures, si elles étaient éternelles avec le Créateur ? Or c'est là ce que disent les Grecs, lesquelles avancent que Dieu n'est nullement Créateur de l'être mais seulement des qualités. Mais nous qui connaissons le Dieu tout-puissant, nous disons qu'il est Créateur, non seulement des qualités, mais des êtres qu'il a formés. Or s'il en est ainsi, les créatures n'existent pas avec Dieu de toute éternité », traduction J. Touraille. Il n'est peut-être pas inutile de rappeler que les Centuries précédemment citées ouvrent l'activité littéraire de Maxime qui commence à quarante cinq ans. Cette problématique initiale semble particulièrement importante pour la compréhension de la totalité de l'œuvre du Confesseur.

[61] ThEc I.1, 1084a, traduction J. Touraille.

Ce qui paraît être une détermination initiale et concomitante à la nature des êtres est repris dans le rapport conclusif :

> Les êtres ont l'être selon un certain mode . . . par le 'quand' à cause de leur commencement (διὰ τὴν ἀρχὴν [AMB 10, 1181a]).

Il est toutefois utile de préciser qu'ἄναρχα, tout comme διὰ τὴν ἀρχὴν pourraient ne pas se limiter seulement au temps physique pour Maxime mais impliquer une certaine structure 'hiérarchique' de la réalité. En d'autres termes, il faudrait interpréter ces expressions construites sur la racine ἀρχ- en induisant nettement un rapport de causalité.[62] On traduirait ainsi διὰ τοῦτο οὐκ ἄναρχα par : « et par là ne sont *pas sans principe* » et διὰ τὴν ἀρχὴν par : « à cause de leur *principe* ». Les deux lectures sont possibles dans le système du moine byzantin. On note en effet chez le Confesseur une étroite association sous la catégorie sémique d'*archè* entre le fait de n'*être pas sans principe* et celui d'*être né avec le temps*. Ce rapprochement est établi dans l'*Ambiguum* 10 dans un texte qui précède de peu celui que nous travaillons ici.

> Tous ceux qui sont après Dieu, qui sont nés de Dieu (Ἡ τὰ μετὰ Θεὸν πάντα καὶ ἐκ Θεοῦ γεγονότα), c'est-à-dire la nature des êtres et le temps (τουτέστι τὴν φύσιν τῶν ὄντων καὶ τὸν χρόνον), sont mis au jour (i.e. produits) *ensemble* auprès de Dieu (παρὰ τῷ Θεῷ ὄντα συνεκφαίνεσθαι) qui se manifeste réellement autant qu'il est possible, comme cause et créateur (ἀληθῶς φαινομένῳ, κατὰ τὸ ἐφικτὸν, ὡς αἰτίῳ καὶ ποιητῇ).[63]

Maxime nous lègue peut-être ici la version christianisée d'un important topique néoplatonicien que l'on trouve dans le *Commentaire sur le Timée* de Proclus.[64] Pour le philosophe athénien, le monde a son être coexistant au temps. Il s'ensuit que le monde est dans le temps et que le temps est dans le monde (ὁ κόσμος ἔγχρονος καὶ ὁ χρόνος ἐγκόσμιος). Plus encore, pour lui, temps et monde—créés en connexion l'un avec l'autre—subsistent ensemble à partir d'un même acte créateur (συνυπέστησαν ἀπὸ τῆς μιᾶς δημιουργίας).[65]

---

[62] Sur les diverses acceptions du terme ἀρχή, voir : BASILE DE CÉSARÉE, *Homélies sur l'Hexaemeron* [I.5.42ss], St. Giet ed. ; avant lui : ARISTOTE, *Métaphysique* Δ [1012b34–1013a23], W.D. Ross ed. ; après lui sur la question de l'origine du monde : PROCLUS, *In Platonis Timaeum commentaria* [I.281.23–282.22], E. Diehl ed.

[63] AMB 10, 1164a.

[64] Il y est question de l'exégèse de PLATON, *Timée* [34a9–34b3], A. Rivaud ed.

[65] Cf., PROCLUS, *In Platonis Timaeum commentaria* [II.100.1ss], E. Diehl ed.

L'universalité de la catégorie πότε signifie que, du point de vue logique, le monde créé—qui est tout uniment pour Maxime intelligible et sensible[66]—présente une réelle unité, qu'un principe unique lui impose sa détermination, qu'une même loi le régit de part en part, que la temporalité est constitutive de son être et qu'une même raison d'être (i.e. un *logos* unique et premier de création) préside à ses destinées et aux rapports qui le constituent comme 'monde tout entier' (σύμπας κόσμος).[67] Le 'lieu' et le 'temps' tout comme les êtres qu'ils contiennent préexistent en Dieu comme *logos* de création préfigurée. Leur statut n'est d'ailleurs pas ontologique mais modestement logique[68] [i.e. ils préexistent non comme entités propres mais comme *logoi*].

Le πότε, et par suite le τό ἐν χρόνῳ porte donc sur la genèse des choses et donc sur le mouvement. Celui-ci est une des caractéristiques fondamentales de tout ce qui a été engendré.[69] Or il suppose une incessante altérité puisque le devenir l'arrache, en un certain sens, à la stabilité de l'être. Toute chose, par le πότε est montrée comme se mouvant entre ce qui n'est pas et ce qui devient ou entre ce qui fût et ce qui sera n'ayant pour toute stabilité que celle de se

---

[66] Voir ci-après l'analyse de la seconde *théoria* de la *Mystagogie* [MYST 2].

[67] On trouve cette opinion en THAL 48.74–76 : « Il (le Christ) a fait l'unité des sensibles et des intelligibles et il a montré qu'il n'y a pour toutes les créatures qu'une seule nature, liée par une raison secrète (κατά τινα λόγον μυστικὸν συναπτομένην) », traduction I.-H. Dalmais, in : Saint Maxime le Confesseur, *Le mystère du salut*, Namur, 1964, p. 46. Sur le σύμπας κόσμος comme constitué d'essences visibles et invisibles, sensibles et intelligibles, voir : MYST 2. Voir également sur l'*aiôn* et le temps qui paraissent 'un' bien qu'ils soient perçus et analysés sous deux rapports différents : AMB 10, 1164c ; ThEc I.5, 1085a.

[68] Cf., AMB 7, 1081c : « Πολλοὶ λόγοι ὁ εἷς λόγος ἐστὶ, καὶ εἷς οἱ πολλοί ». Cf., A. RIOU, *Le monde et l'Eglise selon Maxime le Confesseur*, p. 54–63 ; V. KARAYIANNIS, *Maxime le Confesseur*. Essence et énergies de Dieu, p. 201–206. Voir également dans l'*Ambiguum* 10 : « les raisons du temps demeurent en Dieu (οἱ λόγοι τοῦ χρόνου ἐν τῷ Θεῷ διαμένωσιν [AMB 10, 1164b]) ».

[69] On a rappelé fréquemment l'inversion par Maxime du système origénien. Il s'y consacre dans la première partie d'AMB 7, 1069a–1077b. Origène semble avoir proposé un ordre d'apparition des choses en trois temps : repos—mouvement—genèse que Maxime contestera par la triade genèse—mouvement—repos. Meyendorff y a trouvé un parallèle à la pensée aristotélicienne sur le modèle essence—puissance—énergie. Cf., J. MEYENDORFF, *Le Christ dans la théologie byzantine*, p. 183. De nombreuses études ont travaillé sur la mutation de cette triade. Voir par exemple les travaux de P. SHERWOOD, *The Earlier Ambigua of St. Maximus the Confessor*, p. 72–92 ; mais également plus récent ceux de J.-Cl. LARCHET, *La divinisation de l'homme selon saint Maxime le Confesseur*, p. 115ss.

mouvoir sans cesse. Elle a l'être sur le mode du devenir.[70] On pourrait aussi dire—et peut-être est-il plus proche de la pensée du
Confesseur de le dire ainsi—qu'elle a l'être sur le mode du mouvement. Cette assertion semble en effet confirmée par Maxime qui
dans le même *Ambiguum* affirme : « Tous les êtres, de quelque manière
que ce soit, se meuvent . . . (Πάντα γὰρ κινεῖται τὰ ὁπωσοῦν ὄντα) ».[71]

Cette thèse n'est d'ailleurs pas sans soulever d'importants problèmes car il faut maintenir, comme c'est manifestement le cas chez
Maxime, la distinction entre les intelligibles et les sensibles. Or s'il
est relativement aisé d'envisager le mouvement dans les êtres qui
relèvent du monde sensible, il est beaucoup plus difficile de le concevoir pour ceux qui appartiennent au monde intelligible. On peut
tenter d'envisager la nature des 'intelligibles' sous l'aspect de références stables des choses qui se meuvent (sur l'idée de l'imbrication
du repos et du mouvement, consulter AMB 15, 1217ab.). Dans lequel
cas, ils ne peuvent être séparés des sensibles en substance mais seulement par une opération de la pensée. On pourrait se demander
s'ils ne sont pas, à l'instar des nombres et des figures (tirées de la
science mathématique), des intermédiaires entre les *logoï* de tout, êtres,
lieu, temps etc. . . . que Dieu possède en lui en une raison unique et
les choses du monde compris nécessairement comme l'imbrication
d'intelligibles et de sensibles. Si tel est le cas, on peut les saisir comme
des 'données' fixes tout en admettant qu'ils accompagnent nécessairement l'existant concret dans son mouvement. Ils pourraient ainsi,
du point de vue du mobilisme universel proposé par Maxime, présenter sur le mode de la durée (i.e. de la permanence) une certaine
analogie avec les sensibles perçus dans le temps sur le mode de
l'antérieur et du postérieur. Ces deux formes de temporalité créée,
aiôn pour les intelligibles et temps pour les sensibles, dépendent du

---

[70] Comparer par exemple : PROCLUS, *The Elements of theology* [50], E.R. Dodds ed.
L'axiome initial est posé en ces termes : « Tout ce qui est mesuré par le temps ou
dans sa substance ou dans son opération est devenir (γένεσις) en tant qu'il est
mesuré par le temps », traduction J. Trouillard.

[71] AMB 10, 1177a. Voir également AMB 7, 1072ab : « Les esprits se meuvent de
manière spirituelle, les choses sensibles de façon sensible, ou bien en ligne droite,
ou en cercle, ou en spirale ». Sur les trois 'espèces' du mouvement voir tout d'abord
ARISTOTE, *Physique* IV [261b.28], H. Carteron ed. : « πᾶν μὲν γὰρ κινεῖται τὸ
φερόμενον ἢ κύκλῳ ἢ εὐθεῖαν ἢ μικτήν . . . » mais également SIMPLICIUS, *In Aristotelis
physicorum libros octo commentaria* [602.22–23 & 603.7–8], H. Diels ed. ; *In Aristotelis de
Caelo commentaria* [132. 24–26], J.L. Heiberg ed.

point de vue de l'existence de la catégorie πότε en tant qu'elles subissent l'une et l'autre une certaine étendue dès lors qu'elles prennent toutes deux le commencement de l'être comme limite initiale comme l'affirme Maxime dans le cinquième chapitre de la première *Centurie sur la Théologie et l'Economie de l'Incarnation du Fils de Dieu*. Cette thèse distance sensiblement Maxime de la tradition philosophique athénienne.[72] Le ποτὲ ne semble porter pour Proclus que sur les réalités sensibles qui sont 'toujours à un certain moment' (ἀεὶ ποτέ ἐστιν [Cf., Proclus, *In Platonis Timaeum commentaria* [II.100.1–6], E. Diehl ed.]) alors que Maxime fait ontologiquement (i.e. existentiellement) dépendre l'*aiôn* et le temps de cette petite catégorie qui indique un rapport universel (tant pour les intelligibles que pour les sensibles, tout deux inclus dans le vocable générique 'tout') au premier principe.

Pour résumer le précédent propos, notons que la catégorie 'quand' implique nécessairement pour tout être la relation au temps. Dans l'*Ambiguum* 10, Maxime ne paraît référer cette relation qu'à une limite initiale qui peut également être comprise comme un principe premier. Nous avons également appris de ce parcours que le 'quand' est une condition pré-requise pour toute entité conçue sous le vocable générique 'tout'. Il nous manque toutefois plusieurs notions indispensables qui découlent directement de ces affirmations. Le prochain sous-chapitre contribuera à les faire apparaître.

2.b. *Lieu et temps. La mutation des concepts*

Ce sous-chapitre se propose de déterminer plusieurs éléments touchant aux conceptions physiques du lieu et du temps dans la tradition philosophique qui d'Aristote aux commentateurs néoplatoniciens subit une profonde mutation. Le postulat de leurs réceptions par Maxime fera l'objet d'une régulière évaluation tout au long de ce travail. On a déjà relevé d'importantes traces de matériaux néoplatoniciens dans les éléments de logique (les catégories ποῦ et πότε) à disposition du moine byzantin au moment où il rédige la *Mystagogie*.

L'étude de ces profondes transformations suit un plan progressif dont les principales lignes peuvent être esquissées comme suit : Analyse

---

[72] « Quant à l'*aiôn*, conçu avec la catégorie πότε dans l'existence, il admet l'étendue en tant qu'il a reçu le commencement de l'être », in : ThEc I.5, 1085a.

du lieu et du temps en partant du phénomène (i.e. de la perception), établissement de constantes physiques, renversement, analyse du point de vue de la cause (i.e. de l'intellection), définition de la nature du lieu et de la nature du temps.

Comme objet de perception et d'étude, le lieu et le temps semblent distincts des choses qu'ils contiennent. Un renversement de perspective devait permettre de parvenir à une conception plus rationnelle du lieu comme du temps en cherchant à saisir leur *essence authentique* comme entité active (i.e. comme puissances d'union et de distinction) conformément à ce que la tradition néoplatonicienne soutenait à la suite de Jamblique. Ce passage radical d'une conception à l'autre proposera un cadre de référence philosophique qui dut exercer une grande influence sur les premiers systèmes cosmologiques byzantins et qui prend vraisemblablement place dans la *Mystagogie*. Il nous fournira par là plusieurs concepts qui nous seront utiles dès lors qu'il faudra évaluer la nature de l'*ecclesia* maximienne sous le rapport de l'espace et du temps.

2.b.1. *Le lieu comme phénomène. Limite et position chez Aristote*

La *Physique* d'Aristote a déjà en partie sérié les questions. On les retrouve à la base de toute enquête sur le lieu :

> Quand il en vient à l'étude du lieu, le physicien doit, tout comme au sujet de l'infini, rechercher s'il est ou non, et sur quel mode, et ce qu'il est. Selon l'opinion commune, en effet les êtres sont, comme tels, quelque part.[73]

Aristote évoque ici la démarche du physicien qui, dès l'Antiquité, s'interroge sur la nature du mouvement, sur les changements perçus et sur les lois qui président à ces phénomènes.[74] La conception qu'on a alors de la physique comme discipline est moins réduite à un corps de chercheur qu'elle ne l'est actuellement. Elle fait partie du cursus d'étude classique.

---

[73] ARISTOTE, *Physique* IV [208a.27–29], H. Carteron ed. : « Ὁμοίως δ᾽ ἀνάγκη καὶ περὶ τόπου τὸν φυσικὸν ὥσπερ καὶ περὶ ἀπείρου γνωρίζειν, εἰ ἔστιν ἢ μή, καὶ πῶς ἔστι, καὶ τί ἐστιν. τά τε γὰρ ὄντα πάντες ὑπολαμβάνουσιν εἶναί που ».

[74] Maxime semble faire mention de cette catégorie de chercheurs lorsqu'il se réfère aux 'observateurs méticuleux de la nature des êtres' (οἱ τῶν ὄντων τὴν φύσιν ἀκριβῶς διαθρήσαντες [AMB 31, 1280a]).

Trois questions introduisent l'enquête d'Aristote. Elles sont encore amplement discutées à la fin de l'Antiquité et ne sont d'ailleurs pas totalement absentes des interrogations scientifiques contemporaines.[75]

La première qui préside assez naturellement aux deux autres est celle de l'existence ou non du lieu. La question est, de fait, loin d'être simple et la tentation de réduire le lieu à un nom est toujours à prendre en considération. Il serait d'une certaine manière le vocable générique de tout contenant et pourrait, le cas échéant, être convoqué dès lors qu'une certaine chose est dite dans une autre (ἄλλο ἐν ἄλλῳ).[76] On peut certes admettre qu'en un sens tout contenant—tel le vase pour reprendre un des exemples favoris d'Aristote—est le lieu de ce qu'il contient mais on court alors le danger de ramener le lieu à une simple limite physique épousant la forme d'un contenu (i.e. quelque chose contenant quelque chose d'autre). Quoi qu'il en soit, Aristote comme la totalité des commentateurs néoplatoniciens en admettra l'existence. Le doute n'est plus que méthodique et l'étude va se déplacer d'une part vers la fonction du lieu (i.e. sa raison d'être) et d'autre part vers la nature de cette entité contenante.

Quatre définitions du lieu sont discutées par Aristote en Physique IV, le lieu comme forme [211b10], comme intervalle [211b14],

---

[75] Comme en témoigne par exemple le compte-rendu de la discussion qui suivit l'exposé de Ph. Hoffmann rapporté dans *L'astronomie dans l'Antiquité classique* [p. 163] et plus particulièrement l'intervention de M. Andrillat qui affirme : « Il est frappant de constater la permanence des problèmes philosophiques. A propos de l'espace, du lieu, la connaissance humaine n'a guère progressé depuis l'Antiquité. Par exemple, il n'existe disait Aristote aucun repère fixe : ce principe est à la base de la théorie de la relativité. On peut alors se poser la question suivante : l'univers dans sa totalité est-il un repère fixe ? Considérons aussi l'idée de Damascius et de Proclus : l'espace est en compénétration avec l'objet qui le supporte. La physique moderne cherche également à passer du continu à l'atome au moyen de mesures les plus précises possibles ; le problème du continu est résolu au plan mathématique, non au plan de la physique. Or ces notions de continu, d'espace, sont déjà chez Aristote, Damascius et Proclus ». Certaines études y auront indubitablement vu les théories précurseurs de la physique moderne, ce fut notamment le cas au début du siècle de Pierre Duhem qui a consacré d'importantes pages au sujet qui nous intéresse ici [Voir : P. DUHEM, *Le système du monde*, t.I, Paris, Hermann, 1913], plus récemment Sambursky a repris cette question [S. SAMBURSKY, *The physical World of late Antiquity*, London, Routledge and Kegan Paul, 1987]. Enfin mentionnons Richard Sorabji qui y a consacré plusieurs études [en particulier, R. SORABJI, *Matter, Space and Motion*. Theories in Antiquity and Their Sequel, Ithaca-New York, Cornell University Press, 1988].

[76] Sur les diverses acceptions de la préposition 'dans' [ἐν], voir : ARISTOTE, *Physique* IV [210a 14ss], H. Carteron ed.

comme matière [211b29] ou comme limite [212a3]. C'est manifestement à la dernière qu'il accorde sa préférence en définissant le lieu
comme la limite du corps contenant (τὸ πέρας τοῦ περιέχοντος
σώματος).[77] Aristote précisera cette définition en y ajoutant l'immo-
bilité. La formule complète qu'il laissera à ses successeurs sera
finalement celle du lieu comme la limite immobile du corps contenant.[78] Quelles que soient les difficultés que soulève aujourd'hui
encore la théorie aristotélicienne du lieu, on ne peut lui dénier d'avoir
fourni la base conceptuelle des interprétations néoplatoniciennes. Dans
le livre de la *Physique*, la démarche d'Aristote ne paraît guère être
allée au-delà du champ du phénomène constatant et réglant partiellement le rapport universel dans l'univers physique du contenant et
du contenu.

La définition du lieu comme limite immobile du corps contenant
n'est pourtant pas la seule qu'Aristote semble avoir défendue. On
constate en effet qu'une approche sensiblement différente a été tenue
dans le livre des *Catégories*. Dans cet ouvrage, Aristote avait associé
la catégorie 'lieu' à la catégorie de la quantité. Cette dernière était
présentée soit comme continue, soit comme discontinue. Le lieu devait
ainsi, tout comme le temps, relever du quantifié continu. Il a en
effet des parties contiguës entre elles retenues dans une limite commune. A la différence des parties du temps, les parties du lieu sont
concomitantes et ont une position réciproque.[79]

On peut brièvement résumer le classement terminologique d'Aristote
comme suit. Sa théorie du lieu inclut deux concepts fondamentaux
qui sans s'opposer impliquent deux approches assez radicalement
différentes du phénomène 'lieu'. La première se focalise sur le contenant et la seconde sur le contenu. La première aboutit au concept
de 'limite'. Elle est présentée et défendue dans le chapitre quatre du
livre de la *Physique*. Elle est peut-être la plus évidente à saisir du

---

[77] Cf., ARISTOTE, *Physique* IV [212a3ss], H. Carteron ed. Notons que l'enseignement d'Aristote sur le contenant et le contenu a pu connaître des hésitations. A
titre d'exemple : ARISTOTE, *Du ciel* [312a13], P. Moraux ed. : « Φαμὲν δὲ τὸ μὲν
περιέχον τοῦ εἴδους εἶναι, τὸ δὲ περιεχόμενον τῆς ὕλης ». Le contenant relève ici,
comme on peut le constater, de la forme. Le cœur de l'argument de *Physique* IV
sera différent car il affirme que la limite du contenant retient un corps composé
de matière et de forme et que le contenant n'est rien de ce qu'il contient.

[78] Les difficultés consécutives à cette doctrine du lieu ont été bien mise en lumière
par Simplicius. Sur le sujet et les références à Simplicius, voir : Ph. HOFFMANN,
« Simplicius : Corollarium de loco », in : *L'astronomie dans l'Antiquité classique*, p. 145–149.

[79] Cf., ARISTOTE, *Catégories* [5a8ss], R. Bodéüs ed.

point de vue phénoménologique. La seconde approche aboutit à la notion de 'position' ou (dis)position. Elle est présentée, comme nous l'avons vu, dans le livre des *Catégories*. Elle ne se concentre plus alors directement sur la délimitation physique extérieure du corps contenu—encore qu'elle en fasse mention—mais sur l'organisation interne de tout contenant.

La catégorie 'où' porte donc sur la relation au lieu de ce qui est dans le lieu. Cette relation veut (1) que tous les êtres concernés soient dans une limite contenante et (2) qu'étant composés, ils aient une 'disposition' (i.e. une position réciproque de leurs parties constitutives) proportionnelle à leur nature propre.

2.b.2. *Le lieu comme cause. Le principe de la transition*

Les Commentateurs—de Jamblique à Damascius—vont à dessein s'attarder sur les concepts de limite et de position tels qu'Aristote les avaient transmis mais en inversant la perspective. Nous devons en effet constater que là où Aristote expose phénomènes et règles physiques, le néoplatonisme cherchera à déterminer la cause soit de l'enveloppement, soit de la limite, soit de la position des parties constituant telle entité composée.

Dans le cas précis des concepts qui nous intéressent ici, ce renversement, à en croire Simplicius, provient initialement de Jamblique. Nous savons que le commentateur athénien s'est abondamment servi du *Commentaire sur les Catégories* (aujourd'hui perdu) de Jamblique.[80] Simplicius affirme à ce sujet :

> Jamblique ajoute à toutes ces considérations *(il s'agit de questions grammaticales découlant de la signification de la relation au lieu)* la *noéra théoria* (ἡ νοερά θεωρία), et il recherche tout d'abord si ce sont les choses mêmes qui, du fait qu'elles sont dans un lieu, déterminent le lieu autour d'elles ou avec elles, ou si c'est le lieu qui détermine les choses, en tant qu'il leur donne un parfait achèvement (ὁ τόπος ἀφορίζει τὰ πράγματα ὡς ἂν αὐτὸς αὐτὰ συμπεραίνων).[81]

Jamblique pose clairement la question de l'efficience du lieu auquel il attribue une certaine *ousia*. Elle est l'objet premier de sa recherche. Le renversement de perspective s'enracine donc dans la *noéra*

---

[80] Cf., SIMPLICIUS, *In Aristotelis categorias commentarium* [3.2ss], K. Kalbfleisch ed.
[81] SIMPLICIUS, *In Aristotelis categorias commentarium* [361.7–10], K. Kalbfleisch ed.

théoria. Ce niveau d'appréhension de la réalité succède immédiatement au raisonnement discursif (*dianoia*) qui n'est qu'indirectement
mentionné dans le commentaire de Simplicius. Ce procédé d'investigation, remontant du phénomène à la cause explicative, repose plusieurs postulats que l'on peut organiser comme suit :

- Un système du monde fortement hiérarchisé bâtit sur une étroite
  corrélation de causes et d'effets.
- L'universalité de la relation 'contenant-contenu' (« La relation des
  choses contenues aux choses contenantes est une (μία γάρ ἐστιν ἡ
  τῶν περιεχομένων πρὸς τὰ περιέχοντα σχέσις) : elle est la même à
  tous les niveaux,[82] même si elle change selon les différents modes de
  subsistence des choses qui participent d'elle. Elle est autre en effet
  dans les corps, et autre au niveau des incorporels », in : SIMPLICIUS,
  In Aristotelis categorias commentarium [363.9–14], K. Kalbfleisch ed.).
- L'axiome néoplatonicien qui veut que 'tout principe soit le lieu de ce
  dont il est principe', autrement dit : qu'il soit le 'contenant-limite'
  de ce dont il est principe (« ... à chaque fois les réalités les plus
  principielles occupent le rang de lieu le plus ancien », in : SIMPLICIUS,
  In Aristotelis categorias commentarium [363.20], K. Kalbfleisch ed.).

Fondée initialement sur l'observation de phénomènes physiques,
l'étude de la nature (ἡ φυσικὴ θεωρία) migrera vers la *noéra théoria*
(ἡ νοερά θεωρία) et voudra accéder à la cause la plus ancienne dans
laquelle elle croira saisir l'essence auhentique du lieu. Elle tendra
donc à remonter à la cause première de l'enveloppement (qui est
l'agir du contenant-limite) ou de la bonne (dis)position dans laquelle
elle prétendra alors apercevoir la nature authentique du lieu comme
une sorte d'essence unitaire (ἐνοειδής) qui contient toutes choses en
elle-même. Par ce renversement, la tradition néoplatonicienne cherchera, comme le dit Simplicius, au moyen du raisonnement, à comprendre limite, enveloppement (i.e. contenant) et position du point
de vue de la cause en soi (κατ' αὐτὴν τὴν αἰτίαν), c'est-à-dire, pré-

---

[82] Simplicius explique cette thèse jamblichéenne comme suit : « Ainsi les corps
solides sont contenus par les éléments plus subtils, comme la terre et l'eau par l'air
et le feu, et ces derniers par le ciel—de même au niveau des autres essences les
essences dérivées (δεύτεραι) sont contenues par les essences antérieures, et sont établies en elles—le monde est dans l'âme, l'âme dans l'intellect, et pour les autres
niveaux de réalités c'est pareil », in : SIMPLICIUS, *In Aristotelis categorias commentarium*
[363.15–20], K. Kalbfleisch ed.

cise le commentateur, du point de vue du principe (ἀρχή).[83] Cette thèse distancera le néoplatonisme de l'opinion que semble—toujours selon Simplicius—avoir partagé le plus grand nombre. Selon cette opinion répandue, le lieu comme extrémité du contenant est ajouté 'accidentellement' (ἐπισυμβαίνει) aux corps contenus.[84]

La mention de deux opinions, celle qui est reçue par le plus grand nombre et celle qui est acquise au moyen du raisonnement apporte une utile précision concernant la nature de la 'noéra théoria' sur laquelle repose la conception du lieu de Jamblique. Placé dans le prolongement du raisonnement discursif (διάνοια),[85] elle est une sorte de saisie du premier principe qui contient en lui-même, en une forme unique, tout le déploiement ultérieur et préside à un rapport universel. Dans le cas qui nous intéresse, ce principe régit non seulement le rapport du 'tout' et des parties mais également le rapport que les parties d'un 'tout' donné entretiennent.

2.b.3. *Conséquence de la transition. De l'inertie à la puissance active*

La remontée opérée par le néoplatonisme fut, comme nous l'avons précédemment relevé, exigée par un certain rapport hiérarchique et par la correspondance étroite que chaque niveau entretient avec celui qui le précède et avec celui qui en découle directement ; le plus ancien étant le lieu qui contient *a priori* celui qui lui succède. Les définitions aristotéliciennes du lieu comme limite du contenant—discutée dans le *Commentaire sur les Catégories* de Simplicius—et du lieu comme (dis)position—discutée dans le *Corollarium de loco* du même Simplicius—ne laissent aucun doute sur l'*inertie* de son statut dans le système d'Aristote. Il est d'une part 'limite immobile' et d'autre part (dis)position purement factuelle.

Dès lors qu'on associe le lieu à la cause la plus ancienne, à un principe ayant forme de l'un et qui plus est à un principe universel, les définitions 'statiques' d'Aristote doivent être dépassées. Jamblique, à en croire Simplicius, semble s'être particulièrement intéressé à la

---

[83] Cf., SIMPLICIUS, *In Aristotelis categorias commentarium* [362.30ss], K. Kalbfleisch ed.

[84] Sur cette opinion commune, voir : SIMPLICIUS, *In Aristotelis categorias commentarium* [362.27ss], K. Kalbfleisch ed.

[85] Voir par exemple : DAVID, *Prolegomena* [47.1], A. Busse ed. ; PSEUDO-ELIAS (Pseudo-David), *Lectures on Porphyry's Isagoge* [ΠΡΑΞΙΣ 17.16–20], L.-G. Westerink ed. ; MAXIME LE CONFESSEUR, OpThPol 1, 20 ab.

cause de l'enveloppement ; c'est donc la notion de limite qu'il va faire évoluer en la faisant passer de la limite immobile à la puissance délimitante.

> Le lieu commun lui-même, celui que l'on définit comme la limite du contenant, n'a pas son être de lieu purement et simplement en tant que limite : il l'a aussi en vertu de son efficace, de sa capacité de recevoir (les corps) et de les délimiter, ainsi que Jamblique aussi le dit. Car les choses qui contiennent (τὰ γὰρ περιέχοντα) ont toujours une puissance efficace (δραστικὴν), qui contient (περιεκτικὴν) et délimite (ὁριστικὴν) les choses qui sont en elles.[86]

Prolongeant les affirmations de Jamblique, Damascius va tout d'abord poser le concept 'lieu' comme la 'mesure' de la position non seulement de l'Univers mais de chacune de ses parties. Cette mesure est certes indicative de la bonne (dis)position (εὐθετισμός) du 'tout' et des parties, mais elle est également dotée d'une certaine efficace. En tant que l'être des étants est en devenir, cette mesure est en un sens la cause finale de la bonne (dis)position du 'tout', celle vers laquelle il tend naturellement, mais en tant qu'elle travaille à la bonne (dis)position des éléments entrant dans la structure de tout composé, elle en est la cause efficiente. Pour Damascius, en effet, « le lieu a pouvoir de délimiter, de mesurer et de déterminer la position (ἀφοριστικὸς καὶ μετρητικὸς καὶ τακτικὸς τῆς θέσεώς ἐστιν ὁ τόπος) ».[87] Dans un sens similaire mais en insistant peut-être davantage sur les caractères d'union et de distinction dont le lieu est cause, Simplicius soutient :

> Le lieu . . . reçoit (les parties du corps) et en même temps il leur donne une bonne disposition, il leur confère un ordre et il les délimite (ἅμα μὲν ὑποδέχεται, ἅμα δὲ εὐθετίζει καὶ τάττει καὶ ὁρίζει) de telle sorte que les mains ne se confondent pas avec les pieds, sans qu'ils soient pourtant disjoints les uns des autres, parce que chaque partie, main ou pied, occupe le lieu qui lui est propre.[88]

---

[86] SIMPLICIUS, *In Aristotelis categorias commentarium* [364.31–35], K. Kalbfleisch ed. : « καὶ ὁ κοινότερος δὲ τόπος ὁ κατὰ τὸ πέρας τοῦ περιέχοντος οὐχ ὡς πέρας ἁπλῶς ἔχει τὸ τόπος εἶναι, ἀλλὰ κατὰ τὸ δραστικὸν καὶ ὑποδεκτικὸν καὶ ὁριστικόν, ὡς καὶ Ἰάμβλιχος εἶπεν· τὰ γὰρ περιέχοντα ἀεὶ δραστικὴν ἔχει καὶ περιεκτικὴν καὶ ὁριστικὴν τῶν ἐν αὐτοῖς δύναμιν ».

[87] SIMPLICIUS, Corollarium de loco [626.3–4], *In Aristotelis physicorum libros octo commentaria*, H. Diels ed.

[88] SIMPLICIUS, *In Aristotelis categorias commentarium* [364.20–22], K. Kalbfleisch ed.

Ces remarques nous conduisent à considérer un aspect très important de ce système dès lors qu'on envisage la doctrine du lieu à partir du concept de position. Nous constatons qu'il existe une tension entre la définition de la position du 'tout' et l'état actuel des choses. Si la première est invariable, la seconde prise dans le mobilisme universel est inscrite dans le devenir. Les néoplatoniciens avaient parfaitement saisi cette difficulté.

Dans le *Corollarium de loco*, Simplicius nous dit en effet :

> La définition de la position essentielle du 'tout' demeure toujours la même, que l'Univers se meuve ou qu'il demeure en repos ; mais cette définition-là demeurant invariable, la multitude des autres positions incessamment variables qui se trouvent engendrées constitue une sorte de développement ; car la position essentielle unique de l'Univers contient toute position possible de cet Univers ; elle contient, de même, toute position de chacune des parties de l'Univers.[89]

C'est d'ailleurs vraisemblablement conscient de ce problème que Damascius fait du lieu :

> ... une sorte d'esquisse (προϋπογραφὴ) de la position de l'Univers et de chacune de ses parties ; c'est, pour ainsi dire le type (τύπος) auquel doit se conformer tout ce qui s'y trouve logé s'il veut être placé d'une manière convenable, ne point être en désordre et se comporter conformément à sa nature.[90]

---

[89] SIMPLICIUS, Corollarium de loco [632.28–33], *In Aristotelis physicorum libros octo commentaria*, H. Diels ed. : « ὁ γὰρ τοῦ ὅλου τῆς θέσεως οὐσιώδης ἀφορισμὸς ὁ αὐτὸς ἀεὶ μένει, κἂν κινῆται τὸ πᾶν κἂν ἑστήκῃ· τοῦ δὲ μένοντος ἐκείνου τὸ πλῆθος τῶν ἄλλοτε ἄλλων γινομένων θέσεων οἷον ἀνέλιξίς τίς ἐστι. πᾶσαν γὰρ θέσιν τοῦ παντὸς ἡ μία ἡ οὐσιώδης περιέχει. ὁμοίως δὲ καὶ τῶν μορίων ἑκάστου », cité par P. Duhem dont on retient ici la traduction.

[90] SIMPLICIUS, Corollarium de loco [645.7–10], *In Aristotelis physicorum libros octo commentaria*, H. Diels ed. : « οἷον προϋπογραφή τις αὐτὸς ὢν τῆς τε ὅλης θέσεως καὶ τῶν μορίων αὐτῆς καὶ ὡς ἄν τις εἴποι τύπος, εἰς ὃν ἐνηρμόσθαι χρὴ τὸ κείμενον, εἰ μέλλοι κεῖσθαι κατὰ τρόπον καὶ μὴ συγκεχύσθαι καὶ παρὰ φύσιν ἔχειν », cité dans la traduction de P. Duhem légèrement retouchée. Voir également : SIMPLICIUS, Corollarium de loco [643.12–14], *In Aristotelis physicorum libros octo commentaria*, H. Diels ed. : « ... l'espace étendue aussi est 'lieu' comme esquisse et type des corps qui entrent en lui, soit qu'il soit 'lieu propre' comme est le lieu de chacune des sphères célestes, soit qu'il soit 'lieu commun', comme est le lieu des éléments mêlés ensemble (τὸ διάστημα τόπος ὡς προϋπογραφὴ καὶ τύπος τῶν ἐν αὐτῷ γινομένων σωμάτων, ὁ μὲν ἴδιος ὡς ὁ τῶν οὐρανίων σφαιρῶν, ὁ δὲ κοινὸς ὡς ὁ τῶν ἐπιμιγνυμένων ἀλλήλοις στοιχείων », traduction A.-J. Festugière légèrement modifiée.

La définition du lieu comme esquisse—προϋπογραφὴ[91]—indique probablement une certaine idéalité[92] dans le rapport du 'tout' et des parties d'un composé donné (i.e. d'un être concret quel qu'il soit) dont le référent paraît être, à en croire Simplicius, « la définition de la position essentielle du 'tout' qui demeure invariable ». Elle n'est donc pas purement et simplement un idéal à venir mais un donné initial que l'on peut considérer comme une certaine réciprocité idéale des positions essentielles des parties constituant un 'tout'. Cette notion doit être mise en relation avec la prédétermination des choses engendrées en tant que leur structure naturelle (à venir) est prédéfinie avant même qu'elles n'apparaissent. Un être engendré porterait donc en lui dès l'origine sa structure spatiale comme coexistence des parties ayant une position réciproque harmonieuse et sa structure temporelle[93] comme séquences coordonnées de développement de son être propre. Cette conception expliquerait en partie la nécessité dans laquelle un être en devenir de sa (dis)position idéale dont le lieu est la 'mesure-une' a besoin du temps pour parvenir à ordonner toutes les parties qui le constituent. Une simple observation des lois physiques suffirait à rendre compte de cette thèse et Damascius devait

---

[91] Il semble que ce concept avec préfixe προ soit propre à Simplicius. En revanche, ὑπογραφὴ seul est d'usage courant. On trouve même une occurrence chez Cosmas Indicopleustès le rapprochant de τύπος dans une formule qui n'est pas sans intéresser le présupposé du présent travail. Voici ce qu'il affirme : « ... tu ne cessais de me presser de composer un écrit sur le Tabernacle construit par Moïse dans le désert, lequel était la figure et la copie de l'univers entier (περὶ τῆς σκηνῆς τῆς ἐν τῇ ἐρήμῳ διὰ Μωϋσέως κατασκευασθείσης, ἣ τύπος ἦν καὶ ὑπογραφὴ παντὸς τοῦ κόσμου) », in : Cosmas Indicopleustes, *Topographie chrétienne*, t.1 [II.2.2–4], W. Wolska-Conus ed.

[92] On touche là à une très grande difficulté. Le besoin d'un repère fixe dans le monde physique qui pût légitimement servir de base à la mesure géométrique de la position poussa plusieurs savants à se demander si seulement ce dernier existait de manière actuelle. Il fallait un repère fixe. L'Univers comme totalité, la régularité de certains mouvements locaux permit d'en postuler raisonnablement l'existence. C'était dire que ce 'fixe' n'était pas purement idéal mais engagé dans le monde du changement et donc bien présent. Ce repère indispensable ne fut défini et déterminé que par la *physikè théoria*. Sur cette question de base, voir les éléments fournis par P. Duhem, *Le système du monde*, t.1, p. 347, notamment les difficultés à concevoir la réalisation de l'existence actuelle du lieu naturel.

[93] Voir par exemple les remarques de M.-C. Galperine sur le dessin anticipé (προϋπογραφὴ τις) des choses qui ici-bas s'étendent (cf., Simplicius, Corollarium de tempore [773.23–26], *In Aristotelis physicorum libros octo commentaria*, H. Diels ed.) citées in : M.-C. Galperine, « Le temps intégral selon Damascius », p. 327. Voir également les notes intéressantes de la traduction anglaise du *Corollarium de tempore* de Simplicius. Notamment note 3, p. 86 in : Simplicius, *Corollaries on Place and Time*, trans. by J.O. Urmson, annotated by L. Siorvanes, London, Duckworth, 1992.

lui-même y songer lorsqu'il soutenait : «... par le temps telle partie de l'embryon est formée avant telle autre. Tel âge en précède
un autre dans un ordre établi (διὰ τὸν χρόνον ἄλλο τι πρὸ ἄλλου
δημιουργεῖται τῶν τοῦ ἐμβρύου μερῶν, καὶ ἄλλη πρὸ ἄλλης ἡλικία
πρόεισι τεταγμένη) ».[94]

Le concept προϋπογραφὴ renvoie ainsi à une structure *a priori* commandant dès l'origine un rapport de choses traversant tous les secteurs de la réalité dès lors que celle-ci est composée. Le lieu, tel que
Damascius le conçoit, est non seulement un donné initial mais une
esquisse des choses à venir.[95] C'est ce que confirme la notion de
τύπος. C'est bien ainsi, semble-t-il, que Simplicius lui-même l'a comprise lorsqu'il affirme à la suite de Damascius qu'à ce *type* doit se
conformer tout ce qui s'y trouve logé s'il veut être placé d'une
manière convenable, ne point être en désordre et se comporter conformément à sa nature (cf., citation *supra*). Cela indique manifestement
qu'un désordre est possible et qu'un être en devenir peut en un sens
sortir de son lieu naturel ou ne jamais l'atteindre soit par violence,
soit par perversion, soit par corruption. Cette éventualité a ici son
importance car, comme notre étude de la *Mystagogie* devrait contribuer à le démontrer, l'*ecclesia* de Maxime apporte un correctif fondamental à un rapport de choses 'dysfonctionnant'. Ce correctif sera
envisagé tant du point de vue gnoséologique qu'ontologique. La visibilité de la bonne disposition des parties dans l'un-tout de l'*ecclesia*-
faite-de-mains-d'hommes est sans nulle doute pour le moine byzantin
la principale manifestation de cette mesure salutaire.

2.b.4. *La critique de Philopon. La réponse de Simplicius*

Toute la transition décrite précédemment fut sans nulle doute délicate
car il faut admettre qu'il n'est guère aisé de concevoir en marge
d'un certain système hiérarchique la notion d'une limite active et

---

[94] SIMPLICIUS, Corollarium de loco [626.13–14], *In Aristotelis physicorum libros octo commentaria*, H. Diels ed.

[95] Festugière a, semble-t-il, raison de rapprocher προϋπογραφὴ de la forme *a priori* des choses en devenir, il affirme notamment : « L'Homme en Soi, comme Forme, est un tout qui contient συνηρημένην (contracté [643.8]) l'arrangement de ses parties distinctes, et qui contient cet arrangement comme ἄυλον [643.10]. Mais dès là que cette Forme, entrant dans la matière, fait un homme concret, les parties pren-
nent extension dans l'espace, et l'arrangement de ces parties devient donc une ὑλικὴ
τάξις [643.9] » cité in : Annexe 'Corollaire de Simplicius', note 3, p. 347 de sa traduction de PROCLUS, *Commentaire sur la République*, t.III, Paris, Vrin, 1970.

l'on ne s'étonne guère qu'on est pu très tôt s'y opposer. Philopon, par exemple, joua le rôle d'adversaire résolu de cette thèse en alléguant : « Il est tout à fait ridicule de prétendre que le lieu, en tant que lieu, possède une certaine puissance ».[96] Son opposition fut plus subtile qu'un simple désaveu idéologique adressé à ses adversaires athéniens. Il précisa en effet que « ce n'est (. . .) pas le lieu qui a puissance de porter les corps à leurs lieux propres ; ce sont les corps qui ont appétit (ἔφεσις) de garder la place qui leur appartient ».[97] Le système de Philopon, plus complexe peut-être que celui d'autres auteurs en raison des corrections qu'a subies sa propre pensée consécutivement à la crise provoquée par la fermeture de l'école d'Athènes par Justinien en 529,[98] mériterait un traitement à part notamment sur la question du lieu. On peut simplement noter que le lieu n'est pas en définitive, pour lui, la limite du contenant[99]—ce qui le distance de Maxime qui retient cette définition—mais comme l'avait relevé Pierre Duhem, « l'espace avec ses trois dimensions ; cet espace doit être entièrement séparé par la pensée des corps qui l'occupent ; il doit être regardé comme un volume incorporel étendu en longueur, largeur et profondeur : en sorte que le lieu est identique au vide[100]

---

[96] Jean Philopon, *In Aristotelis physicorum libros octo commentaria* [581.18–19], H. Vitelli ed. : « τὸ δὲ λέγειν δύναμίν τινα ἔχειν αὐτὸν καθ᾽ αὑτὸν τὸν τόπον γελοῖον πάνυ », traduction P. Duhem, *Le système du monde*, t.I, p. 320.

[97] Jean Philopon, *In Aristotelis physicorum libros octo commentaria* [581.29–31], H. Vitelli ed. : « οὐχ ὁ τόπος οὖν ἔχει τὴν δύναμιν τοῦ φέρεσθαι τὰ σώματα ἐπὶ τοὺς οἰκείους τόπους, ἀλλὰ τὰ σώματα ἔφεσιν ἔχει τοῦ τὴν αὐτῶν φυλάττειν τάξιν », traduction P. Duhem, *Le système du monde*, t.I, p. 320. Cette prise de position radicalement opposée à celle de la tendance générale de la philosophie athénienne pourrait faire écho à une thèse qui remonterait au livre des *Physiques* de Théophraste dont Simplicius nous rapporte le propos dans le *Corollarium de loco* : « Peut-être le lieu n'a-t-il par lui-même aucune espèce d'essence, mais est-il simplement dénommé par la place et la position des divers corps, en tenant compte de leurs natures et puissances (μήποτε οὐκ ἔστι καθ᾽ αὑτὸν οὐσία τις τόπος, ἀλλὰ τῇ τάξει καὶ θέσει τῶν σωμάτων λέγεται κατὰ τὰς φύσεις καὶ δυνάμεις) », in : Simplicius, Corollarium de loco [639.15–17], *In Aristotelis physicorum libros octo commentaria*, H. Diels ed.

[98] Sur le sujet, K. Verrycken, « The Development of Philoponus' Thought and its Chronology », in : *Aristotle transformed*. The ancient Commentators and their Influence, p. 233–274.

[99] Cf., Jean Philopon, *In Aristotelis physicorum libros octo commentaria* [567.29ss], H. Vitelli ed.

[100] P. Duhem, *Le système du monde*, t.1, p. 317. L'ordre décelable dans un tout organisé ne serait pas chez Philopon—contrairement à Damascius—le fait du lieu, d'une χώρα active, mais une loi interne aux corps qui les veut tournés vers leur lieu naturel en vertu d'une forme qui leur est propre, qui est encore imparfaite et mélangée de puissance et qui tend à être pleinement en acte. Cf., P. Duhem, *Le*

(ταὐτὸν γὰρ τῷ ὄντι τὸ κενὸν καὶ ὁ τόπος κατὰ τὸ ὑποκείμενον) ».[101]
N'étant pas en mesure d'examiner de façon approfondie le raisonnement de Philopon, il suffit de souligner que ses propos ne sortent
guère d'une conception physique du problème du lieu. Sa thèse d'une
coïncidence du lieu et du vide n'est cependant pas aristotélicienne
et mériterait elle aussi une étude détaillée.

Quelles qu'aient été les objections dont les thèses de Jamblique,
de Damascius et à leur suite Simplicius furent l'objet, il fallût bien
accepter, dès lors qu'on s'est mis à concevoir le lieu comme entité
délimitante et comme cause de la position naturelle des êtres, que
la définition d'Aristote était insuffisante.

> Si en effet, *affirme Simplicius*, le lieu était inerte, ayant l'être sans une
> certaine hypostase dans le vide et l'extension infinie, il aurait reçu de
> l'extérieur sa limite ; si par contre il a une puissance active et une
> essence incorporelle déterminante et qu'il ne permet pas à l'espace-
> ment des corps de s'avancer plus ou moins à l'infini, mais les limite
> en lui-même, alors, vraisemblablement, il amènera aux corps la limite
> à partir de lui-même.[102]

Ce texte résume bien les mutations que le concept lieu devait subir
dans un cadre néoplatonicien qui voulait comprendre l'Univers à la
lumière d'une production-procession généralement interprétée comme
une sortie de l'un et de l'unifié et requérant ainsi tout naturellement
les mesures adéquates pour ne pas se disperser à l'infini. On peut
d'ailleurs noter que l'argument qui justifie l'attribution d'une certaine
hypostase au lieu repose non sur une nécessité intrinsèque au concept
lieu lui-même mais sur le besoin foncier pour tous les êtres—déri-
vant d'un principe 'un' et connaissant l'extension de l'être—d'une
mesure contenante et rassemblante menacés qu'ils sont d'un épan-
chement à l'infini (τὴν εἰς ἄπειρον ἔκχυσιν) qui les priverait para-
doxalement d'être. Le lieu est dans ces conditions puissance de l'Un

---

système du monde, t.1., p. 320 ; voir également K. Verrycken, « The Development
of Philoponus' Thought and its Chronology », in : *Aristotle transformed*. The ancient
Commentators and their Influence, p. 246ss.

[101] Jean Philopon, *In Aristotelis physicorum libros octo commentaria* [567.32–33],
H. Vitelli ed.

[102] Simplicius, *In Aristotelis categorias commentarium* [361.15–20], K. Kalbfleisch ed. :
« εἰ μὲν γὰρ ἦν ἀδρανὴς ὁ τόπος ἐν ἀπείρῳ κενῷ καὶ διαστήματι ἄνευ τινὸς ὑποστά-
σεως ἔχων τὸ εἶναι, καὶ τὸν ὅρον ἂν ἔξωθεν παρεδέχετο· εἰ δὲ καὶ δραστήριον ἔχει
δύναμιν καὶ οὐσίαν ἀσώματον ὡρισμένην καὶ τὴν τῶν σωμάτων διάστασιν οὐκ ἐᾷ
μᾶλλον καὶ ἧττον εἰς ἄπειρον προχωρεῖν, ἀλλ' ἐν ἑαυτῷ ὁρίζει, εἰκότως ἂν καὶ τὸ
πέρας ἀφ' ἑαυτοῦ τοῖς σώμασιν ἐπάγοι ».

ou pour le moins un de ses modes de présence, car l'Un est pour Simplicius la limite et la mesure de toutes choses (ὑπάρχον ὅρος πάντων ἐστὶ καὶ μέτρον) ;[103] le lieu est par là la condition de l'être dans un sens similaire à celui que Maxime devait adopter dans l'*Ambiguum* 10.

2.b.5. *Du problème du temps. Objectif et limite de l'enquête*

Il convient d'entrer dans les prochaines sections en précisant brièvement, (1) l'objectif qu'elles se donnent, (2) les moyens qu'elles espèrent mettre en œuvre pour y parvenir et (3) les limites que les dimensions de cette recherche leur imposent.

1. Le prochain objectif consiste à établir une conception de la temporalité, ancrée dans la tradition néoplatonicienne, qui soit susceptible d'éclairer la typologie temporelle de l'*ecclesia* de la *Mystagogie* et plus précisément des rites de la synaxe liturgique tels qu'ils seront analysés dans le troisième chapitre de cette étude.

2. Comme pour la précédente investigation, nous partirons des faits et l'on verra que l'approche phénoménologique est moins aisée pour le temps qu'elle ne l'a été pour le lieu. Nous chercherons essentiellement à déterminer la conception d'un certain ordre des choses, d'un ordre de succession qui a pour correspondant immédiat un certain ordre de position que la doctrine néoplatonicienne du lieu a permis de préciser. Nous tenterons ensuite de remonter à la cause de l'ordre et par là à la causalité efficiente d'un certain concept 'temps'. Tout comme pour le lieu, les mutations que subissent les concepts aristotéliciens s'enracinent partiellement du moins dans la *noéra théôria* de Jamblique.[104]

3. Les objectifs de cette étude imposent plusieurs limites. On ne rencontrera pas ici d'étude historique du concept 'temps'. On peut se faire une bonne idée des divers débats qui occupèrent l'Antiquité tardive en parcourant le *Commentaire sur les Catégories* que nous a laissé Simplicius.[105] On ne trouvera pas non plus d'étude exhaustive sur la difficile question de l'éternité du monde qui mériterait de faire

---

[103] Cf., SIMPLICIUS, Corollarium de loco [640.21–22], *In Aristotelis physicorum libros octo commentaria*, H. Diels ed.

[104] Cf., SIMPLICIUS, *In Aristotelis categorias commentarium* [350.10ss], K. Kalbfleisch ed.

[105] Particulièrement toute la section qui étudie les catégories 'quand' et 'où', in : SIMPLICIUS, *In Aristotelis categorias commentarium* [340.14–357.6], K. Kalbfleisch ed.

l'objet d'une véritable mise-au-point, tant pour le néoplatonisme que pour le christianisme. Cette option nous aurait écarté du choix de travailler spécifiquement sur la question d'un ordre de succession *a priori* inscrit dans la nature des choses. Il faut cependant noter que plusieurs conclusions de notre recherche fourniront d'utiles points de repères pour une évaluation équilibrée de cette question chez Maxime le Confesseur, notamment le rapport de la catégorie 'quand' (πότε) avec le concept de 'principe-commencement' (ἀρχή) qui implique, comme nous l'avons vu dans l'*Ambiguum* 10 et comme nous le verrons dans l'analyse de l'*ecclesia* sous le rapport du temps, le monde tout entier visible et invisible.

2.b.6. *Apories concernant la nature du temps*

La transition entre une recherche sur le lieu et une recherche sur le temps est délicate à opérer. La question du statut de la temporalité est indubitablement plus complexe que celle du lieu. Le problème était connu de Simplicius qui le signalait en ces termes :

> D'un autre point de vue encore, toutes les parties du lieu existent en même temps (ἅμα), ce qui n'est pas le cas de celles du temps : la subsistence du lieu (ὑπόστασιν) est évidente, celle du temps est obscure, car le temps n'est saisissable que par la raison (ἅτε λόγῳ μόνῳ ληπτὸς ὑπάρχων).[106]

La tradition philosophique rapporte plusieurs manières d'engager une investigation sur le temps. Deux points de départ sont possibles. Le plus fréquent s'enracine dans l'observation de la nature et tente, par le repérage de constantes, de dégager certaines lois fondamentales. C'est la démarche inductive. Elle domine les travaux d'Aristote. On peut avec prudence la qualifier—comme nous l'avons fait pour le lieu—de phénoménologique. Le second point de départ est plutôt déductif. Il s'intéresse moins au temps physique en soi qu'à l'origine de ce dernier et à sa simultanéité avec ce qui dans l'Univers exprime la plus grande régularité de mouvement et probablement la plus grande pureté, à savoir le ciel. C'est le postulat d'un temps

---

[106] SIMPLICIUS, *In Aristotelis categorias commentarium* [341.27ss], K. Kalbfleisch ed. Les savants contemporains partagent, semble-t-il, l'opinion de Simplicius. Sambursky notait : « The discussion of and the inquiries into the nature of time, an incomparably more difficult concept, had a similar pattern to that of the analysis of space », in : S. SAMBURSKY, *The physical World of late Antiquity*, p. 9.

produit en même temps que le ciel, image mobile—comme le ciel—
de l'éternité.[107]

On pourrait convenir d'une étude sur le temps en partant du
questionnement qu'Aristote avait proposé dans son introduction à
l'étude physique du lieu. Nous devrions ainsi commencer par nous
assurer de son existence ou non. Cette question peut surprendre mais
elle a rencontré et rencontre encore de fermes partisans. Autrement
dit l'existence d'une 'nature' propre du temps ne fait pas l'unanimité dans la tradition philosophique. Pour ne pas clore cette enquête
à peine ouverte nous pourrions en accepter—à titre d'hypothèse de
travail—l'existence. Il conviendrait alors de se demander quel est son
mode d'existence pour nous aviser enfin de sa nature si tant est qu'il
soit possible de le faire. Aristote lui avait d'ailleurs reconnu une existence faible et obscure. Son caractère fuyant semble en être la principale raison.[108]

L'étude du temps reste par bien des aspects problématique. En
effet, comment étudier ce qui paraît sans consistance propre et dont
les parties sont apparemment caractérisées par l'impermanence ? Cette
question a plongé dans l'embarras nombre d'hommes qui s'y attar-
dèrent au cours des siècles. Il est pourtant assez communément
affirmé que le temps existe comme en témoigne le mouvement de
l'horloge.[109] On sait cependant que tout balancier s'arrête après 'un
certain temps'. On dit encore que le temps c'est le moment présent
ou, plus techniquement, l'instant (νῦν). Celui-ci conceptuellement
admissible n'en est pas moins fuyant et singulièrement complexe à
définir tant il est vrai qu'il paraît tout simplement insaisissable. Cette
position, partant de l'instant éphémère, fut celle d'Archytas de Tarente
considéré par les néoplatoniciens comme l'inspirateur de toute la
réflexion philosophique sur le temps. L'opinion d'Archytas ou pseudo-
Archytas nous est rapportée par Simplicius qui fait suivre la présentation de la doctrine de ce dernier d'une exégèse critique opérée par
Jamblique.[110] On pourrait tenter d'alléguer que le temps existe comme

---

[107] Cf., PLATON, *Timée* [37c], A. Rivaud ed.

[108] Cf., ARISTOTE, *Physique* IV [217b32–33], H. Carteron ed.

[109] Cf., le constat d'Aristote : « Nous disons que du temps s'est passé quand nous prenons sensation de l'antérieur et du postérieur dans le mouvement », in : ARISTOTE, *Physique* IV [219a23–25], H. Carteron ed.

[110] Cf., SIMPLICIUS, *In Aristotelis categorias commentarium* [356.30ss], K. Kalbfleisch ed. Sur la position d'Archytas, voir également : SIMPLICIUS, *In Aristotelis categorias commentarium* [350.10ss ; 352.22ss), K. Kalbfleisch ed. Plusieurs études ont analysé cette

le prouvent les temps verbaux en usage dans le langage. Ils doivent porter sur quelque chose de réel. Et pourtant, n'est-il pas dit en conjuguant le verbe *être* 'il était' et voilà la pensée s'égarant dans un passé qui n'est plus, 'il sera' et la voilà dans quelque futur qui n'est pas encore, ou même 'il est' croyant enfin tenir ce qui de toute évidence échappe à la saisie de la raison humaine ? Ce problème est un lieu commun qui remonte à Aristote lui-même.[111] Le même thème est attesté dans l'Orient chrétien grec. On le rencontre chez Basile de Césarée au IVème siècle de notre ère qui exprime cette difficulté en ces termes : « Est-ce que tel n'est pas le temps dont le passé n'est plus, dont l'avenir n'est pas encore, et dont le présent, avant d'être connu, échappe à nos sens ? ».[112] On semble contraint d'admettre qu'une chose n'est connue que si elle offre une certaine prise. Cela suppose qu'elle soit dotée d'une certaine stabilité qui permette de l'étudier, or c'est là précisément que se trouve la difficulté car, comme le fait remarquer la tradition néoplatonicienne, le temps a son être dans le devenir.[113]

Certains courants philosophiques de l'Antiquité en vinrent à se demander si le temps n'était finalement qu'une fiction de l'esprit ? Plusieurs solutions sont envisagées dans l'histoire des courants de pensée dominés par l'aristotélisme et l'on doit constater que la question présente à travers les siècles une certaine résistance. Aristote lui-même ne paraît guère sortir de l'aporie et ne répond que difficilement à la question de savoir si, sans l'âme (i.e. sans perception, ni raison),

---

question. Voir en particulier : S. Sambursky, *The Concept of Time in Late Neoplatonism*, p. 14ss ; Ph. Hoffmann, « Jamblique exégète du Pythagoricien Archytas : Trois originalités d'une doctrine du temps », *Les Études Philosophiques* 3 (1980) 307–323.

[111] Cf., Aristote, *Physique* IV [217b33–218a6], H. Carteron ed.

[112] Basile de Césarée, *Homélies sur l'Hexaéméron* [I.5, 13b], St. Giet ed. Il n'est en ce sens guère étonnant de constater que le premier chapitre de l'important survol historique et philosophique de Richard Sorabji sur le temps et la création pose aujourd'hui encore la question de sa réalité ou non « Is Time Real ? » [R. Sorabji, *Time, Creation and the Continuum*. Theories in Antiquity and the early Middle Ages]. Avant lui O. Hamelin [O. Hamelin, *Le système d'Aristote*, p. 294.] en avait saisi la difficulté en ces termes : « On pourrait penser que le temps n'existe pas ou existe à peine quand on réfléchit à son instabilité. Il n'est jamais, puisque l'avenir n'est pas encore, que le passé n'est plus et que le présent est insaisissable. L'instant lui-même, limite du temps, paraît incapable d'exister, parce qu'il doit être toujours autre ». Ce doute sur la nature du temps provient peut-être de sa nature même. Voir également : S. Sambursky, *The physical World of late Antiquity*, p. 17.

[113] Cf., Simplicius, *In Aristotelis categorias commentarium* [356.33–35], K. Kalbfleisch ed. : « διότι ἐν τῷ γίνεσθαι τὸ εἶναι ἔχει καὶ τὸ μὲν παρεληλυθὸς οὐκέτι ἔστιν, τὸ δὲ μέλλον οὐδέπω, τὸ δὲ νῦν ἀμερὲς καὶ ἀδιαίρετον ».

le temps existe ou non.[114] Le dilemme peut être formulé ainsi : Existe-t-il un temps 'réel' en dehors d'une conscience capable de percevoir du mouvement et de saisir les lois du changement ?

Force est de reconnaître que cette problématique inclut une double dimension. La première est subjective et la seconde, objective. Ce double aspect est rapporté par Aristote dans le quatrième livre de la *Physique*. Il fait en effet précéder la conclusion de sa recherche par une fable évoquant le récit mythique des dormeurs de Sardes[115] (ou plus probablement de Sardaigne)[116] dans lequel il semble admettre qu'il n'y a pas de temps en dehors de la conscience du changement et du mouvement ou, comme l'affirme Gérard Verbeke dans son étude sur la perception du temps chez Aristote, que le temps implique un facteur d'ordre cognitif qui est absent au cours du sommeil conçu dans le cas très précis de cette citation d'Aristote comme une absence de vie sensitive.[117] Cet entrecroisement de composantes subjectives et objectives complexifie sensiblement l'étude de la nature du temps.

2.b.7. *De la perception du changement à l'inventaire des concepts*

L'investigation portant sur la nature du temps prend naissance dans la perception en général et plus spécifiquement dans la perception du changement. Ce point de départ paraît largement admis dans l'Antiquité tardive comme en témoigne Proclus :

> Quant au temps, la plupart aussi des hommes en ont notion et conscience (χρόνου μὲν οὖν ἔννοιαν καὶ συναίσθησιν καὶ οἱ πολλοὶ τῶν ἀνθρώπων ἔχουσιν), dès lors qu'ils ont regard au mouvement et des êtres sublunaires et des êtres célestes et qu'ils estiment que le temps

---

[114] Cf., Aristote, *Physique* IV [223a21–28], H. Carteron ed. Voir la discussion de cette question chez les commentateurs, notamment : Simplicius, *In Aristotelis physicorum libros commentaria* [760.3–7, 11–18 ; 761.5–9], H. Diels ed. Sur ce sujet : A.-J. Festugière, « Le temps et l'âme selon Aristote », in : *Etudes de philosophie grecque*, p. 197–220, Festugière envisage également les solutions proposées par Thomas d'Aquin ; G. Verbeke, « La perception du temps chez Aristote », in : *Aristotelica*. Mélanges offerts à Marcel De Corte, p. 351–377.

[115] Cf., Aristote, *Physique* IV [218b21–219a1], H. Carteron ed.

[116] Il semble que cette dernière lecture soit préférable. Sur cette correction : A.-J. Festugière, « Le temps et l'âme selon Aristote », in : *Etudes de philosophie grecque*, p. 216.

[117] Cf., G. Verbeke, « La perception du temps chez Aristote », in : *Aristotelica*. Mélanges offerts à Marcel De Corte, p. 351–377.

est 'quelque chose du mouvement' (κινήσεώς τι), comme le nombre du mouvement ou son extension ou quelque autre qualité pareille (οἷον ἀριθμὸν ἢ παράτασιν ἢ ἄλλο τι τοιοῦτον).[118]

Le premier constat voit quelque chose que l'on nomme usuellement temps s'écouler sans jamais, semble-t-il, offrir une quelconque prise qui permettrait d'en fixer les limites et par ce fait d'en saisir la nature. Le mobilisme universel—auquel Maxime lui-même s'est manifestement rallié notamment lorsqu'il affirme dans les *Ambigua* que tous les êtres quelle que soit leur nature se meuvent (πάντα γὰρ κινεῖται τὰ ὁπωσοῦν ὄντα . . . [Amb 10, 1177ab])—tendrait à faire penser qu'il n'y a que du mouvement et une certaine chose que nous déterminons par convention pour le mesurer : le temps.

Une simple déduction par exemple du caractère grammatical de la catégorie ποῦ (où) et de ses dérivés—qui ne sont pourtant pas la base logique directe d'une réflexion sur le temps—suffit déjà à attester l'existence de ce que nous pourrions appeler 'étapes successives'[119] ou ordre de succession. En effet, le déplacement ou translocation suppose un lieu d'où l'on vient que nous connaissons par l'adverbe interrogatif πόθεν (d'où ?) et un lieu où l'on va que nous connaissons par l'adverbe interrogatif approprié ποῖ (vers où ?). Cette opération rend compte du passage d'une situation antérieure là où j'étais mais ne suis plus et d'une situation postérieure là où j'irai mais ne suis pas encore. Ces trois adverbes sont en mesure de transcrire, tant le passage d'un lieu à un autre que le passage d'un certain état à un autre. Dans ce dernier cas, nous devons inclure les processus de génération ou de corruption. Ce passage concerne également nos procédés de raisonnement et de discours qui connaissent eux aussi une certaine extension 'temporelle'.

La succession d'un certain nombre d'étapes, qu'elles relèvent du passage d'un lieu à un autre, d'un statut à un autre et même de la puissance à l'acte par des étapes intermédiaires requises, relève d'un ordre de nature immuable qui se concentre dans la définition à laquelle parvient Aristote dans son étude sur le temps inclus dans le

---

[118] PROCLUS, *In Platonis Timaeum commentaria* [III.8.28ss], E. Diehl ed., traduction A.-J. Festugière.

[119] Admirablement mis en scène par Platon dans la question inaugurale du *Phèdre* « Ὦ φίλε Φαῖδρε, ποῖ δὴ καὶ πόθεν ; », in : PLATON, *Phèdre* [227a1], J. Burnet ed. Il est intéressant de relever au passage que ce texte interroge l'âme sur son origine et sur sa destinée.

quatrième livre de la *Physique* : « Le temps est le nombre du mouvement selon l'antérieur et le postérieur (τοῦτο γάρ ἐστιν ὁ χρόνος, ἀριθμὸς κινήσεως κατὰ τὸ πρότερον καὶ ὕστερον) ».[120]

Cette définition extêmement condensée articule plusieurs notions qui entreront dorénavant dans la nomenclature de toute théorie du temps : temps (χρόνος), mouvement (κίνησις), nombre (ἀριθμὸς) et plus précisément nombre du mouvement (ἀριθμὸς κινήσεως), antérieur (πρότερον) et postérieur (ὕστερον) qui décrivent d'une part la modalité du mouvement ordonné mais également à en croire Simplicius les différences du temps : « L'antérieur et le postérieur, *affirme-t-il*, sont les différences du temps (τὸ γὰρ πρότερον καὶ ὕστερον χρόνου διαφοραί εἰσιν) comme le haut et le bas et les quatres autres distanciations le sont du lieu ainsi qu'Aristote l'a relevé ».[121]

Il faut ajouter que derrière les notions d'antériorité et de postériorité deux concepts implicites d'importance majeure sont présupposés : l'instant (νῦν) et l'ordre ou rang (τάξις). On ne peut en effet concevoir de l'antérieur et du postérieur que par rapport à un repère précis qui doit, au moins du point de vue théorique, être distinctement déterminé comme par exemple un point sur une ligne droite ou dans le cas du temps un certain 'maintenant' (νῦν). Déterminer un point-limite, quand bien même il serait mobile, permet non seulement de différencier les événements en amont ou en aval de ce point-limite sans les confondre mais également de saisir les lois de mouvements naturels beaucoup plus fondamentaux comme les étapes de la génération, de la croissance et de la corruption comme nous l'avons signalé plus haut en citant Simplicius à propos des étapes de la formation de l'embryon (διὰ τὸν χρόνον ἄλλο τι πρὸ ἄλλου δημιουργεῖται τῶν τοῦ ἐμβρύου μερῶν).[122] En ce sens, le temps, nombre du mouvement selon l'antérieur et le postérieur distingue et unit les étapes d'un certain processus selon un ordre de succession immuable.

Les premiers pas de cette enquête attestent que le temps est difficilement saisissable en dehors de l'expérience du mouvement[123]

---

[120] Aristote, *Physique* IV [219b1–2], H. Carteron ed.

[121] Simplicius, Corollarium de loco [626.15–16], *In Aristotelis physicorum libros octo commentaria*, H. Diels ed.

[122] Cf., Simplicius, Corollarium de loco [626.13–14], *In Aristotelis physicorum libros octo commentaria*, H. Diels ed.

[123] Cf., les affirmations suivantes provenant de la *Physique* d'Aristote : « Nous per-

et qu'il est pour une part importante l'objet d'une reconstruction théorique[124] basée sur l'expérience du monde, du changement intra-mondain et le repérage de certaines constantes comme paraît l'avoir admis le néoplatonisme. Il y a de l'antérieur (πρότερον) et du posté-rieur (ὕστερον) sans confusion possible et donc, manifestement un ordre (τάξις). Le courant philosophique qui passe par Jamblique et Damascius ne fait que prolonger ce raisonnement en réorientant son enquête vers les niveaux supérieurs de la structure hiérarchique du réel que nous avons signalés à propos du lieu.

2.b.8. *De l'ordre ordonné à l'ordre ordonnant*

Tout comme exposé précédemment pour le lieu qui, doté d'une certaine puissance, semblait travailler à la bonne disposition des cho-ses qui sont en lui, voyons maintenant sur quels critères le temps fut lui aussi investi d'une fonction ordinatrice en attribuant à cha-que partie d'un certain processus le rang (τάξις) qui lui est appro-prié.[125] Il sera en effet possible ainsi de postuler pour le temps tout comme pour le lieu l'exercice d'une certaine causalité. Il est à noter que la seule efficience qui paraisse lui avoir été unanimement recon-nue est grevée d'un coefficient négatif car le temps détruit, défait et efface.[126] Ce constat profondément ancré dans l'expérience de la finitude du vivant pourrait sensiblement compliquer la recherche de

---

cevons simultanément le mouvement et le temps (Ἅμα γὰρ κινήσεως αἰσθανόμεθα καὶ χρόνου) », in : ARISTOTE, *Physique* IV [219a3–4], H. Carteron ed. ; « Nous dis-ons que du temps s'est passé, quand nous prenons sensation de l'antérieur et pos-térieur dans le mouvement (καὶ τότε φαμὲν γεγονέναι χρόνον, ὅταν τοῦ προτέρου καὶ ὑστέρου ἐν τῇ κινήσει αἴσθησιν λάβωμεν) », in : ARISTOTE, *Physique* IV [219a23–25], H. Carteron ed.

[124] Cf., l'opinion de Simplicius que nous avons déjà mentionnée plus haut : « . . . la subsistence du lieu est évidente, celle du temps est obscure, car le temps n'est sai-sissable que par la raison (ὁ μὲν τόπος ἐναργῆ τὴν ὑπόστασιν ἔχει, ὁ δὲ χρόνος ἀμυδράν, ἅτε λόγῳ μόνῳ ληπτὸς ὑπάρχων) », in : SIMPLICIUS, *In Aristotelis categorias commentarium* [341.29–30], K. Kalbfleisch ed.

[125] C'est dans ce sens que nous comprenons l'affirmation de Damascius—rappor-tée par Simplicius—qui veut que chaque chose ait sa propre opportunité lorsqu'elle advient dans le temps convenable (τὸ δὲ εὔκαιρον ἔχει τὸ οἰκεῖον, ὅταν ἐν τῷ δέοντι γένηται χρόνῳ). Cf., SIMPLICIUS, Corollarium de loco [626.7], *In Aristotelis physicorum libros octo commentaria*, H. Diels ed.

[126] Sur le temps cause par soi de destruction plutôt que de génération et ainsi facteur d'oubli (ἐπιλανθάνονται ἐν τούτῳ), ARISTOTE, *Physique* IV [222b16–27], H. Carteron ed. Cette idée du temps comme cause d'oubli n'est pas absente du cor-pus maximien, voir : MYST. ΠΡΟΟΙΜΙΟΝ.15ss (660a).

critères permettant de lui octroyer une forme de causalité positive.
Il n'est pas impossible que le mouvement régulier et apparemment
sans fin du ciel admis par la majorité des représentants du néoplatonisme ait permis de sortir partiellement, du moins, de cette impasse.

Simplicius a fait habilement remarquer que :

> Les choses engendrées (τὰ γενητὰ), dont l'essence elle-même et l'exten-
> sion de l'être sont divisibles, ces choses-là ont eu besoin du temps
> (ταῦτα τοῦ μὲν χρόνου ἐδεήθη) pour empêcher que l'extension de leur
> être ne fût dispersée ou confondue, et pour faire en sorte, au contraire,
> que, d'une manière aussi ordonnée que possible, le temps rassemble
> selon l'antérieur et le postérieur cette extension de l'être, et en assure
> la continuité.[127]

Cette thèse présente l'avantage d'inverser la causalité temporelle en
la libérant de la charge de négativité qui semblait jusqu'alors seul
lui convenir. Le premier critère de ce changement est la 'nécessité'
ou plus précisément le besoin de temps pour les êtres qui par l'engendrement connaissent le mouvement et par là une certaine extension
de leur être (ἡ τοῦ εἶναι παράτασις).[128] Cette dernière, comme nous
l'avons mentionné pour le lieu, requiert une mesure salutaire qui
permette aux choses engendrées de ne pas s'éparpiller ou de se fragmenter plus ou moins à l'infini. Lieu et temps sont pour Simplicius
les mesures qui maintiennent le devenir (συνεκτικὰ τῆς γενέσεως) et
si le premier l'est du point de vue de l'extension spatiale, le second
l'est du point de vue de la distanciation de l'être.[129] Nous devons
toutefois faire observer que dans ce texte le temps n'est pas considéré en priorité comme limite mais comme une certaine cause qui
rassemble dans l'ordre selon l'antérieur et le postérieur (ἐν τάξει κατὰ
τὸ πρότερον καὶ ὕστερον) et assure ainsi la cohésion des êtres qui
n'ont pas (ou plus) un mode d'existence unifié.

---

[127] Simplicius, *In Aristotelis categorias commentarium* [364.11–15], K. Kalbfleisch ed. :
« τὰ δὲ γενητὰ καὶ μεριστὴν ἔχοντα τήν τε οὐσίαν αὐτὴν καὶ τὴν τοῦ εἶναι παράτασιν, ταῦτα τοῦ μὲν χρόνου ἐδεήθη μὴ συγχωροῦντος μήτε σκεδάννυσθαι μήτε
συγχεῖσθαι τὴν τοῦ εἶναι παράτασιν, ἀλλ᾽ ὡς δυνατὸν ἐν τάξει κατὰ τὸ πρότερον
καὶ ὕστερον συνάγοντος αὐτὴν καὶ συνεχίζοντος ». La traduction de ce texte nous
a été aimablement communiquée par Philippe Hoffmann.

[128] Sur cette notion : Ph. Hoffmann, « Paratasis. De la description aspectuelle des
verbes grecs à une définition du temps dans le néoplatonisme tardif », *REG* XCVI
(1983) 1–26.

[129] Cf., Simplicius, *In Aristotelis categorias commentarium* [357.10ss], K. Kalbfleisch ed.

Ce que Simplicius affirme indirectement ici à la suite de Jamblique c'est qu'il y a une certaine concomitance entre les êtres engendrés et le temps faisant directement écho à une autre thèse soutenue dans le *Commentaire sur le Timée* du même Jamblique. Ce commentaire confirme que la substance du temps est inséparable des œuvres accomplies par l'action progressive et ordonnée du Démiurge (συντέτακται τῇ διακοσμήσει τῇ ἀπὸ τοῦ δημιουργοῦ προελθούσῃ καὶ ἡ τοῦ χρόνου ὑπόστασις).[130]

Dans le *Corollarium de Tempore*, Simplicius, qui rapporte les propos du *Commentaire sur les Catégories* (aujourd'hui perdu) de Jamblique, soutient la priorité de l'ordre transcendant sur l'ordonné en affirmant :

> Ce n'est pas, comme certains le croient, selon l'ordre naturel de nos actions que le temps est produit ; c'est, au contraire, le temps qui est le principe suivant lequel nos actions s'ordonnent (ἀλλὰ καθ᾽ ὑπόστασιν χρόνου τὰς ἡμετέρας πράξεις εὖ διατάττοντος) ; il ne serait pas possible, en effet, de comparer, dans nos actions, l'état précédent et l'état suivant, si le temps ne subsistait pas par lui-même ; c'est-à-lui qu'est rapporté l'ordre des actions.[131]

L'ordre (τάξις) dont la trace la plus fondamentale se ramène aux deux notions d'antériorité et de postériorité—que Jamblique évoque incontestablement ici sous les notions de précédent (πρῶτον) et de suivant (δεύτερον)—précède êtres, choses et actions. De cette thèse, Jamblique postule une réalité du temps première, intelligible, dégagée—par la pensée—de son rapport au monde physique et dotée d'une manifeste priorité sur les êtres, les choses et les actions qui pourtant s'y conformeront. Cette réalité première est située au niveau de l'activité organisatrice du Démiurge. Cette thèse est très proche du statut et de la fonction de la Providence et du Jugement divins dans le système de Maxime le Confesseur.[132] Il faut de plus noter

---

[130] Cf., SIMPLICIUS, Corollarium de tempore [793.30–34], *In Aristotelis physicorum libros octo commentaria*, H. Diels ed.

[131] SIMPLICIUS, Corollarium de tempore [793.7–11], *In Aristotelis physicorum libros octo commentaria*, H. Diels ed. : « οὐ κατὰ εὐτρεπισμόν, φησίν, ὥς τινες οἴονται, τῶν ἡμετέρων πράξεων, ἀλλὰ καθ᾽ ὑπόστασιν χρόνου τὰς ἡμετέρας πράξεις εὖ διατάττοντος. οὐδὲ γὰρ τὸ πρῶτον καὶ δεύτερον, φησίν, τῶν πράξεων οἷόν τε συλλογίζεσθαι μὴ ὑφεστῶτος τοῦ χρόνου καθ᾽ ἑαυτόν, πρὸς ὃν ἀναφέρεται τὸ τεταγμένον τῶν πράξεων ».

[132] Sur la Providence assurant la cohésion du tout (τὴν συνεκτικὴν τοῦ παντὸς) et sur le Jugement, maintien de la différence des choses, sauvegardant, distinguant, conservant à chaque créature son rapport avec le *logos* selon lequel elle fut conçue,

que la 'suprématie' du temps—en tant notamment qu'il est ici conçu comme cause d'ordre ou ordre ordonnant (τάξιν μὲν οὖν εἶναι τοῦ χρόνου καὶ ἡμεῖς συγχωροῦμεν οὐ μέντοι τὴν ταττομένην, ἀλλὰ τὴν τάττουσαν)[133]—n'empêche nullement qu'il soit, dans l'existant concret, concomitant aux êtres, choses et actions et qu'il régule ainsi mouvements, avènements et événements.

La 'noéra théoria' devait donc permettre à Jamblique et à ses successeurs de fonder la succession ordonnée de l'antérieur et du postérieur non plus dans le phénomène, qu'il soit conçu sous l'aspect du changement, du déroulement de la vie ou même dans l'évolution de la génération cosmique mais de le déterminer comme le dit Simplicius dans le *Corollarium de tempore* :

> ... selon la précédence des causes (κατ᾽ αἰτίων προήγησιν), selon la liaison qui donne cohésion aux réalités advenues par génération (καὶ συμπλοκὴν συνεχῆ τῶν ἀπο γεννήσεων), selon l'activité qui opère en premier (καὶ πρωτουργὸν ἐνέργειαν), selon la puissance capable de perfectionner le mouvement (καὶ δύναμιν ἐπιτελεστικὴν τῶν κινήσεων).[134]

On peut se demander si cette priorité de la cause d'ordre sur l'ordre intervient également dans le monde intelligible. Est-il possible d'admettre que le monde intelligible lui-même soit soustrait à la nécessité d'une certaine organisation ordonnée ? Il est clair que ce qu'il contient ne peut connaître la confusion. Cela induit assez naturellement que chaque forme qui s'y trouve occupe un rang. On ne devrait cependant pas concevoir dans l'*aiôn*—qui est la mesure de l'intelligible—de l'antérieur et du postérieur réglant les parties étendues de tel ou tel composé au sens où nous l'entendons dans le monde sensible mais plutôt sur la forme d'un modèle hiérachique qui voit des choses premières et des choses secondes coexister sans pourtant se confondre. Ce modèle hiérachique pourrait s'apparenter à un rapport *a priori* de la réalité réglant et déterminant l'ordre étendu des choses relevant du monde sensible. C'est ce qu'a, par

---

voir : Amb 10, 1133d. Voir également toujours chez Maxime : Char III.25. Rappelons que la fonction providentielle qui assure la cohésion du tout chez le moine byzantin est attribuée par Simplicius au lieu et au temps qui sont dits maintenir le devenir. Sur le lieu et le temps, mesures qui maintiennent le devenir (συνεκτικὰ τῆς γενέσεως), voir : Simplicius, *In Aristotelis categorias commentarium* [357.10], K. Kalbfleisch ed.

[133] Simplicius, Corollarium de tempore [794.2–4], *In Aristotelis physicorum libros octo commentaria*, H. Diels ed.

[134] Simplicius, Corollarium de tempore [794.10–12], *In Aristotelis physicorum libros octo commentaria*, H. Diels ed.

exemple, démontré Sambursky dans l'introduction de son anthologie—*The Concept of Time in Late Neoplatonism*—en affirmant à propos
du temps intelligible :

> The earlier and the later of intellectual time is not in motion. Its
> points, arranged in an order of earlier or later, do not possess the pro-
> perty of flux, which makes the future pass into the present and the
> present into the past, but it is, as it were, *a static earlier or later*, which,
> moreover, cannot be represented by spatial extension.[135]

Cette dialectique devrait nous permettre d'établir une similarité de
structure entre l'intelligible et le sensible. Mais alors que le premier
ne connaît que des rapports inétendus des formes qu'il contient, le
second les voit inscrit dans la matière et l'espace du monde. Le sensible transcrit dans la visibilité de certains rapports (qu'il relève de
la bonne disposition des choses composées ou de l'ordre de succession de leurs avènements et développements) l'invisible de rapports
transcendants. Cet effet de miroir est très proche des rapports de
proportions mathématiques que le pythagorisme voulait déceler dans
l'organisation de l'Univers.

2.b.9. *L'ordre temporel dans l'économie cosmique de Maxime le Confesseur*

Le temps comme mesure sanctionne les étapes d'un processus. Nous
avons vu que celui-ci pouvait être fort varié mais qu'il supposait,
dans tous les cas, le mouvement. Quel que soit le processus analysé,
il apparaît qu'il est soumis, ou plus précisément qu'il s'inscrit dans
une structure temporelle *a priori* (i.e. un ordre immuable). C'est vraisemblablement sur une telle base que Maxime dût fonder sa théorie de l'économie divine sur le monde tout entier.

Le système du monde proposé par le Confesseur est pris dans un
mouvement global de diastole et de systole [AMB 10, 1077bc]. Ce

---

[135] S. SAMBURSKY, *The Concept of Time in Late Neoplatonism*, p. 16 ; Sambursky tire
ainsi toutes les conséquences de la dialectique intelligible-sensible qui apparaît dans
le *Commentaire sur le Timée* de Jamblique et dont Simplicius nous a conservé plusieurs
traces ; par exemple : « Ce qui existe comme paradigme dans l'intelligible, existe
comme image dans ce qui est engendré ; ce qui là-bas est conforme à l'aiôn, relève
ici du temps ; ce qui est présent maintenant déjà dans l'intelligible sur le mode de
l'être est ce qui, dans les choses qui sont ici, survient sans cesse sur le mode du
continu (κατὰ συνέχειαν). Pareillement, l'étant qui est en soi se fait voir en ces
lieux-ci comme passé, présent et futur. *Il est vu là inétendu, ici étendu par différenciation*
(τὸ ἀδιάστατον ἐκεῖ διεστηκὸς ἐνταῦθα) », in : SIMPLICIUS, *Corollarium de tempore*
[794.30–35], *In Aristotelis physicorum libros octo commentaria*, H. Diels ed.

mouvement et par suite l'étendue naturelle de l'être des êtres est retenu par des limites que nous avons pu identifier comme des limites spatiales (cf., *supra* l'analyse d'*Ambiguum* 10). Pour le moine byzantin, tout comme pour le néoplatonisme, ce sont également des limites temporelles (i.e. le commencement et la fin) quand bien même elles paraissent échapper à une saisie immédiate. Le monde maximien que la *Mystagogie* nous fera entrevoir comme l'imbrication de deux mondes n'est pas éternel (i.e. n'est pas sans commencement).[136] Cela signifie tout d'abord, disions-nous, qu'il n'est pas divin (seul ἄναρ-χος). Il a commencé par du mouvement et connaîtra une fin qui n'est pas, selon une doctrine bien attestée chez Maxime, cessation du mouvement mais mouvement stable.[137] Maxime fournit dans les *Questions à Thalassios* une interprétation théologique de cette temporalité globale du monde en l'inscrivant dans le mystère de l'Incarnation du Verbe. Pour le moine byzantin, Dieu a divisé les siècles en deux grandes périodes. Une première partie des siècles appartient au temps de la descente de Dieu vers l'homme, l'autre au temps de l'élévation de l'homme vers Dieu. La première période est vouée à réaliser l'incorporation de Dieu dans l'humanité, la seconde vise à produire la déification de l'homme.[138] C'est dans la seconde période de l'âge du monde—qui voit l'humanité opter ou non pour le projet de divinisation ouvert par l'Incarnation[139] que se situe Maxime dans son

---

[136] Pour la totalité du raisonnement chez Maxime, voir : Amb 10, 1176d–1177a : « Qui (. . .) ne repoussera aisément l'erreur que le monde n'a pas de commencement (ἄναρχον), raisonnant en vérité que tout mû (κινούμενον) a commencé (ἤρξατο) par du mouvement (κίνησις) ? Aucun mouvement n'est sans commencement puisqu'il n'est pas sans cause, car le moteur (τὸ κινοῦν) est un principe, et la fin—qui appelle et attire—vers laquelle tout se meut est une cause. Si le moteur est principe de tout mouvement de tout mû, et fin, la cause vers laquelle est porté le mû (rien ne se meut sans cause), aucun des êtres n'est immobile si ce n'est le premier moteur [le premier moteur en effet est immobile (ἀκίνητον) car aussi sans commencement] ; aucun des êtres donc n'est sans commencement car aucun n'est immobile. Tous les êtres, de quelque manière que ce soit, se meuvent à l'exception de la cause unique, immobile et au-delà de tout (ὑπὲρ πάντα) ».

[137] Sur le repos toujours en mouvement (ἀεικίνητος στάσις) chez Maxime, voir notamment : Thal 25.72–80 ; Thal 59.130–133 ; Thal 65.541–549 ; Myst 5.376ss (676d–677a) ; Myst 19.751ss (696c).

[138] C'est le cœur même de Thal 22.

[139] Projet que l'on pourrait résumer par un mouvement descendant de Dieu vers la chair (qui est un terme générique pour exprimer la totalité du monde sensible) et un mouvement ascendant de la chair vers Dieu. Cette thèse curieuse pour la philosophie platonicienne fut assez radicalement écartée de l'économie cosmique païenne. D'un point de vue plus strictement philosophique, il s'agit bien d'un pas-

exposé sur les symboles de la synaxe développé dans le deuxième volet de la *Mystagogie*.

Cette interprétation plus théologique des théories sur le temps du système maximien témoigne dans leur mode propre de la trace intra-mondaine d'un ordre divin *a priori* réglant non seulement l'appari-tion des êtres et des choses mais apportant le cas échéant un correctif salutaire à l'apparente inévitable dispersion et disparition des êtres et des choses. C'est ainsi que l'on pourrait par exemple compren-dre 'l'ordonnancement sacré de la sainte Eglise' (ἡ τῆς ἁγίας ἐκκλησίας ἱερὰ διάταξις [MYST 13.668 (692b)]). Ainsi est introduit un aspect de la conception maximienne du temps s'apparentant au topique jamblichéen qui a longuement retenu notre attention. Cet aspect sug-gère l'idée d'un temps transcendant ou plus précisément d'un ordre *a priori* transcendant les êtres, les choses et leurs avènements que Dieu possède en lui mais dont la trace est intramondaine. Cette thèse s'ancre dans l'*Ambiguum* 10 lorsque le Confesseur affirme : « . . . les raisons du temps demeurent en Dieu (οἱ λόγοι τοῦ χρόνου ἐν τῷ Θεῷ διαμένωσιν [1164b]) ». Ces raisons du temps peuvent en effet se réduire d'un point de vue strictement logique à la catégorie πότε comme condition *sine qua non* de l'être des étants. Il comporte vraisemblablement les rapports d'antériorité et de postériorité tels qu'ils ont été précédemment définis. Nous pouvons également sup-poser qu'ils embrassent tant l'inétendu de l'*aiôn*—dont nous aurons à repréciser le statut dans le système maximien—que l'écoulement du temps.

Ce second chapitre nous a permis de préciser plusieurs concepts-clés directement liés aux deux catégories ποῦ et πότε et replacés ici dans leur environnement philosophique. Ces deux petites catégories occupent dans le système de Maxime une prééminence qu'elles n'ont jamais connu dans la philosophie néoplatonicienne elle-même. Nous les avons appelés catégories 'mères' dans le sens où elles sont les conditions nécessaires à l'avènement de l'être des étants. Ce sont les seuls qui sont définies par Maxime comme leur condition *sine qua non* d'existence. Les termes et les rapports de termes qui en décou-lent peuvent être schématisés comme suit :

---

sage de l'un à la multiplicité qui paraît avoir perdu son statut de pluralité unifiée, et de la multiplicité à l'un. Le cœur de ce mouvement étant, pour la compréhen-sion chrétienne, l'Incarnation du Verbe.

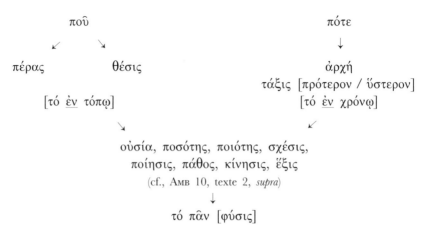

Ce schéma présente des termes et des rapports de termes. Ces rapports structurés et structurants sont universels dans le système du moine byzantin. Nous entendons par là qu'ils remplissent les conditions d'un *analogon* de référence qui traverse tous les secteurs du réel et témoigne d'une des conceptions les plus puissantes de la nature créée qu'ait connue la première scolastique byzantine. Nous ne voulons pas nécessairement induire que les propos de l'*Ambiguum* 10 cherchaient à exposer une cosmologie mais ils devaient indubitablement y préparer. Il est par contre beaucoup plus probable que la *Mystagogie* expose une application cosmologique—par le truchement de la typologie spatio-temporelle de *l'ecclesia*—des principes généraux que nous avons défini plus haut en les inscrivant dans un schéma visible de portée universelle.

L'*ECCLESIA* SOUS LE RAPPORT DU LIEU ET DU TEMPS

Ce troisième chapitre devrait permettre d'opérer une vérification du postulat selon lequel la *Mystagogie* peut être lue sur la base d'un diptyque comprenant un premier volet proposant une typologie spatiale et un second volet une typologie temporelle. Ce troisième chapitre tiendra amplement compte de la structure rhétorique décelée dans la *Mystagogie*. On doit y analyser des textes touchant au problème du statut de l'*ecclesia* maximienne, notamment la question de l'espace ecclésial et les implications philosophiques qu'elle présuppose. On y tentera aussi de comprendre en quoi la description du rite et le commentaire symbolique qui l'accompagne contribuent à élucider du point de vue temporel la question d'un possible 'ordre *a priori*' de la réalité que l'âme en quête d'intelligibilité du monde cherche à établir.

On objectera peut-être que l'étude physique du lieu ne peut en aucun cas être abordée par la description d'un édifice. On peut convenir en effet qu'il pourrait être inadéquat de confondre l'analyse d'une catégorie de nature avec ce qui ressort d'un art, d'une *technè*. Pourtant, la tradition philosophique qui remonte à Aristote a laissé ouvert le champ à une investigation parallèle des choses de la nature et des choses relevant de l'art (ici l'architecture) notamment par l'étude des causes explicatives de chacun de ces deux domaines que ces causes soient matérielles, formelles, efficientes ou finales.[1] On trouve chez Philopon une théorie qui témoigne de la réception de cette thèse dans le monde byzantin. Il établit une certaine similitude entre l'architecture et la nature en affirmant notamment : « L'art est une imitation de la nature (ἡ γὰρ τέχνη τῆς φύσεώς ἐστιν μίμημα) ».[2]

---

[1] Cf., Aristote, *Physique* II.2 [194a21ss] & II.8 [199a15ss], H. Carteron ed. ; *Métaphysique* B [996b5ss] ; Aristote, *Métaphysique* Λ [1070b29ss], W.D. Ross ed. : « ... pour une maison, la matière ce sont les briques, la forme, l'idée de la maison, la privation un certain désordre, et la cause efficiente l'art de bâtir » mais aussi Métaphysique Λ [1075a19], W.D. Ross ed. : « ... tout est ordonné à une fin. Il en est du monde comme d'une maison », traduction J.Tricot ; voir également: O. Hamelin, *Le système d'Aristote*, p. 302.

[2] Jean Philopon, *De aeternitate mundi contra Proclum* [370.10], H. Rabe ed. Sur le sujet, la remarque de S. Sambursky, *The Concept of Place in Late Neoplatonism*, p. 24 :

La *technè* dont il est ici question se réfère à la construction d'une maison et nécessite l'aquisition de compétence en mathématiques, notamment en géométrie et en arithmétique. Parallèlement mais par bien des aspects différent de Philopon, il faut mentionner une importante tradition exégètique judéo-chrétienne qui associait la structure du Tabernacle révélé à Moïse sur la montagne[3] et la structure de l'univers. Parmi les représentants de cette tendance se trouve Cosmas Indicopleustès qui, par son étude du symbolisme cosmique du Tabernacle, témoigne d'une préoccupation, semble-t-il, répandue chez les auteurs chrétiens des VIème et VIIème siècles, à savoir : proposer une explication de l'ordre du monde qui s'accorde avec les données de l'Ecriture sainte.[4] On peut admettre que la philosophie de l'Antiquité tardive a préparé l'aspect novateur de la représentation maximienne du monde à partir de l'*ecclesia*. Pour rappel, tenons que par une démarche à la fois introspective et ascendante, l'âme fuyant

---

« Philoponus agrees with Aristotle's comparison of a properly built house with an object of nature, in that both have parts arranged in a proper relative position to each other ». Philopon a précisé ailleurs les modalités et les limites de ce rapprochement en montrant notamment que si l'on pouvait affirmer que la nature possédait en propre le principe du mouvement, il n'en n'était pas de même pour les objets produits par l'art, voir : JEAN PHILOPON, *In Aristotelis physicorum libros octo commentaria* [16.200.20ss], H. Vitelli ed.

[3] Cf., *Exode* 25.8ss. On consultera avec profit les notes d'A. Le Boulluec et P. Sandevoir dans l'édition française de la *Septante : La Bible d'Alexandrie* LXX. 2. L'Exode, p. 252ss.

[4] Cf., COSMAS INDICOPLEUSTÈS, *Topographie chrétienne*, t.I [II.35, 36 ; III.16, 51–55 ; IV.1ss (voir les nombreux croquis de Cosmas)], W. Wolska-Conus ed. ; *Topographie chrétienne*, t.II [V.248], W. Wolska-Conus ed. ; *Topographie chrétienne*, t.III [VII.87], W. Wolska-Conus ed. On peut noter le souci apologétique de Cosmas qui tente de démontrer l'incompatibilité de la sphéricité de l'univers affirmée par les courants les plus importants de la philosophie avec le cosmos révélé par l'Ecriture ; sur ce sujet et l'accord présumé entre la révélation biblique et les sciences de la nature : COSMAS INDICOPLEUSTÈS, *Topographie chrétienne*, t.III [VII.82ss], W. Wolska-Conus ed. Voir également : W. WOLSKA, *Recherche sur la 'Topographie chrétienne' de Cosmas Indicopleustès. Théologie et science au VIe siècle*, Paris, PUF, 1962. Sur la double valeur du Tabernacle, copie et en même temps figure ou type de l'univers, voir également les textes d'un représentant de la même tendance que Cosmas, Théodore de Mopsueste. Ils ont été réunis par R. DEVREESSE, *Essai sur Théodore de Mopsueste*, Città del Vaticano, Studi e Testi 141, p. 25–27. Cette thématique pourrait remonter à la tradition juive déjà puisqu'on la trouve chez Flavius Josèphe qui affirme : « ... cette division de la Tente imitait la disposition de la nature universelle (μίμησιν τῆς τῶν ὅλων φύσεως) » [Ant.Jud. III.6.3 (123)], in : FLAVIUS JOSÈPHE, *Les Antiquités juives*, E. Nodet ed. Voir également : PHILON D'ALEXANDRIE, *De vita Mosis* [II.74–76], R. Arnaldez et al. eds. ; *Quaestiones in Exodum* [II.52,58], A. Terian ed. Question reprise dans la recherche contemporaine, in : R. GOULET, *La Philosophie de Moïse. Essai de reconstruction d'un commentaire philosophique préphilonien du Pentateuque*, notamment le sixième chapitre : le culte et le sanctuaire, p. 394ss.

l'apparence des choses sensibles dans laquelle elle s'est jusqu'alors égarée entre au terme du parcours initiatique proposé par la *Mystagogie*—comme dans une église—dans l'étude en esprit des choses de ce monde. Il est intéressant de relever ici la transformation que subit la *physikè théoria* traditionnelle qui devient 'étude de la nature en esprit' (τὴν ἐν πνεύματι φυσικὴν θεωρίαν)[5] car l'*ecclesia* maximienne propose à l'âme douée de perception et de raison l'ordre adéquat des éléments du monde créé dans leur rapport mutuel (i.e. un juste rapport de choses). Une fonction similaire a été dévolue par Proclus à la science mathématique attestant l'existence de structures stables dans le champ mouvant de la nature. En voici les termes :

> C'est à la contemplation des objets de la nature que la science mathé-matique s'applique au plus haut point en mettant en évidence, comme Timée le dit quelque part, le bon ordre des rapports dans lesquels l'Univers a été fabriqué (τήν τε τῶν λόγων εὐταξίαν ἀναφαίνουσα, καθ' ἣν δεδημιούργηται τὸ πᾶν) et la proportion qui a relié toutes choses qui existent dans le monde (καί ἀναλογίαν τὴν πάντα τὰ ἐν τῷ κόσμῳ συνδήσασαν).[6]

Pour l'*Ambiguum* 10 de Maxime, c'est le privilège des saints de pouvoir concevoir le bon ordre de la création, la proportion[7] et le commerce que chacun entretient avec le tout (Οὕτω μὲν οὖν τὴν κτίσιν κατανοήσαντες οἱ ἅγιοι, καὶ τὴν εὐκοσμίαν αὐτῆς καὶ τὴν ἀναλογίαν καί τὴν χρείαν, ἣν ἕκαστον παρέχεται τῷ παντὶ) mais également de concevoir la pérénnité, l'ordre et la position des êtres qui y sont nés (οὕτω δὲ τὴν διαμονήν, τὴν τε <u>τάξιν</u> καὶ τὴν <u>θέσιν</u> τῶν γεγονότων).[8] Nous retrouvons les deux notions d'ordre (τάξις) et de position (θέσις). Elles

---

[5] Cf., MYST 4.270–272 (672b) ; 4.277–279 (672c) ; 23.802–803 (697d).

[6] PROCLUS, *In primum Euclidis elementorum librum commentarii* [22.17ss], G. Friedlein ed. La même idée est exprimée chez Jamblique, in : JAMBLIQUE, *De communi mathe-matica scientia liber* [15.25–33], N. Festa ed.

[7] On peut lui comparer la définition de Proclus : « La proportion (analogia) toute première avec laquelle la Nature met de l'harmonie en ses ouvrages et selon laquelle le Démiurge organise l'Univers est une certaine vie une, c'est-à-dire un principe (logos) créateur unique qui pénètre à travers toutes choses . . . », in : PROCLUS, *In Platonis Timaeum commentaria* [II.24.2ss], E. Diehl ed., traduction A.-J. Festugière.

[8] Pour l'intégralité du passage : AMB 10, 1176bc. Dans le même *Ambiguum*, Maxime rapporte la pérénnité, l'ordre et la position des êtres mais aussi la cohésion des extrêmes par les intermédiaires à la Providence divine. Cf., AMB 10, 1188d–1192a. Maxime s'inspire probablement de la section Περὶ προνοίας (42) du *De natura hominis* de Némésius : « ἡ γὰρ διαμονὴ τῶν ἁπάντων καὶ μάλιστα τῶν ἐν γενέσει καὶ φθορᾷ, καὶ ἡ θέσις καὶ ἡ τάξις τῶν ὄντων ἀεὶ φυλαττομένη κατὰ τὸν αὐτὸν τρόπον . . . », in : NEMESIUS D'EMÈSE, *De natura hominis* [120.25–121.1ss], M. Morani ed.

renvoient directement à la problématique du temps et du lieu. Ce rapprochement sémantique remonte, comme nous l'avons déjà signalé, à Aristote qui dès le livre des *Catégories* range le lieu du côté des quantités constituées de parties ayant une position réciproque (Ἔτι δὲ τὰ μὲν ἐκ θέσιν ἐχόντων πρὸς ἄλληλα τῶν ἐν αὐτοῖς μορίων συνέστηκεν [5a15–16]) et le temps, du côté des quantités continues constituées de parties n'ayant pas dans leur cas de position réciproque, mais un certain ordre en vertu duquel l'une est antérieure et l'autre postérieure (ἀλλὰ μᾶλλον τάξιν τινὰ εἴποις ἂν ἄχειν τῷ τὸ μὲν πρότερον εἶναι τοῦ χρόνου τὸ δ' ὕστερον [5a28–30]).

L'étroite parenté de l'étude de la nature et, dans la *Mystagogie*, de l'étude d'un édifice sera évaluée dans ces pages. L'objectif des théories maximiennes se propose en fait d'engager une étude de la nature (comme nous l'affirmions précédemment : la nature, c'est-à-dire '*ce qui est et devient*' et les lois internes qui le régissent) en partant d'un édifice. Par sa configuration (τῇ κατὰ τὴν θέσιν τοῦ σχήματος ποιᾷ ἰδιότητι [MYST 2.212 (668d)]), ce dernier révèle l'existence d'un rapport harmonieux des choses de ce monde lorsqu'elles sont appréhendées à partir de leur *logos* qui dit à la fois la détermination essentielle, le nom, la proportion et le rapport équilibré des parties du composé.

3.a. *Première* théoria. *De l'agir divin à la puissance d'union de* l'ecclesia

La *Mystagogie* de Maxime est introduite par deux théories. La première veut exposer comment et de quelle manière l'*ecclesia* peut être considérée comme type et image de Dieu et la seconde en quoi l'*ecclesia* est type et image de la totalité du monde composé d'essences visibles et invisibles. Cette entrée en matière nous montre que l'*ecclesia*, dans la pensée de Maxime, occupe une position intermédiaire. Elle révèle les linéaments d'un système basé sur des rapports analogiques qui traversent tous les domaines du monde créé. Cette approche ne peut guère prétendre à l'objectivité de la mesure scientifique, les informations que nous donnent Maxime sont assez sommaires. Ce postulat maximien autorise cependant le repérage de rapports vraisemblables d'un bout du monde à l'autre.

3.a.1. Ecclesia, *image et type de Dieu [Myst 1], traduction et remarques préliminaires*

Selon une première conception théorique, ce bienheureux vieillard disait que la sainte *ecclesia* porte le type et l'image de Dieu, en tant qu'elle a la même activité que lui par imitation et type.

Car Dieu ayant fait toutes choses par son infinie puissance, les ayant amenées à l'être, leur donne cohésion, les rassemble, les circonscrit, fixe solidement par providence les uns dans les autres et en lui-même les intelligibles et les sensibles, tient fortement toutes choses autour de lui en tant que cause, principe et fin.

Il fait que les choses divergeant par nature les unes des autres convergent les unes vers les autres par une unique puissance de relation à lui comme principe, puissance selon laquelle toutes choses sont conduites à une identité de mouvement et d'existence sans différence ni confusion. Aucun parmi les êtres n'est, dans le principe, en dissension et séparé de nul autre par une différence de nature ou de mouvement. Tous, sans mélange, s'unissent à tous par l'unique relation indissoluble et la sauvegarde du seul principe et cause ; sauvegarde qui abolit et voile toutes les relations particulières en toutes choses considérées selon la nature de chacun des êtres, non pour les corrompre ou les faire périr ou les faire non-être mais pour en être victorieux et être manifesté au dessus d'eux comme la totalité l'est des parties.

La cause de cette même totalité est ainsi rendue manifeste. Cause par laquelle la totalité même et les parties de la totalité ont naturellement l'apparaître et l'être en tant qu'elles possèdent entièrement leur propre cause brillant au dessus d'elles, comme le soleil couvre par son éclat la nature et la puissance des astres, ainsi elle voile leurs existences comme cause des causés. Comme les parties sont par nature issues de la totalité, ainsi les causés tirent de la cause, le fait d'être à proprement parler, d'être connus et d'avoir leur propriété particulière distincte, lorsque saisis ensemble par leur rapport à la cause, celle-ci les qualifie entièrement, comme on l'a dit, par l'unique puissance de relation à elle.

Etant tout en tout, le Dieu tout-unique, par d'infinies mesures au-delà de tout, sera vu par ceux qui ont une pensée pure, lorsque l'intellect, ayant théorétiquement recueilli les raisons des êtres, s'arrêtera à Dieu comme cause, principe et fin de l'avènement et de la génération des êtres et fondement inétendu de la cohésion de tout.

De la même manière, la sainte *ecclesia* de Dieu sera montrée comme opérant à notre égard les mêmes choses que Dieu, comme l'image de l'archétype.

En effet, nombreux et presque infinis en nombre sont les hommes, les femmes, les enfants qui entrent en elle, divisés et différents au plus haut point les uns des autres, par genre et espèce, ethnie, langues, styles de vie, âges, opinions, métiers, façons de faire, mœurs, habitudes,

et encore par les sciences, les rangs, les fortunes, les caractères et les
états ; par elle, ils sont régénérés et recréés dans l'Esprit.

A tous, elle donne avec égalité et confère une forme divine unique
et un nom commun, le fait d'être et d'être appelé à partir du Christ
et, par la foi, une relation unique, simple, sans-partie et indivisible,
qui ne permet pas de faire connaître les nombreuses et inexprimables
différences existant entre chacun d'eux ni même s'il en existe à cause
du rapport universel et la réunion de tous en elle ; réunion selon laquelle nul n'est, par soi-même, séparé en absolument rien de ce qui
est commun.

Tous s'unissent les uns aux autres et sont conjoints par la grâce et
puissance unique, simple et indivisible de la foi.

Car, dit-il, ils avaient tous un cœur et une âme unique. Constitué
de différents membres, le corps est et se fait voir 'un', comme il est
en réalité digne du Christ même, notre vraie tête, en qui, dit le divin
apôtre, il n'y a ni masculin ni féminin, ni juif ni grec, ni circoncision
ni incirconcision, ni barbare ni scythe, ni esclave ni homme libre, mais
étant tout en tous il enferme tout en lui-même selon une unique, simple, infiniment sage puissance de bonté,

comme un centre, de droites tirées de lui, il ne permet pas, par une
cause et puissance unique, simple et unitaire, que les principes des êtres
s'éloignent avec les limites, circonscrivant leur expansion en un cercle.

Il ramène à lui-même les divisions des êtres advenus par lui afin
que ne soit pas totalement étrangères ou ennemies les unes des autres
les créations et productions venues du Dieu 'un', qu'elles n'aient pas,
au sujet de quoi que ce soit, ni en quelque endroit à prouver bien-
veillance et attitude pacifique et leur identité réciproque et qu'on craigne
pour elles que leur être propre ne déchoit vers le non-être en étant
séparé de Dieu.

Image de Dieu est donc, comme il a été dit, la sainte *ecclesia* en tant
qu'elle opère envers les fidèles la même union que Dieu, même si, les
êtres unifiés en elle par la foi sont encore trouvés dans des formes particulières provenant de leurs différences, lieux et modes de vie. Union
qu'il est naturel à Dieu d'opérer sans confusion en ce qui concerne
les essences des êtres, en atténuant et en intégrant dans l'identité leurs
différences, comme cela a été démontré, par le rapport et l'union à
lui-même comme cause, principe et fin [MYST 1.128–206 (664d–668c)].

Commençons par quelques remarques préliminaires. La principale
difficulté de lecture de cette théorie, qui comprend un théorème,[9]
une démonstration par mode de comparaison et une conclusion, tient
à sa longueur. Qui plus est, Maxime met en jeu de nombreux ter-

---

[9] Que l'on doit ici comprendre dans le sens donné par le Littré (art. : 'théorème') :
« Toute proposition qui a besoin d'une démonstration pour devenir évidente ».

mes techniques qui doivent être expliqués à la lumière de leur usage dans la tradition culturelle, philosophique et patristique, qui les ont vus se préciser, précisions auxquelles le moine byzantin va contribuer de façon déterminante. Certaines de ces notions doivent faire l'objet d'une étude approfondie. Tout comme on a pu le constater pour la totalité de la *Mystagogie*, cette première théorie est bien construite. Maxime excelle dans l'usage des structures binaires qui dans le cas des théories de la *Mystagogie* sont essentiellement comparatives.

3.a.2. *Plan général de la première théoria sur l'*ecclesia

La première théorie prétend comparer Dieu et l'*ecclesia* non pas en soi mais l'opération de l'un et l'agir de l'autre. C'est en effet sur une certaine puissance et qualité d'action que Maxime veut relever des termes de comparaison possible entre Dieu et l'*ecclesia*. Si l'on veut être exact on doit même dire que leurs agirs respectifs sont analysés, par préférence, du point de vue de l'effet produit.

- Théorème : l'*ecclesia*, image et type de Dieu en tant qu'elle a la même activité que lui par imitation et type.
- Démonstration :
  - Premier terme de comparaison : l'activité de l'archétype.
    De « Car Dieu ayant fait toutes choses par son infinie puissance » (Ὥσπερ γὰρ ὁ θεὸς πάντα τῇ ἀπείρῳ δυνάμει ποιήσας [1.132 (664d)]) à « fondement inétendu de l'enveloppement de tout » (καὶ πυθμένα τῆς πάντων περιοχῆς ἀδιάστατον [1.162 (665bc)]).
  - Second terme de comparaison : l'activité de l'image.
    De « De la même manière, la sainte ecclesia de Dieu sera montrée comme opérant à notre égard les mêmes choses que Dieu, comme l'image de l'archétype » (κατὰ τὸν αὐτὸν τρόπον καὶ ἡ ἁγία τοῦ θεοῦ ἐκκλησία τὰ αὐτὰ τῷ θεῷ περὶ ἡμᾶς, ὡς ἀρχετύπῳ εἰκών, ἐνεργοῦσα δειχθήσεται [1.163.165 (665c)]) à « . . . que leur être propre ne déchoit vers le non-être en étant séparé de Dieu » (καὶ αὐτὸ τὸ εἶναι εἰς τὸ μὴ ὂν μεταπεσεῖν, τοῦ θεοῦ χωριζόμενον [1.197–198 (668b)]).
- Conclusion de la démonstration (Εἰκὼν μὲν οὖν ἐστι θεοῦ, καθὼς εἴρηται, ἡ ἁγία ἐκκλησία [1.199 (668b)]).
  - Activité 'unifiante' de l'*ecclesia* sur les fidèles (ὡς τὴν αὐτὴν τῷ θεῷ περὶ τοὺς πιστοὺς ἐνεργοῦσα ἕνωσιν [1.200 (668b)]).
  - Activité 'unifiante' de Dieu sur les essences des êtres (ἣν περὶ τὰς οὐσίας τῶν ὄντων ἀσυγχύτως αὐτὸς ἐνεργεῖν πέφυκεν ὁ θεός [1.203–204 (668c)]).

Le plan général de la première *théoria* est assez simple. Sa structure binaire se trouve dès les premières lignes dans l'énoncé du théorème

à démontrer. On y met côte à côte Dieu et l'*ecclesia* qui sont comparés au niveau de leurs agirs. Il n'est guère difficile de reconnaître
la notion clé de cette première *théoria*. Le concept 'activité' (ἡ ἐνέργεια)
en effet domine et organise l'exposé maximien. Dès le théorème initial, ce terme indique 'en quoi' l'*ecclesia* porte l'image et le type de
Dieu (ὡς τὴν αὐτὴν αὐτῷ κατὰ μίμησιν καὶ τύπον ἐνέργειαν ἔχουσαν).
Cette notion réapparaît au début du deuxième terme de comparaison qui démontre l'action de l'*ecclesia* (ὡς ἀρχετύπῳ εἰκὼν, ἐνεργοῦσα
δειχθήσεται [1.164–165 (665c)]). On la retrouve enfin deux fois sous
sa forme verbale dans la conclusion de la démonstration. Elle est
alors clairement associée à l'idée d'unification. C'est son sens général.
Maxime va spécifier cette fonction par l'usage de nombreux verbes
qui intéressent particulièrement la présente enquête. Si cette activité
se situe pour Dieu au niveau des êtres entendus de façon très générale
(τὰ πάντα [1.132 (664d) ; 1.136 (664d) ; 1.139 (665a)] ; τά τε νοητὰ καὶ
τὰ αἰσθητά [1.134–135 (664d)] ; περὶ τὰς οὐσίας τῶν ὄντων [1.203
(668c)]), pour l'*ecclesia*, l'agir porte sur ceux qui entrent en elle (περὶ
ἡμᾶς [1.164 (665c)] ; πολλῶν γὰρ ὄντων καὶ ἀπείρων ἀριθμῷ σχεδὸν
ἀνδρῶν τε καὶ γυναικῶν καὶ παίδων [1.165–166 (665c)] ; περὶ τοὺς πιστοὺς
[1.200 (668c)]). Son activité s'exerce sur la communauté humaine,
celle de Dieu sur la totalité de l'univers (ὁ σύμπας κόσμος). Le 'monde
tout entier' deviendra un des deux termes de comparaison de la seconde *théoria*.

3.a.3. *Les formes d'activité* (ἐνέργεια). *Spécification de l'agir divin*

Si la comparaison se propose de mettre en parallèle un agir, il est
essentiel de spécifier les formes de cet agir en relevant les verbes
d'action employés par Maxime et dont Dieu se trouve être le sujet.
Ces verbes doivent faire l'objet d'un examen attentif. Il faut si possible tenter d'évaluer leur pertinence philosophique mais également
de voir dans quelle mesure l'image-*ecclesia* en tant qu'elle est active
peut en un sens revendiquer certains d'entre eux et ceci afin de préciser les modes de son propre agir. Cette thèse doit pouvoir, en partie du moins, être philologiquement fondée. Myst 1 part du constat
suivant :

Archétype (Dieu)

Image (*ecclesia*) Même activité que lui (ὡς τὴν αὐτὴν αὐτῷ κατὰ μίμησιν
καὶ τύπον <u>ἐνέργειαν ἔχουσαν</u> [Myst 1.130–131 (664d)])

Nous verrons par la suite comment comprendre ce qui paraît être une modalité de l'agir de l'*ecclesia* : 'par imitation et type' (κατὰ μίμησιν καὶ τύπον).

Maxime spécifie l'agir divin par les verbes suivants :

- Car Dieu *ayant fait* toutes choses par son infinie puissance (Ὥσπερ γὰρ ὁ θεὸς πάντα τῇ ἀπείρῳ δυνάμει ποιήσας)
- les *ayant amenées à l'être* (εἰς τὸ εἶναι παραγαγὼν)
- leur *donne cohésion* (συνέχει)
- les *rassemble* (συνάγει)
- les *circonscrit* (περιγράφει)
- *fixe solidement* par providence les uns dans les autres et en lui-même les intelligibles et les sensibles (ἀλλήλοις καὶ ἑαυτῷ προνοητικῶς ἐνδια-σφίγγει τά τε νοητὰ καὶ τὰ αἰσθητά)
- *tient fortement* toutes choses autour de lui en tant que cause, principe et fin (περὶ ἑαυτὸν ὡς αἰτίαν καὶ ἀρχὴν καὶ τέλος πάντα περικρατῶν).
- *Il fait* que les choses divergeant par nature les unes des autres convergent les unes vers les autres par une unique puissance de relation à lui comme principe, puissance selon laquelle toutes choses sont conduites à une identité de mouvement et d'existence sans différence ni confusion (τὰ κατὰ τὴν φύσιν ἀλλήλων διεστηκότα κατὰ μίαν τὴν πρὸς αὐτόν, ὡς ἀρχήν, σχέσεως δύναμιν ἀλλήλοις συννενευκότα ποιεῖ, καθ' ἣν εἰς ταυτότητα κινήσεώς τε καὶ ὑπάρξεως ἀδιάφορόν τε καὶ ἀσύγχυτον ἄγεται τὰ πάντα).

Les deux premières actions divines sont apparentées ; 'faire' (ποιήσας) et 'amener à l'être' (εἰς τὸ εἶναι παραγαγὼν)[10] présentent une manifeste proximité sémantique. Elles sont par ailleurs toutes deux au passé. Le verbe (εἰς τὸ εἶναι) παραγαγὼν qui introduit l'idée d'avènement des êtres créés réapparaît au terme de la première démonstration dans sa forme substantivée : « Dieu comme cause, principe et fin de l'avènement et de la génération des êtres » (ὡς αἰτίαν καὶ ἀρχὴν καὶ τέλος τῆς τῶν ὅλων παραγωγῆς καὶ γενέσεως [Myst 1.161–162 (665b)]), cette reprise provoque un net effet d'inclusion.

Les actions divines consécutives sont par contre au présent et convergent vers une idée centrale : la forte tenue de ce qui a été produit. Cette idée a déjà été rencontrée plus haut lorsque nous évoquions

---

[10] Cette forme (εἰς τὸ εἶναι παραγαγὼν) sert en général à désigner dans la tradition patristique ce qu'il est convenu d'appeler la création *ex nihilo* (ἐκ τοῦ μὴ ὄντος). Cette question ne sera pas abordée ici car elle mériterait à elle seule une étude historique sérieuse qui nécessiterait un 'quadrillage' très important des Cappadociens à Jean Philopon. Elle déborde largement le cadre de la présente recherche.

le système de production du monde et l'écoulement illimité des choses
ou même leur impossibilité à exister sinon dans une limite contenante, à savoir la spatio-temporalité.

Le choix des verbes est particulièrement intéressant. On se demande
parfois la raison d'une telle redondance en des termes qui présentent une si claire affinité. On s'étonne également de ce que Maxime
n'ait pas éprouvé la nécessité d'apporter quelques précisions sur leur
usage. Le caractère assez austère de cette liste invite à replacer ces
'puissances d'actions' dans leur contexte philosophique. Cette opération nous montrera qu'elles présentent plusieurs points de contact
avec la terminologie néoplatonicienne traitant d'un topique similaire
à celui de Maxime, la Démiurgie et l'action providentielle du divin.

Les verbes qui expriment les formes d'agir consécutif à la production de toutes choses s'enchaînent sans explication (συνέχει, συνάγει,
περιγράφει).

Cherchons à préciser leur signification :

a) Συνέχει (donner cohésion : plusieurs variantes de sens sont possibles pour ce verbe comme : 'maintenir ensemble', 'réunir en un tout'
ou même 'contenir', non toutefois avec l'idée d'enveloppement qui
est plutôt induite par un autre verbe : περιέχειν.[11] Le concept d'enveloppement (περιοχή) fait néanmoins partie des idées véhiculées par
Maxime dans la première démonstration de la Mystagogie. Elle est
même la dernière notion importante de cette partie : « . . . Dieu
comme cause, principe et fin de l'avènement et de la génération des
êtres et fondement inétendu de l'enveloppement de tout (καὶ πυθμένα
τῆς πάντων περιοχῆς ἀδιάστατον) ».[12]

Remarquons qu'à l'époque de Maxime les valeurs de περιέχειν et
de συνέχειν tendent à s'ajuster comme l'a par exemple relevé
Damascius en affirmant : « Περιέχειν γὰρ καὶ συνέχειν ταὐτόν ».[13] Il
est possible que l'auteur du Corpus dionysien lui-même ait connu
ce rapprochement, notamment lorsqu'il soutient que la 'Toute
Puissance' rassemble et enveloppe toutes choses (συνέχουσαν καὶ
περιέχουσαν τὰ ὅλα).[14]

---

[11] Ce verbe entre dans la définition du lieu comme cela a été démontré précédemment (τὸ πέρας τοῦ περιέχοντος ἐν ᾧ περιέχεται τὸ περιεχόμενον).

[12] MYST 1.160–162 (665bc).

[13] DAMASCIUS, *Commentaire du Parménide de Platon*, vol. II [90.9–10], L.G. Westerink
& J. Combès eds. ; il peut être utile de consulter cette proposition dans son environnement textuel.

[14] Cf., PSEUDO-DENYS, Noms divins [214.11], *Corpus Dionysiacum I : Pseudo-Dionysius*

On ne peut toutefois ignorer tout ce que συνέχειν doit aux Stoïciens. Comme l'a indiqué A. Charles-Saget : « Leur théorie du πνεῦμα a permis que le premier sens de continuité s'efface au profit de celui de cohésion, puisque le πνεῦμα en se mêlant à toutes les choses les rend à la fois 'continues' et 'cohérentes', parentes et tenues par une puissance unifiante ».[15] Il semble en effet que ce sens l'emporte dans l'usage maximien.

Il arrive que Maxime fasse le choix de ce verbe pour désigner l'action divine comme 'providence' (πρόνοια). Cet usage est attesté dans une section capitale d'*Ambiguum* 10. On y trouve un important chapitre sur la πρόνοια qui permet de mieux cerner le sens que ce terme reçoit dans la pensée du Confesseur :

> La permanence même des êtres, leur rang (ἡ τάξις), leur position (ἡ θέσις) et leur mouvement, la cohésion (συνοχὴ) mutuelle des extrêmes par les intermédiaires sans qu'ils ne se corrompent en rien les uns les autres du fait de leur contrariété, cohésion qui est inclination des parties vers les totalités, l'union en tout des totalités aux parties, la distinction sans mélange des parties mêmes entre elles conformément à leur différence particulière, l'union sans confusion en tous par une identité non différenciée, la combinaison et la distinction de tout envers tout, pour ne pas parler de chacun, la succession de tout et de chacun toujours gardée selon la forme, sans qu'absolument rien de leur raison naturelle propre ne s'altère en se confondant avec autre chose et en confondant. Tout cela montre clairement que toutes les choses qui proviennent du Dieu créateur sont rendues cohérentes par la Providence (τὰ πάντα τῇ προνοίᾳ συνέχεσθαι).[16]

En assurant la cohésion de l'univers, des ensembles ou totalités les plus complexes jusqu'aux parties les plus infimes, la Providence divine, telle qu'on peut la concevoir sur la base des indications de Maxime, garantit à chaque chose sa permanence, son rang et sa position.[17]

Areopagita. De divinis nominibus, B.R. Suchla ed. Voir également l'étude un peu ancienne mais présentant un bon survol historique, philosophique et patristique de l'usage des verbes περιέχειν et συνέχειν, in : S.J. GRABOWSKI, « God 'contains' the Universe. A Study in Patristic Theology », *Revue de l'Université d'Ottawa*. Section spéciale 26 (1956) 90*–113*.

[15] A. CHARLES-SAGET, *L'architecture du divin*. Mathématique et Philosophie chez Plotin et Proclus, p. 79.

[16] AMB 10, 1188d–1189a.

[17] Une idée similaire est véhiculée dans la tradition exégétique alexandrine : « Il (l'Esprit du Seigneur [cf., Sagesse 1.7]) embrasse la création invisible et visible, intelligible et sensible, aucune d'entre toutes les choses qui sont n'est privée de sa continuelle assistance. Cela signifie évidemment qu'il en assure la cohésion (περιέλαβεν τὴν ἀόρατον καὶ ὁρατὴν κτίσιν, τὴν νοητὴν καὶ αἰσθητήν, καὶ οὐδὲν τῶν πάντων ἐστὶν

Nous sommes en présence d'un topique que le moine byzantin partage avec la tradition philosophique représentée par Proclus. Le maître athénien montre bien dans les *Eléments de théologie* que la 'sauvegarde' (φρουρὰ), que Maxime attribue au seul principe et cause [cf., Myst 1.141–143 (665a)], rajoute à l'activité de providence des dieux ce qui assure à tous la cohésion interne en eux-mêmes en les appuyant sur des principes plus élevés (ἡ δὲ φρουρὰ καὶ τοῦτο ἀπεργάζεται καὶ ἐν ἑαυτοῖς πάντα συνέχει καὶ σταθερῶς ἐντίθησι τοῖς ὑπερτέροις).[18]

Nous avons vu que rang (τάξις) et position (θέσις) proviennent de l'analyse aristotélicienne du quantifié continu (συνεχές).[19] Dans les deux cas, comme cela a été précédemment démontré, ils précisent le rapport que les parties entrant naturellement dans la constitution d'un continu—respectivement du temps pour le rang (τάξις) et du lieu pour la position (θέσις)—entretiennent pour ne pas se confondre. Si le rang évoque la succession des parties selon l'antérieur et postérieur, la position, elle, se rapporte à la simultanéité d'existence et à une certaine permanence des parties d'un 'tout' donné. L'agir divin comme 'providence' assure la cohésion des parties et des 'touts' et se trouve ainsi rapproché du lieu (τόπος) comme puissance active de rassemblement et du temps comme ordre ordonnant. Dans le système maximien, la 'providence' maintient le 'rang' et la 'position' (i.e. la cohésion) de tout 'ce qui a été amené à l'être' (εἰς τὸ εἶναι παραγαγών) et fournit ainsi à chaque chose sa permanence en relation avec sa 'raison naturelle'. Chaque chose est ainsi gardée de la confusion par une cause qui, dans le néoplatonisme, peut être rapportée respectivement au lieu et au temps comme 'puissances de l'un'; c'est ce que l'on peut déduire des propos de Simplicius lorsqu'il tente de comprendre au terme du *Corollarium de loco* la nature de la cause qui retient les êtres de la dispersion à l'infini ou de la confusion.[20] Pour Maxime, ce rôle est rempli par la Providence divine

---

ἄμοιρον τῆς ἀιδίου ἐπιστασίας αὐτοῦ· τὸ γὰρ πάντα συνέχειν τοῦτο δηλοῖ) », in : Didymus der Blinde, *De Trinitate*, Buch 2 [6.2.2.5ss], I. Seilered ed. La mention de la création 'invisible-visible', 'intelligible-sensible' pourrait rapprocher les emplois de συνέχειν par Maxime et par Didyme d'Alexandrie.

[18] Cf., Proclus, *The Elements of Theology* [156.5ss], E.R. Dodds ed.

[19] Cf., Aristote, *Catégories* [5a1ss], R. Bodéüs ed.

[20] Il affirme : « Il y a une autre cause qui supprime la confusion (il vient de parler du nombre) en tous ces domaines, entre les éléments différenciés, pour que les parties ne se répandent pas à profusion l'une dans l'autre à l'intérieur du tout auquel elles appartiennent, mais que chaque partie garde à part le rang et la position qui lui reviennent (ἄλλο δέ τί ἐστι τῆς ἐν πᾶσι τούτοις τῶν διακριθέντων συγχύσεως

assurant la cohésion de tout et pouvant revêtir le visage du lieu et du temps tels qu'ils sont définis dans l'Antiquité tardive.

b) Συνάγει (les rassemble) : ce verbe joint parfois, mais de façon significative, à συνέχειν fait partie du lexique néoplatonicien propre à désigner l'activité du démiurge. Cette forme d'agir paraît en fait se présenter sous deux rapports. Soit dans le démiurge lui-même (*ad intra*), soit dans son œuvre directe (*ad extra*).

Deux passages du *Commentaire sur le Timée* de Proclus pourraient concourir à clarifier l'usage et l'association de ces deux verbes d'action par Maxime. Selon Proclus,

> Platon . . . sait en effet que, dans le Démiurge aussi, la multiplicité des intellections est rassemblée dans une intellection unique,[21] la pluralité des puissances contenues dans une unique puissance (τὰς πολλὰς δυνάμεις μία συνέχει δύναμις), la somme des causes distinctes rassemblées par la cause uniforme à une seule et même unification (τὰς διηρημένας αἰτίας ἡ μονοειδὴς αἰτία συνάγει πρὸς μίαν ἕνωσιν). Ainsi 'après avoir donné tous ces règlements' (42d 2s) et 'après avoir établi toutes ces ordonnances' ramène à l'unicité d'une même cause les activités divisées du Démiurge (τὸ ὁ μὲν δὴ ταῦτα πάντα διατάξας ἐπάγει τὴν διωρισμένην ἐνέργειαν τοῦ δημιουργοῦ πρὸς τὴν ἡνωμένην αἰτίαν) [PROCLUS, *In Platonis Timaeum commentaria* [III.314.27ss], E. Diehl ed., traduction A.-J. Festugière].

Mais également :

> Parce que tout agent qui créé par sa seule existence, étant lui-même une chose unique (ἓν αὐτὸ ὄν), créé une copie unique de lui-même (μίαν ἑαυτοῦ ποιεῖ εἰκόνα), une forme tout entière unique (ἓν εἶδος ὅλον), et cela surtout si l'agent demeure immobile : s'il est mû en effet, il est possible qu'il créé tantôt une chose, tantôt une autre. De plus, parce que fragmenter l'activité créatrice en une multiplicité de produits n'est pas signe de force mais de faiblesse : embrasser en revanche le multiple en une unité (ἐν δὲ τῷ ἑνὶ περιλαμβάνειν τὸ πλῆθος), maintenir l'entière multiplicité sous l'emprise de la monade (διὰ τῆς μονάδος συνέχειν τὸν ὅλον ἀριθμὸν), est le signe d'une capacité admirablement surabondante. Si donc il y a dans le Démiurge la totalité de la puissance, s'il est un agent immobile, s'il créé par sa seule existence, et s'il engendre

---

ἀναιρετικὸν αἴτιον τοῦ μὴ ἐπισυγχεῖσθαι ἀλλήλοις τὰ μέρη κατὰ τὴν οἰκείαν ὁλότητα, ἀλλ᾽ ἕκαστον τάξιν τε καὶ θέσιν τὴν προσήκουσαν ἀπολαμβάνειν) », in : SIMPLICIUS, *Corollarium de loco* [641.7–10], *In Aristotelis physicorum libros octo commentaria*, H. Diels ed., traduction A.-J. Festugière.

[21] Idée similaire chez Maxime. Cf., AMB 7, 1081c.

un produit semblable à lui-même, c'est unique, total et parfait qu'il créé le Monde. Eh quoi ! Le Démiurge n'est-il pas capable de régir un grand nombre, voire une infinité de mondes ?—Ce n'est pas signe de force que de régir du multiple ou de l'infinité, mais bien de réunir le divisé (τὸ συνάγειν τὰ διῃρημένα), de limiter l'illimité (περατοῦν τὰ ἄπειρα). C'est cela qui rend les choses semblables au Bien (τοῦτο γὰρ ἐξομοιοῖ τὰ πράγματα τῷ ἀγαθῷ), vers lequel le Démiurge aussi fait tendre toute sa création [Proclus, *In Platonis Timaeum commentaria* [II.65.30–66.14], E. Diehl ed., traduction A.-J. Festugière].

Si rien ne permet d'attester définitivement que Maxime ait eu à l'esprit telle exégèse du *Timée*, l'usage des mêmes mots (εἰκόνα, συνέχειν, συνάγειν) portant sur une même activité—la démiurgie— permet de clairement déceler les traces d'un topique similaire. Chacun de ces termes a été incorporé par Maxime à un système qui présente toutefois des caractéristiques et une cohérence propres. L'étude de la structure argumentative de la deuxième *théoria* (Myst 2) devrait permettre de l'établir assez précisément. Le 'système du monde' de Maxime est moins développé et peut-être moins 'systématique' que celui qui est proposé par Proclus bien que l'occurrence de notions techniques communes permet d'en postuler raisonnablement la proximité.

En inférant prudemment le sens que le *Commentaire sur le Timée* donne de συνάγει sur l'usage de ce verbe par Maxime, on note qu'il signifie la référence unifiante à une cause, un centre pour tout ce qui s'en est séparé. Le créateur introduit dans le monde tout entier l'union qui paraît lui faire naturellement défaut et ramène à lui tout ce qui par différenciation connaît la division. Dans le Démiurge, *la somme des causes distinctes (est) conduite par la cause uniforme à une seule et même unification* (τὰς διῃρημένας αἰτίας ἡ μονοειδὴς αἰτία συνάγει πρὸς μίαν ἕνωσιν). Dans sa production, sa fonction est de *réunir le divisé* (τὸ συνάγειν τὰ διῃρημένα).[22] L'analyse de la seconde *théoria* contribuera à démontrer que *l'ecclesia* offre à la faculté humaine de perception une saisie plus claire de ces rapports premiers.

---

[22] Fonction dévolue au temps par Damascius et Simplicius pour les choses engendrées, dont l'essence elle-même et l'extension de l'être sont divisibles. « Ces choses, *affirme Simplicius*, ont eu besoin de temps pour empêcher que l'extension de leur être ne fût dispersée ou confondue, et pour faire en sorte, au contraire, que, d'une manière aussi ordonnée que possible, le temps rassemble (συνάγειν) selon l'antérieur et le postérieur cette extension de l'être et en assure la continuité », in : *Simplicius, In Aristotelis categorias commentarium* [364.11ss], K. Kalbfleisch ed., traduction Ph. Hoffmann. Le temps apparaît ainsi comme une des expressions privilégiées de l'économie démiurgique dans le monde créé.

c) Περιγράφει (les circonscrit) : cette forme spécifique d'agir divin est la seule à faire parti du lexique touchant l'agir de l'*ecclesia* dans le second volet de la démonstration de cette première *théoria*. Elle s'inscrit dans un certain schéma géométrique que Maxime connaît bien puisqu'il le cite à au moins trois reprises dans ses œuvres.[23]

> Comme un centre, de droites tirées de lui, il ne permet pas, par une cause et puissance unique, simple et unitaire, que les principes des êtres s'éloignent avec les limites, circonscrivant leur expansion en un cercle (ὥσπερ κέντρον εὐθειῶν τινῶν ἐξημμένων αὐτοῦ κατὰ μίαν ἁπλῆν καὶ ἑνιαίαν αἰτίαν καὶ δύναμιν, τὰς ἀρχὰς τῶν ὄντων τοῖς πέρασιν οὐκ ἐῶν συναφίστασθαι, κύκλῳ περιγράφων αὐτῶν τὰς ἐκτάσεις).[24]

Le sujet de ce paragraphe est le Christ qui est 'tête' de l'*ecclesia*. En fait, il semble bien que cette formule soit une version simplifiée mais correcte des théories que Proclus développe dans le *Commentaire sur le premier livre des éléments d'Euclide*.[25] Elles pourraient lui avoir été transmises par l'intermédiaire du Corpus dionysien.[26] Dans le cas du présent texte, la tournure géométrique du schéma est assez évidente ; pour peu qu'on puisse en juger convenablement, il est compréhensible que le Confesseur le rapporte à l'*ecclesia* qui est analysée du point de vue de sa construction et des rapports géométriques stables qui la traversent.

Ce schéma géométrique porte sur une certaine organisation du réel qui s'exprimera à différent niveau du monde tout entier (ὁ σύμπας κόσμος). La circonscription (περιγράφει) dont il est ici question trouve un autre point d'ancrage dans l'œuvre de Maxime. Elle renvoie à la spéculation assez compliquée sur le 'tout' et le 'tout' du 'tout' déjà rencontrée en *Ambiguum* 10 où Maxime affirme :

> Par le 'où' (ποῦ), tous les êtres sont montrés comme étant dans un lieu. En effet, le tout même du tout n'est pas au-delà du tout (il est en effet d'une certaine manière contraire à la raison et impossible de proclamer que le tout même est au-delà de son propre tout), mais il a par lui-même et en lui-même sa circonscription (ἀλλ' ὑφ' ἑαυτοῦ ἐν

---

[23] A l'exception de la *Mystagogie*, voir deux parallèles à ce schéma : THEC II.4, 1125d–1128a ; AMB 7, 1081c.

[24] MYST 1.189–192 (668ab).

[25] Cf., PROCLUS, *In primum Euclidis elementorum librum commentarii* [146.18ss ; 153.10ss], G. Friedlein ed.

[26] Cf., PSEUDO-DENYS, Noms divins [185.4ss], *Corpus Dionysiacum I : Pseudo-Dionysius Areopagita. De divinis nominibus*, B.R. Suchla ed. ; voir également : DAMASCIUS, *Traité des premiers principes*, vol. I [82.12–14], L.G. Westerink & J. Combès eds.

ἑαυτῷ τὴν περιγραφὴν ἔχον)—après la puissance infinie cause de tout circonscrivant tout (μετὰ τὴν πάντα <u>περιγράφουσαν</u> τοῦ παναιτίου ἄπειρον
δύναμιν)—comme la limite même la plus extérieure de lui-même [Amb
10, 1180c].

Ce texte analysé plus haut éclaire l'emploi de ce verbe par Maxime
dans la *Mystagogie*. De fait, le parallèle d'*Ambiguum* 10 avec le premier chapitre de la *Mystagogie* s'impose. Dans les deux cas, la cause
efficiente de la circonscription se trouve être 'la puissance infinie'.

- μετὰ <u>τὴν</u> πάντα περιγράφουσαν τοῦ παναιτίου <u>ἄπειρον δύναμιν</u>, pour
  l'*Ambiguum* 10.
- πάντα <u>τῇ ἀπείρῳ δυνάμει</u> ποιήσας . . . συνέχει καὶ συνάγει καὶ περι
  γράφει . . ., pour le premier chapitre de la *Mystagogie*.

Ce rapprochement induit en effet, après la puissance infinie, une
dépendance de l'être des étants par rapport à la catégorie ποῦ comme
principe *a priori* de toute chose créée et conséquemment leur condition spatiale d'existence.

Les trois derniers verbes qui spécifient l'agir divin sont ἐνδιασφίγγει,
περικρατῶν et ποιεῖ. Si le complément des trois précédents verbes portaient indistinctement sur tous les êtres (πάντα), les trois suivants semblent plus spécifiquement régir les rapports d'une dualité première
(ἐνδιασφίγγει τά τε νοητὰ καὶ τὰ αἰσθητά [Myst 1.134–135 (664d)] ; τὰ
κατὰ τὴν φύσιν ἀλλήλων διεστηκότα . . . ἀλλήλοις συννενευκότα ποιεῖ
[Myst 1.136–138 (664d)]). Cette thèse s'avère toutefois moins évidente pour le second verbe (πάντα περικρατῶν).

Analysons les brièvement ici car cette 'dualité initiale'—la première différenciation dans les théories sur la sainte *ecclesia*—traverse
toutes choses. Ce premier rapport entre deux termes commande une
série dont l'*ecclesia* sera la visible expression.

« . . . (il) fixe solidement par providence les uns dans les autres et
en lui-même les intelligibles et les sensibles (καὶ ἀλλήλοις καὶ ἑαυτῷ
προνοητικῶς ἐνδιασφίγγει τά τε νοητὰ καὶ τὰ αἰσθητά [Myst 1.133–135
(664d)]) ».[27]

ἐνδιασφίγγει qui revêt le sens de 'fixer solidement dans quelque
chose' est un hapax[28] qui n'est attesté que chez le Confesseur. Ce
verbe est employé par Maxime dans les *Questions à Thalassios*. Il

---

[27] Reprise du même topique en Myst 7.20ss.
[28] Le Bailly et le Liddell-Scott l'ignorent. Seul le Lampe le connaît et ne mentionne que l'occurrence chez Maxime.

affirme alors à la suite d'une analyse de la fonction du Christ comme tête de l'angle :

> Selon l'Ecriture, l'*ecclesia* est un angle[29] (γωνία γάρ ἐστιν ἡ ἐκκλησία κατὰ τὴν γραφὴν). En effet, comme l'angle est l'union réciproque de deux murs, les rattachant fortement à un point de jonction indissoluble ; ainsi la sainte *ecclesia* est devenue l'union de deux peuples en liant les uns aux autres, conformément à un unique discours de foi, les nations et les juifs ; en <u>fixant fermement en</u> chacun d'eux un accord intime (οὕτω καὶ ἡ ἁγία ἐκκλησία τῶν δύο λαῶν γέγονεν ἕνωσις, τοὺς ἐξ ἐθνῶν καὶ Ἰουδαίων καθ᾽ ἕνα πίστεως λόγον ἀλλήλοις συνδέουσα καὶ πρὸς μίαν ἐνδιασφίγγουσα σύμπνοιαν).[30]

Si dans la *Mystagogie*, ἐνδιασφίγγει est propre à décrire un aspect de l'agir divin, les *Questions à Thalassios* n'hésite pas à en faire une des caractéristiques de l'agir 'plus moral' de l'*ecclesia* comme le montrera l'analyse du second terme de comparaison sur l'agir de l'image. Dans la deuxième *théoria*, l'*ecclesia* inscrit en type (i.e. visiblement) ce ferme attachement des réalités intelligibles et sensibles dans l'espace à trois dimensions d'un édifice unique.

La spécification de l'agir divin, par le verbe ἐνδιασφίγγει, doit être associée aux rapports qu'entretiennent les choses qui divergent les unes des autres par nature (διεστηκότα) que Dieu rend convergeantes les unes dans les autres (συννενευκότα) par une unique puissance de relation à lui comme principe. Le solide attachement des intelligibles dans les sensibles et des sensibles dans les intelligibles prend sa source dans le principe qui n'est autre que le Créateur lui-même qui 'impose' aux opposés naturels une existence commune. Mais avant de procéder à cette association, Maxime émet une thèse qui n'est pas sans rappeler un topique central du néoplatonisme :

> (il) tient fortement toutes choses autour de lui en tant que cause, principe et fin (καὶ περὶ ἑαυτὸν ὡς αἰτίαν καὶ ἀρχὴν καὶ τέλος πάντα περικρατῶν [MYST 1.135–136 (664d)]).

Cette affirmation portant comme les précédentes sur l'agir divin place celui-ci au centre de son propre rayon d'action. Le verbe περιγράφει pouvait laisser entendre une certaine action divine intervenant de l'extérieur sur les créatures. Par l'expression περὶ ἑαυτὸν, Maxime fait

---

[29] Sur la symbolique de l'angle, voir : PROCLUS, *In primum Euclidis elementorum librum commentarii* [128.26–129.3], G. Friedlein ed.

[30] THAL 53.9ss.

du Créateur le centre 'géométrique' du monde tout entier. Ce rapport quasi spatial[31] au divin, en tant qu'il est cause, principe et fin, est attesté chez Plotin :

> Lui ne tend pas vers nous de manière à nous entourer, c'est nous qui tendons vers lui et qui l'entourons (ἡμεῖς περὶ ἐκεῖνο). Mais, si nous sommes toujours autour de lui (ἀεὶ μὲν περὶ αὐτό), nous ne regardons pas toujours vers lui. Un chœur en chantant fait toujours cercle autour du coryphée (περὶ τὸν κορυφαῖον), mais il peut se détourner vers les spectateurs ; ce n'est que lorsqu'il se tourne vers lui, qu'il chante comme il faut, et qu'il fait un cercle parfait [PLOTIN, Enneas VI [9.8.35ss], *Plotini Opera*, T.III, P. Henry et H.-R. Schwyzer eds].

La métaphore qui permet à Plotin de comparer le rapport des âmes à l'Un et les membres d'un chœur au coryphée s'inscrit dans la liste des matériaux qui peuvent avoir préparé les rapports symboliques recensés dans la *Mystagogie*. L'idée d'un centre commun à tous les êtres allait être utile à Maxime pour exposer la dernière spécification de l'agir divin.

> Il fait que les choses divergeant par nature les unes des autres convergent les unes vers les autres par une unique puissance de relation à lui comme principe, puissance selon laquelle toutes choses sont conduites à une identité de mouvement et d'existence sans différence ni confusion (τὰ κατὰ τὴν φύσιν ἀλλήλων διεστηκότα κατὰ μίαν τὴν πρὸς αὐτὸν, ὡς ἀρχὴν, σχέσεως δύναμιν ἀλλήλοις συννενευκότα ποιεῖ, καθ᾽ ἣν εἰς ταὐτότητα κινήσεώς τε καὶ ὑπάρξεως ἀδιάφορόν τε καὶ ἀσύγχυτον ἄγεται τὰ πάντα [MYST 1.136–139 (664d)]).

Pour faciliter l'analyse de cette forme d'agir divin, il faut provisoirement laisser de côté la deuxième proposition (à partir de καθ᾽ ἣν εἰς ταὐτότητα...) qui sera réintroduite par la suite dans une tentative de compréhension globale de ce paragraphe.

L'usage des deux participes parfaits dans ce parallélisme antithétique—les choses divergeant (τὰ διεστηκότα)/convergeant (συννενευκότα)[32]—n'est pas négligeable. Ces deux formes verbales substantivées

---

[31] Partiellement lié à notre mode de connaissance qui conçoit d'une manière étendue ce qui est par nature inétendu.

[32] Participe parfait substantivé de συν-νεύω : *transitif*, incliner l'un vers l'autre ; *intransitif*, converger de façon à se réunir en un seul centre. Sous la forme que lui donne Maxime l'expression est rare. On la trouve cependant chez Jean Philopon dans le sens qu'elle revêt ici. Philopon affirme : « La pyramide pourrait porter l'image du feu (ἡ δὲ πυραμὶς εἰκόνα ἂν φέρει πυρός). Elle est une figure solide composée de quatre triangles de même côté et de même angle. Elle a d'une part une base unique des triangles et d'autre part, des flancs convergeant en un point unique qui

se réfèrent à un centre d'où les entités qu'elles désignent—qui pourraient être initialement les intelligibles et les sensibles[33] vus dans la perspective de leur rapport réciproque—se séparent dans le premier cas et vers lequel elles convergent pour le deuxième. Ce centre est désigné par πρὸς αὐτὸν (Dieu) ὡς ἀρχὴν (en tant que principe). On peut également faire remarquer l'opposition « les choses divergeant par nature les unes des autres (κατὰ τὴν φύσιν)/convergent les unes vers les autres par une unique puissance de relation à lui comme principe (κατὰ μίαν τὴν ... σχέσεως δύναμιν) ». La relation antithétique de ces deux participes parfaits indiquent deux rapports possibles à un point unique, le premier s'en écartant, et le second y revenant. Il est tout à fait possible que Maxime ait eu à l'esprit le schéma géométrique du centre, des lignes et du cercle qui n'apparaît dans cette *théoria* que dans la démonstration sur l'agir de l'*ecclesia*. La génération de 'tout ce qui est' se trouverait en quelques manières contenue dans ce point. Non seulement l'être de toutes choses mais également 'ce sans quoi' l'être créé lui-même n'est pas, à savoir l'espace et le temps. Ce centre-source doit être représenté comme contenant de manière 'inétendue' tout ce qui par génération connait l'extension qu'elle soit temporelle ou spatiale.[34] De fait, les lignes tirées du centre s'éloignent, et de leur principe, et l'une de l'autre. C'est ainsi qu'on peut interpréter le participe substantivé διεστηκότα. Cet éloignement n'est pas sans rappeler le mouvement de diastole dont Maxime fait mention en *Ambiguum* 10 [Amb 10, 1077bc] dans ce qui n'est autre qu'une reprise partiellement christianisée de la procession néoplatonicienne interprétée comme une sortie de l'un. Ce participe porterait donc plus largement sur la production du monde et s'étendrait, au delà du rapport strict entre intelligibles et sensibles, à tout ce qui par engendrement et mouvement

---

est le sommet de la pyramide (εἰς ἓν σημεῖον συννενευκότα ὃ τῆς πυραμίδος κορυφὴ γίνεται) », in : Jean Philopon, *De Aeternitate Mundi contra Proclum* [534.20–25], H. Rabe ed. A titre de complément, on peut attirer l'attention sur les quelques usages suivants : εἰκόνα ... φέρει, en Myst 1.129 (664d) ; κορυφὴ, en Myst 23.818 (700b).

[33] Cette hypothèse particulièrement difficile à concevoir paraît presque incontournable si l'on tient compte des indications que Maxime nous fournit dans les premières lignes de Myst 1.

[34] Cette thèse fut soutenue par Damascius dans son traité *Du lieu* (aujourd'hui perdu), rapportée par Simplicius, in : Simplicius, Corollarium de loco [644.25ss], *In Aristotelis physicorum libros octo commentaria*, H. Diels ed. ; cf., le recueil de textes rassemblés et édités par Sam0bursky : *The Concept of Place in Late Neoplatonism*. Texts with Translations, Introduction and Notes, S. Samoursky ed., p. 21.

naturel connaît la différenciation d'avec son principe. Le rapport 'intelligible-sensible' serait ainsi appréhendé de façon paradigmatique. Ce rapport dont l'*ecclesia* sera manifestement le type en vertu d'une certaine disposition architecturale se vérifiera à tous les niveaux du réel tel que le moine byzantin le conçoit de façon récurrente dans l'intégralité de son œuvre. Dans le monde sensible, il se présentera sous le rapport ciel-terre ; dans l'homme, sous le rapport âme-corps ; dans l'âme, sous le rapport intellect-raison etc . . .

S'il est ainsi possible d'associer l'état des διεστηκότα au mouvement de diastole qu'il présuppose, on doit pouvoir rapprocher celui des συννενευκότα du mouvement inverse de systole compris comme un retour de la pluralité à l'unité. Ainsi, en référence au point d'où elles partent, elles sont des entités distinctes et rapportées au point où elles reviennent, elles sont une seule chose convergeant vers un centre unique. C'est ainsi que l'on doit saisir le sens de la proposition complétant ce paragraphe : « toutes les choses sont conduites à une identité de mouvement et d'existence sans différence ni confusion (καθ᾽ ἣν εἰς ταὐτότητα κινήσεώς τε καὶ ὑπάρξεως ἀδιάφορόν τε καὶ ἀσύγχυτον ἄγεται τὰ πάντα) ».

Une brève clarification doit être apportée ici. On est naturellement enclin à envisager ces deux états (διεστηκότα/συννενευκότα) sur un mode séquentiel en vertu duquel une chose doit être dite première et une autre seconde, autrement dit sur un mode d'antériorité et de postériorité étendu qui est plus proprement le fait de la temporalité physique. Cela soulève un problème délicat car il est singulièrement difficile de concevoir des mouvements (i.e. se séparant de . . ./convergeant vers . . .) 'a-temporels'. Or, c'est ainsi qu'il faut comprendre le sens de διεστηκότα et συννενευκότα par Maxime. La même puissance infinie, productrice des êtres est, de façon 'a-temporelle', celle qui circonscrit leur extension en un cercle produisant ainsi les conditions nécessaires au monde créé dont la structure intime doit être conçue comme composée d'infinité et de limite. C'est un lieu commun du néoplatonisme [voir par exemple : PLOTIN, *Traité sur les nombres* (Ennéade VI.6 [3.10ss]), J. Berthier et al. eds]. Dans la pensée du moine byzantin, comme l'analyse de *l'Ambiguum* 10 (*supra*) a permis de l'établir, la limite est rapportée directement aux catégories ποῦ et πότε. Tout s'opère simultanément. C'est pour le moins ainsi que Proclus comprenait la signification du même petit schéma élémentaire que Maxime, en lui donnant de surcroît une portée universelle :

De même que le centre, les distances et la périphérie extérieure existent simultanément dans le cercle (ὥσπερ ἐν τῷ κύκλῳ πάντα ἅμα ἐστὶ τὸ κέντρον, αἱ διαστάσεις, ἡ ἐκτὸς περιφέρεια), de même dans les choses que nous venons de concevoir, notamment la 'manence', la procession et la conversion, les unes ne précèdent pas dans le temps, les autres ne surviennent pas postérieurement mais toutes existent simultanément aussi (οὕτω δὴ καὶ ἐν ἐκείνοις οὐ τὰ μὲν προϋπάρχει κατὰ χρόνον τὰ δὲ ἐπιγίνεται, ἀλλὰ ὁμοῦ μὲν πάντα, καὶ ἡ μονὴ καὶ ἡ πρόοδος καὶ ἡ ἐπιστροφή).[35]

On voit par là que toute la réalité qui provient d'une cause possède dans son intime structure, de l'union et de la distinction, de l'identité et de la différence, en définitive—pour reprendre un lieu commun qui remonte au *Timée* de Platon—du même et de l'autre.

L'intégralité de l'exposé théorique qui prolonge la liste des verbes d'actions spécifiant l'agir divin n'est qu'un développement non seulement de l'effet produit mais spécialement de la 'dépendance' de chaque entité envers la cause d'où elle émane. Une lecture structurale beaucoup plus systématique mettrait bien en lumière le jeu subtil des parallélismes lexicaux entre les deux volets du dyptique de la première *théoria* sur l'*ecclesia* mais nous conduirait au-delà des limites de cette enquête. Du point de vue thématique, ces correspondances tendent toutes à porter (1) sur un rapport foncier que les essences des êtres entretiennent (dans la section exposant la nature de l'action divine) et (2) un rapport analogue qui unifie les êtres humains dans leur diversité (dans la section touchant à l'essence de l'agir ecclésial). On peut relever à titre d'exemple?

> πάντων πᾶσι κατὰ τὴν μίαν τῆς μόνης ἀρχῆς καὶ αἰτίας ἀδιάλυτον σχέσιν τε καὶ φρουρὰν ἀφύρτως συμπεφυκότων. Tous, sans mélange, s'unissent à tous par l'unique relation indissoluble et la sauvegarde du seul principe et cause [MYST 1.141–143 (665a)].
>
> πάντων συμπεφυκότων ἀλλήλοις καὶ συνημμένων κατὰ τὴν μίαν ἁπλῆν τε καὶ ἀδιαίρετον τῆς πίστεως χάριν καὶ δύναμιν. Tous s'unissent les uns aux autres et sont conjoints par la grâce et puissance unique, simple et indivisible de la foi [MYST 1.179–181 (665d–668a)].

Ce parallélisme comporte des rapports lexicaux mais également des rapports grammaticaux (cf., la structure de la phrase). La formule 'tous s'unissent' (πάντων ... συμπεφυκότων)[36] signifie un rapport

---

[35] PROCLUS, *In primum Euclidis elementorum librum commentarii* [153.22–26], G. Friedlein ed., traduction P. Ver Eecke.

[36] Συμπεφυκότων : participe parfait, génitif pluriel de συμ- φύω, *intransitif* : croître

d'entités présentant de la diversité liée à leur caractéristique naturelle mais aussi une capacité d'union. Pour les créations divines, en vertu de leur relation (σχέσιν) indissoluble et la sauvegarde (φρουρὰν)[37] du seul principe et cause et pour les êtres humains en vertu d'une grâce et puissance unique de la foi dont sont bénéficiaires ceux qui sont entrés dans l'*ecclesia*.

3.a.4. *L'agir de l'*ecclesia

Comparativement au premier volet traitant l'agir de l'Archétype, la description de l'agir de l'image fait figure de parent pauvre. Cette situation contribue à renforcer l'hypothèse selon laquelle les actions divines sont 'reproduites' par l'*ecclesia*-image mais également l'idée que les verbes les spécifiant puissent, dans une certaine mesure, lui être attribués. La confirmation de ce principe permettrait ainsi de se représenter plus clairement les modalités de l'agir ecclésial (ὡς τὴν αὐτὴν αὐτῷ κατὰ μίμησιν καὶ τύπον ἐνέργειαν ἔχουσαν [Myst 1.130–131 (664d)]) que nous avions, dans les premières tentatives de compréhension de ce texte, écartées. Mais avant de valider ou d'invalider ce postulat, il faut scruter attentivement et tenter de tirer parti des maigres indications fournies par Maxime.

Après une description exhaustive de la communauté humaine en sa diversité (πολλῶν γὰρ ὄντων καὶ ἀπείρων ἀριθμῷ σχεδὸν ἀνδρῶν τε καὶ γυναικῶν καὶ παίδων ... [Myst 1.165ss (665c)]), le moine byzantin affirme à propos de ceux qui sont entrés dans l'*ecclesia*, quelles

---

avec, ensemble ; se réunir, s'unir, se fondre en un tout. Aristote a donné une définition de la forme substantivée de συμ- φύω qui contribue à clarifier l'usage par Maxime de cette notion : « L'union naturelle (sumphysis) diffère du contact (haphè) ; dans ce dernier cas, en effet, il n'y a rien d'autre d'exigé que le contact lui-même, tandis que pour l'union naturelle, il existe quelque chose qui est identiquement un dans les deux êtres, qui produit, au lieu d'un simple contact, une véritable fusion et unifie les êtres selon le continu et la quantité, mais non la qualité », in : Aristote, *Métaphysique* [1014b22ss], W.D. Ross ed., traduction J. Tricot.

[37] La 'sauvegarde' (φρουρὰ) pour Proclus, comme déjà vu *supra*, rajoute à l'activité providentielle des dieux en faveur de leurs 'dérivés' ce qui assure à tous la cohésion interne en les appuyant sur des principes plus élevés (ἡ δὲ φρουρὰ καὶ τοῦτο ἀπεργάζεται καὶ ἐν ἑαυτοῖς πάντα συνέχει καὶ σταθερῶς ἐντίθησι τοῖς ὑπερτέροις, in : *The Elements of Theology* [156.5], E.R. Dodds ed.). Le Lycien développe cette idée comme suit : « ... le caractère distinctif de la protection (φρουρὰ) pure et simple est de maintenir à son propre rang chaque être considéré par rapport à lui-même et par rapport à ce qui le précède et le suit ... (ἴδιον γὰρ ἁπλῶς φρουρᾶς μὲν τὸ τὴν αὐτὴν ἑκάστου τάξιν διατηρεῖν πρός τε ἑαυτὸ καὶ τὰ πρὸ αὐτοῦ καὶ τὰ μετ' αὐτό) », in : Proclus, *The Elements of Theology* [156.8ss], E.R. Dodds ed., traduction J. Trouillard.

que soient leurs différences ou leurs divisions : « . . . par elle, ils sont régénérés et recréés dans l'Esprit (ὑπ'αὐτῆς ἀναγεννωμένων τε καὶ ἀναδημιουργουμένων τῷ πνεύματι [Myst 1.171–172 (665c)]) ». Cette expression ne contient manifestement aucun verbe d'action sur le modèle des formes de l'agir divin. On y décèle cependant une certaine efficience de l'*ecclesia* en vertu d'une puissance d'union qui entre dans la définition de sa nature propre.

Une simple vérification du vocabulaire suffit à démontrer qu'elle n'est en définitive le sujet direct que de deux verbes :

> A tous, elle donne avec égalité et confère une forme divine unique et un nom commun, le fait d'être et d'être appelé à partir du Christ (μίαν πᾶσι κατὰ τὸ ἴσον δίδωσι καὶ χαρίζεται θείαν μορφὴν καὶ προσηγορίαν, τὸ ἀπὸ Χριστοῦ καὶ εἶναι καὶ ὀνομάζεσθαι [Myst 1.172–174 (665c)]).

Elle communique quelque chose en vertu d'une puissance d'union qui lui vient initialement du Christ comme tête du corps. Maxime opère d'ailleurs lui-même et de façon tout à fait significative la digression laissant, semble-t-il, de côté 'l'agir de l'*ecclesia*' pour 'l'agir du Christ' à partir de la métaphore du corps et des membres : « Constitué de différents membres, le corps est et se fait voir 'un', comme il est en réalité digne du Christ même, notre vraie tête (ὡς ἐκ διαφόρων μελῶν σῶμα ἓν καὶ εἶναι καὶ ὁρᾶσθαι, καὶ αὐτὸ Χριστοῦ τῆς ἀληθινῆς ἡμῶν κεφαλῆς ὄντως ἄξιον . . . [Myst 1.183ss (668a)]) » et la suite . . .

Maxime n'hésite d'ailleurs pas à développer la digression que l'on peut schématiser en étapes successives :

- de l'agir de l'*ecclesia* à l'agir du Christ
- de l'agir du Christ sur la communauté humaine
- à l'agir du Christ sur la totalité des êtres (ὁ πάντα . . . ἑαυτῷ περικλείων [Myst 1.187–189 (668a)]). 'Tout' (πάντα) est spécifié au terme de ce deuxième volet par la formule « créations et productions venues du Dieu 'un' (τὰ τοῦ ἑνὸς θεοῦ κτίσματα καὶ ποιήματα [Myst 1.194–195 (668b)]) ».

Le schéma géométrique même, au terme duquel, le Christ est dit enfermer en lui-même tous les êtres, décrit l'agir universel du Christ. Dans le parallèle de cette figure en *Ambiguum 7*, l'agir du Christ est transposé en terme de rapport *logos*-un/*logoi*-multiples.

> L'unique Logos, est de nombreux *logoi* et les nombreux *logoi* sont Un : d'une part selon la procession pleine de bonté de l'Un vers les êtres, procession créatrice et contenante, l'Un est multiple; d'autre part selon la remontée et la providence qui fait retourner et qui conduit le multiple à l'Un, comme à un principe tout puissant et au centre qui

reprend les origines des droites sorties de lui et comme au rassembleur de tout, le multiple est Un.[38]

3.a.5. *Transposition de l'agir de l'un sur l'agir de l'autre. Les limites d'une hypothèse*

Doit-on sur la base des indications textuelles fournies par Maxime limiter la conception de l'efficience de l'*ecclesia* à l'union de toute la communauté des hommes ? N'a-t-elle pas en vertu du Christ qui en est la tête une puissance d'union universelle ? C'est une question assez délicate à traiter. On doit vraisemblablement répondre par l'affirmative et nous tenterons d'en démontrer ci-après les raisons.

La puissance d'union de l'*ecclesia* est l'objet même de l'exposé sur la sainte synaxe que le Confesseur inaugure au chapitre 8 de la *Mystagogie*. C'est en vertu de ce statut actif qui sera largement explicité et commenté par Maxime dans le second volet de la *Mystagogie* que nous admettons qu'elle a même activité que Dieu.

En tant que *type* (τύπος), elle est pour la communauté humaine le référent permanent de l'union que devraient partager les êtres qui ont tous même origine encore que pour l'heure, affirme Maxime dans la conclusion de la démonstration, « les êtres unifiés en elle par la foi sont encore trouvés dans des formes particulières provenant de leurs différences, lieux et modes de vie (κἂν διάφοροι τοῖς ἰδιώμασι καὶ ἐκ διαφόρων καὶ τόπων καὶ τρόπων, οἱ κατ' αὐτὴν διὰ τῆς πίστεως ἑνοποιούμενοι τύχωσιν ὄντες [Myst 1.201–203 (668bc)]) ».

Elle est montrée comme transposant 'idéalement' dans les mœurs humaines la même union que Dieu 'impose' aux créations et productions dont il est l'origine (cf., τὰ τοῦ ἑνὸς θεοῦ κτίσματα καὶ ποιήματα [Myst 1.194–195 (668b)]). En tant qu'*image* (εἰκὼν) agissante, elle est le cadre et l'agent efficient de l'union de la communauté humaine, et cela, soutient Maxime, « à cause du rapport universel et la réunion de tous en elle (διὰ τὴν τῶν πάντων εἰς αὐτὴν καθολικὴν ἀναφορὰν καὶ συνέλευσιν [Myst 1.177–178 (665d)]) ». La progressive unification du genre humain est incontestablement inscrite dans sa nature et dévolue à son action. Les théories sur l'*ecclesia* consécutives à celle

---

[38] « Πολλοὶ λόγοι ὁ εἷς λόγος ἐστὶ, καὶ εἷς οἱ πολλοί / . . . / ὥσπερ εἰς ἀρχὴν παντοκρατορικὴν ἢ κέντρον τῶν ἐξ αὐτοῦ εὐθειῶν τὰς ἀρχὰς προειληφὸς καὶ ὡς πάντων συναγωγὸς, εἷς οἱ πολλοί », in : Amb 7, 1081c, traduction A. Riou, *Le monde et l'Eglise*, p. 59.

que nous analysons ici permettent cependant de s'engager plus profondément dans l'analyse de son agir. Nous voudrions pouvoir déterminer dans quelle mesure l'*ecclesia* maximienne assume des fonctions
similaires à celle du lieu et par suite à celle du temps telles qu'elles
ont été précisées par les commentateurs néoplatoniciens. Cette
hypothèse s'autorise du rapprochement des 'théories sur l'*ecclesia*' et
de la 'théorie sur la nature' (*physikè théoria*) effectué par Maxime lui-
même.

Avant d'analyser la deuxième *théoria* de Maxime sur l'*ecclesia*, il
peut être utile de se livrer à une comparaison un peu plus serrée
de l'*agir* de l'Archétype et de l'*agir* de l'image. Cette tentative va au-
delà de la lettre de la première *théoria*, il faut donc la prendre avec
précaution.

Repartons de la structure graphique du postulat initial :

Archétype (Dieu)

Image (ecclesia)   Même activité que lui (ὡς τὴν αὐτὴν αὐτῷ κατὰ
                     μίμησιν καὶ τύπον ἐνέργειαν ἔχουσαν [MYST 1.130–
                     131 (664d)])

Peut-on, en partant de ce postulat, inférer les formes spécifiques
d'agir divin sur les modes d'action de l'*ecclesia* ? En d'autres termes,
peut-on dire de l'*ecclesia* qu'elle donne cohésion (συνέχει), qu'elle
rassemble (συνάγει), qu'elle circonscrit (περιγράφει) ? Et si oui, quels
sont les êtres qui en éprouveront les effets. Il est malaisé de faire
cette transposition sans nuances. Rappelons toutefois que la deuxième démonstration de la première *théoria* se termine par ce que nous
nommions précédemment une digression sur le Christ comme tête
de l'*ecclesia*. Cette digression permet à Maxime d'indiquer un autre
bénéficiaire de cet agir :

> Il ramène à lui-même les divisions des êtres advenus par lui afin que
> ne soit pas totalement étrangères ou ennemies les unes des autres les
> créations et productions venus du Dieu 'un' (καὶ πρὸς ἑαυτὸν ἄγων τοὺς
> τῶν ὄντων καὶ ὑπ᾽ αὐτοῦ γενομένων διορισμοὺς ἵνα μὴ ἀλλήλων παντάπασιν
> ἀλλότρια ᾖ καὶ ἐχθρὰ τὰ τοῦ ἑνὸς θεοῦ κτίσματα καὶ ποιήματα [MYST
> 1.192–195 (668b)].

Maxime confirme ici la portée universelle de l'agir de celui qui est
tête de l'*ecclesia*. Il n'est pas impossible, en prolongeant ce raisonnement, d'inférer sur l'*ecclesia* une certaine puissance universelle
d'union qu'elle possède en vertu du Christ qui est la tête du corps.
De fait, dans sa structure spatiale, dont il n'est fait nulle mention

dans cette première *théoria* contrairement à celles qui vont suivre, elle se présente comme dotée d'une certaine puissance de cohésion, de rassemblement et plus généralement d'unification.

Comme 'type', elle porte l'empreinte de l'agir divin et devient de cette façon le paradigme de l'union et de la distinction que l'on rencontre non seulement dans la communauté humaine mais également, et de façon beaucoup plus universelle, dans toutes les créations divines. Ce paradigme nous est rapporté par Maxime dans le schéma géométrique du centre, du cercle et des rayons. Ce schéma ne semble pourtant pas purement descriptif. Il pourrait en un sens témoigner d'un certain travail au cœur des réalités qui, par génération, se trouvent et dans le principe et hors de lui. De ce point de vue, on peut dire non seulement que l'*ecclesia* est cohérence mais qu'elle donne la cohésion, non seulement qu'elle est rassemblement mais qu'elle rassemble, non seulement qu'elle est circonscrite mais qu'elle circonscrit en elle-même toute la production divine. C'est lui donner, de fait, comme au Christ qui en est la tête une portée universelle.

Concluons l'analyse de la première *théoria* en nous autorisant deux dernières tentatives de rapprochement entre l'*ecclesia* maximienne et certaines conceptions géométriques qui sous-tendent les deux premiers chapitres de la *Mystagogie*. En se fondant sur l'Ecriture, Maxime avait affirmé dans les *Questions à Thalassios* : l'*ecclesia* est un 'angle' (γωνία) en vertu du Christ qui est dit 'tête de l'angle'. Il s'ensuivait une comparaison symbolique qui voulait voir dans l'*ecclesia* le point d'intersection de deux murs, en fait de deux communautés humaines 'paradigmatiquement' antithétiques, les Juifs et les Nations.[39] L'usage de la notion géométrique d'angle possède une notable portée philosophique chez les néoplatoniciens. Nous pourrions penser que c'est là un usage maximien isolé et sans conséquence. Il n'est que de parcourir le 48ème chapitre des *Questions à Thalassios* pour se convaincre du contraire. Dans ce dernier, comme dans le 53ème chapitre des mêmes *Questions à Thalassios*, c'est l'*ecclesia* qui est 'angle' (γωνία). L'exégèse proposée par Maxime soutient que le discours appelle 'angles' les différentes unions que le Christ a faites des choses divisées. Ces unions ont un caractère universel car elles portent tant sur l'altérité du masculin et du féminin que sur l'altérité du sensible et de l'intelligible. Ces 'divisions' sont symboliquement ramenées au

---

[39] Cf., THAL 53.9ss.

point d''angle' (γωνία) qui joue comparativement à la figure plus complète du cercle le rôle du centre.[40] On peut inférer la portée universelle de ces unions sur l'*ecclesia* de la *Mystagogie* en lui appliquant le symbole de l''angle' (γωνία) mais alors que dans les *Questions à Thalassios* les bénéficiaires de cette union étaient les deux peuples des Juifs et des Nations, dans la *Mystagogie* ce sont tous les hommes qu'elle rassemble en leur donnant l'être et le nom de celui qui est la tête de l'angle, le Christ. Une idée similaire qui se trouve chez Proclus a pu préparer l'exégèse symbolique du Confesseur. Dans son *Commentaire sur le premier livre des Eléments d'Euclide*, le philosophe athénien affirme :

> Nous disons que l'*angle* est le *symbole* et l'*image* de la cohérence qui existe dans les créations divines (Τὴν γωνίαν σύμβολον εἶναί φαμεν καὶ εἰκόνα τῆς συνοχῆς τῆς ἐν τοῖς θείοις γένεσι) de l'arrangement qui fait converger les choses séparées vers l'un (τῆς συναγωγοῦ τάξεως τῶν διῃρημένων εἰς ἕν), les choses divisibles vers l'indivisible (τῶν μεριστῶν εἰς τὸ ἀμερὲς), les choses multiples à la communauté qui les relie ensemble (τῶν πολλῶν εἰς συνδετικὴν κοινωνίαν).[41]

La notion géométrique de l''angle' fournit donc une trace complémentaire de la présence de topiques notoirement néoplatoniciens dans les matériaux conceptuels du Confesseur. Ces derniers sont pourtant nettement recentrés sur le Christ qui assume le point de référence de tout le système.

Risquons un dernier rapprochement entre Dieu et l'*ecclesia*. Prenons ici quelques reculs sur la comparaison des deux modes d'action qui manifestement domine la première *théoria* sur l'*ecclesia* comme cela est maintenant établi.

L'*ecclesia* porte le *type* et l'*image* de Dieu. Peut-on développer cette affirmation en ne sortant pas de la première *théoria* ? Pour clore l'exposé du premier terme de comparaison sur l'agir de l'Archétype, Maxime affirme de Dieu qu'il est : « fondement inétendu de l'enveloppement de tout (πυθμένα τῆς πάντων περιοχῆς ἀδιάστατον [Myst 1.162 (665bc)]) ».[42] Cette formule autorise-t-elle à affirmer de l'*ecclesia*,

---

[40] Cf., Thal 48.40ss.

[41] Proclus, *In primum Euclidis elementorum librum commentarii* [128.26–129.3], G. Friedlein ed.

[42] L'expression τῆς πάντων περιοχῆς est à résonance néoplatonicienne. Voir : Damascius, *Traité des premiers principes* [81.10], L.G. Westerink & J. Combès eds. Quant au concept πυθμένα, il est récurrent chez Proclus ; mais alors que dans certains cas le terme fait référence aux nombres racines (Festugière traduit : noyau

qu'elle est 'type' et 'image' du 'fondement inétendu de l'enveloppement de tout' ? Ou, pour être plus précis, car c'est l'hypothèse qui
intéresse la présente étude, qu'elle est le 'type' de l'enveloppement[43]
de tout dont Dieu serait le fondement ? Ce pourrait être en effet
une de ses caractéristiques propres car l'enveloppement—qui en soi
décrit une action—est la limite et la retenue ultime du monde créé.

Si l'on veut cependant classer correctement les idées qui émergent
de cette hypothèse, on doit introduire une notion qui ne fait son
apparition que dans la seconde *théoria*. Maxime y distingue en effet
'deux' *ecclesiae*. La première faite-de-mains-d'hommes est objectivement le support de toutes les théories qui forment la première partie de la *Mystagogie*. Elle relève du monde sensible en tant qu'elle est
visible et qu'elle est dotée d'une certaine étendue 'corporelle'. La
seconde, Maxime la nomme, *ecclesia*-non-faite-de-mains-d'hommes.
Elle est de nature intellective. Si la première est le type d'un modèle universel, la seconde est en soi le modèle universel. Partant de
ces prémices, on peut classer les rapports à la notion d'enveloppement de la façon suivante. Pour Maxime :

- Le divin est le fondement de l'enveloppement de tout (πυθμένα τῆς
  πάντων περιοχῆς [Myst 1.162 (665bc)]).
- L'*ecclesia* non-faite-de-mains-d'hommes est 'l'enveloppement de tout'.
- L'*ecclesia* faite-de-mains-d'hommes est 'le type de l'enveloppement de
  tout'.

---

arithmétique) qui commandent une série, il tend ailleurs à désigner le point le plus
bas du monde où il paraît désormais chargé d'un sens péjoratif. Parmi ces occurrences, PROCLUS, *In Platonis rem publicam commentarii* [2.36.29 ; 2.37.22 ; 2.39.6 ; 2.39.14 ;
2.347.28], W. Kroll ed., PROCLUS, *In Platonis Timaeum commentaria* [1.189.11 ;
1.206.6 ; 1.353.7 ; 2.275.26], E. Diehl ed. L'usage de ce terme par Maxime pourrait toutefois provenir de l'auteur du Corpus dionysien, voir : PSEUDO-DENYS, Noms
divins [148.14 ; 214.14], *Corpus Dionysiacum I : Pseudo-Dionysius Areopagita. De divinis
nominibus*, B.R. Suchla ed.

[43] Sur l'importance de cette expression dans les théories sur le lieu dans l'Antiquité
tardive, voir le *Commentaire aux Catégories* de Simplicius qui affirme : « . . . car la cause
de l'enveloppement s'étend, en remontant, jusqu'aux réalités les plus hautes, et elle
nous conduit à ce lieu divin là-bas, qui est lui-même cause de lui-même, qui lui-
même s'enveloppe lui-même, qui subsiste en lui-même et dont la subsistence n'est
plus inséparable des étants mais est séparable d'eux. Telle est sur le lieu la doctrine que professe Jamblique dans sa contemplation intellective (τὸ γὰρ μέχρι τῶν
ἀνωτάτω ἀνῆκον αἴτιον τῆς περιοχῆς προάγει ἡμᾶς ἐπ' ἐκεῖνον τὸν θεῖον τόπον, ὅστις
αὐτός τε ἑαυτοῦ ἐστιν αἴτιος καὶ αὐτὸς ἑαυτοῦ περιληπτικὸς ἐν ἑαυτῷ τε ὑφέστηκεν
καὶ οὐκ ἔτι ἀχώριστον, χωριστὴν δὲ τῶν ὄντων ἔχει τὴν ὑπόστασιν. ἀλλὰ ταῦτα μὲν
ἔστω τῆς Ἰαμβλίχου νοερᾶς θεωρίας περὶ τοῦ τόπου δόγματα) », in : SIMPLICIUS, *In
Aristotelis categorias commentarium* [364.2–5], K. Kalbfleish ed., traduction Ph. Hoffmann.

Dans lequel cas, l'*ecclesia* se rapproche du 'topos' actif des néoplatoniciens et peut ainsi sérieusement postuler aux verbes : συνέχει, συνάγει, περιγράφει. Ce qui fait d'elle, en vertu du Christ qui en est la tête, une entité médiatrice[44] entre le Créateur et ses créatures achevant de réaliser l'œuvre de création en donnant cohésion, en rassemblant et en circonscrivant non seulement la communauté des hommes mais les 'touts' et les parties, les genres, les espèces et les diverses entités individuées. Elle se trouve inscrire dans une construction et une action visible, l'espace et le temps sans lesquels (i.e. *sine qua non*) dans le système du Confesseur, rien ne peut exister comme l'analyse d'*Ambiguum* 10 (*supra*) l'a démontré.

La fonction de l'*ecclesia* non-faite-de-mains-d'hommes remplit ainsi la fonction authentique du lieu qui est 'rassemblement d'une pluralité qui ne serait sans lui (en l'occurence sans elle) que dispersion'.[45]

3.b. *Deuxième* théoria. *Typologie spatiale. Architecture et système du monde*

A la différence de la présentation du texte du premier chapitre de la *Mystagogie*, il est préférable pour bien appréhender cette *théoria* de l'exposer de façon précisément structurée en fonction des correspondances lexicales 'terme-à-terme' qui y sont introduites selon le système de parallélisme qui tend à dominer les œuvres du moine byzantin.

> Selon une seconde conception théorique, il disait que la sainte *ecclesia* de Dieu est type et image du monde tout entier composé d'essences visibles et invisibles, en tant qu'elle reçoit la même union et division que lui.

> A/ Car de même qu'elle est une seule maison par la construction, elle admet la différenciation par une certaine propriété qui dépend de la position de sa configuration. Elle se divise en un lieu réservé aux seuls prêtres et aux ministres liturgiques que nous appelons 'sanctuaire' et en un autre ouvert à l'accès de tout le peuple croyant que nous appelons 'temple'.

---

[44] Myst 2 affirmera qu'elle est non seulement une certaine hypostase mais qu'elle est possède puissance et énergie.

[45] Cf., Ph. Hoffmann, « Les catégories ΠΟΥ et ΠΟΤΕ chez Aristote et Simplicius », p. 244.

B/ A nouveau, elle est une selon l'hypostase[46] n'étant pas divisée
par ses parties à cause de leur différence réciproque, *mais encore
elle délie ces mêmes parties de la différence qui se trouve dans leur dénomination en les référant à son propre 'un'*,

C/ montrant que toutes deux sont la même chose l'une pour
l'autre, faisant apparaître que l'une est pour l'autre par
cohésion ce que chacune est par constitution pour elle-
même. Le temple est sanctuaire en puissance, étant consacré par le rapport de la 'mystagogie' avec le terme,
inversement, le sanctuaire est temple en acte en possédant
le principe de la propre 'mystagogie'.

D/ EN TOUS DEUX, ELLE EST EN PERMANENCE UNE ET LA MÊME.

A'/ Ainsi, le monde tout entier des êtres issus de Dieu par génération
se divise en un monde intelligible rempli d'essences intellectuelles
et incorporelles, et en ce monde sensible et corporel noblement
tissé de nombreuses formes et natures.
[incise]C'est une sorte d'autre *ecclesia* non faite de mains d'hommes
qui point avec sagesse par celle qui est faite de mains d'hommes.
Elle a pour sanctuaire le monde d'en-haut assigné aux puissances
d'en-haut et pour temple le monde d'en-bas adjoint à ceux qui
ont pour part de vivre dans la perception (i.e. par l'intermédiaire
des sens).

B'/ A nouveau, il y a un seul monde non divisé par ses propres
parties, au contraire, de ces mêmes parties il circonscrit la
différenciation qui provient de leur propriété naturelle en les
référant à son propre et indivisible 'un'.

C'/ Il montre qu'elles sont tour à tour la même chose pour
soi et l'une pour l'autre sans confusion, qu'elles sont
engagées l'une dans l'autre, l'une toute entière dans l'autre
toute entière,

D'/ QUE TOUTES DEUX COMME PARTIES CONSTITUENT
LE MÊME TOUT 'UN', ET PAR LUI LES PARTIES SONT
UNIFORMÉMENT ET TOTALEMENT CONSTITUÉES
COMME TOUT.

---

[46] Nous devons à Stephen Gersh d'avoir attiré notre attention sur l'usage néoplatonicien de ce terme repris par Proclus qui parle de l'existence de l'univers
physique et de sa constitution : « ἔτι σύνθετός ἐστιν ὁ κόσμος καὶ ἐξ ἀνομοίων ἔχει
τὴν ὑπόστασιν », in : PROCLUS, *In Platonis Timaeum commentaria* [I.297.18–19], E. Diehl
ed. Le terme semble associé à divers types de composé dépendant d'une cause
supérieure. Voir la mise au point de ce terme technique en philosophie, in : St.
GERSH, Κίνησις Ἀκίνητος. A Study of Spiritual Motion in the Philosophy of Proclus,
p. 30–32. On ne peut écarter une possible 'analogie' avec l'union dans l'hypostase
du Logos divin de la nature divine et de la nature humaine. Voir toutefois les deux
définitions d''hypostase' chez Maxime respectivement selon les philosophes et selon
les Pères, in : OpThPol XXVI, 276b.

Car le monde intelligible tout entier apparaît mystérieusement imprimé dans le monde sensible tout entier en des formes symboliques pour ceux qui ont la capacité de voir. Le sensible tout entier est dans l'intelligible tout entier, simplifié en *logoi* par voie de connaissance intellective. Celui-ci est en celui-là par les *logoi*, celui-là en celui-ci par les types. Et leur action était comme le serait une roue dans une roue dit l'étonnant visionnaire des grandes choses Ezechiel en parlant, me semble-t-il, des deux mondes.

A nouveau encore : depuis la création du monde, ses réalités invisibles sont observées dans les créatures par le moyen de l'intelligence. Si donc, par les choses apparentes sont observées les choses non apparentes, comme il est écrit ; combien plus par les choses non apparentes, pour ceux qui s'attachent à la contemplation spirituelle, les choses apparentes seront-elles saisies par l'intelligence. La *théoria* symbolique des intelligibles par l'intermédiaire des choses visibles est science spirituelle et intelligence des visibles par l'intermédiaire des invisibles. Il faut en effet que les êtres qui sont en tout révélateurs les uns des autres aient des reflets vrais et évidents les uns des autres et une relation indéfectible qui soit fondée en eux.

3.b.1. *La seconde théoria. L'*ecclesia *et le monde, un système de correspondance 'terme-à-terme'*

Le programme de cette deuxième *théoria* diverge de la première. On aurait pu proposer un canevas similaire sur le modèle : théorème, premier terme de comparaison, second terme de comparaison et conclusion mais on serait alors tenu de répondre à plusieurs difficultés. Car, à la différence de la première *théoria*, celle-ci n'a pas de réelle conclusion. Maxime y propose toutefois une importante digression sur la '*théoria* symbolique'. Cette dernière pourra nous fournir de précieuses indications sur la méthodologie de Maxime lui-même.

Comme pour la *théoria* précédente, le moine byzantin construit son exposé sur un mode binaire incluant deux points de comparaison, l'*ecclesia* et le monde tout-entier (ὁ σύμπας κόσμος). Le premier terme, l'*ecclesia*, est le type et l'image du second et ceci en vertu d'un point commun qui veut que tous deux comprennent de l''union' et de la 'distinction'. Le système des parallélismes est cependant plus précis que dans la première *théoria*. On est en présence d'une sorte d'emboîtement rhétorique à deux termes de comparaison.

C'est en rapport à l'union et à la distinction (ἕνωσις καὶ διάκρισις) rencontrées soit dans l'*ecclesia*, soit dans le monde tout entier que cette *théoria* prend forme. Elle se présente schématiquement ainsi :

A/ une seule maison (εἷς οἶκος ὑπάρχουσα) ... se divise en ... (διαιρουμένη εἴς)	A'/ monde tout entier (ὁ ἐκ θεοῦ κατὰ γένεσιν παρηγμένος σύμπας τῶν ὄντων κόσμος) ... se divise en ... (διαιρούμενος εἴς ...) *Incise : dialectique ecclesia faite-de-mains-d'hommes* (χειροποίητος) / *non-faite-de-mains-d'hommes* (ἀχειροποίητος)
B/ A nouveau, une selon l'hypostase (πάλιν μία ἐστὶ κατὰ τὴν ὑπόστασιν) pas divisée par ses propres parties (οὐ συνδιαιρουμένη τοῖς ἑαυτῆς μέρεσι) les référant à son propre 'un' (τῇ πρὸς τὸ ἓν ἑαυτῆς ἀναφορᾷ)	B'/ à nouveau, un seul monde (πάλιν εἷς ἐστι κόσμος) non divisé pas ses propres parties (τοῖς ἑαυτοῦ μὴ συνδιαιρούμενος μέρεσιν) les référant à son propre et indivisible 'un' (τῇ πρὸς τὸ ἓν ἑαυτοῦ καὶ ἀδιαίρετον ἀναφορᾷ)
C/ montrant que toutes deux sont la même chose l'une pour l'autre (ταὐτὸν ἀλλήλοις ἄμφω δεικνύουσα)	C'/ il montre qu'elles sont tour à tour la même chose (ταὐτὸν ἑαυτῷ τε καὶ ἀλλήλοις ἀσυγχύτως ἐναλλὰξ ὄντας ... δεικνὺς)
D/ En tous deux, l'*ecclesia* une et la même (δι' ἀμφοῖν μία καὶ ἡ αὐτὴ διαμένει)	D'/ Toutes deux comme parties constituent le même tout 'un' (καὶ ἄμφω ὅλον αὐτὸν ὡς μέρη ἕνα συμπληροῦντας)

La deuxième *théoria* sur l'*ecclesia* présente un riche appareil terminologique provoquant des effets de miroir précis. Maxime reproduit, par un style rhétorique soigné, l''union' et la 'distinction' qui se trouvent inscrites dans l'*ecclesia* d'abord puis dans le monde tout entier. La description apparaît comme suit : une seule réalité/divisé en .../ une seule réalité/non divisée .../parties référées à l'un/la même chose/tous deux, le même un.

Le tableau terme-à-terme ci-dessus ne doit pas cacher un autre rapport de cette seconde *théoria* qui répartit sous les notions génériques d''union' et de 'distinction', les totalités (une seule maison ; monde tout entier) et les parties (sanctuaire, temple ; monde intelligible, monde sensible). Sous ces notions génériques, le moine byzantin vient placer, par extension, plusieurs autres rapports présentant une similarité de structure. En effet, les parties sont elles mêmes des 'touts'— entrant dans la catégorie du quantifié continu—en tant qu'elles contiennent leurs propres parties ou une certaine pluralité qu'elles doivent être en mesure d'unifier. Le monde intelligible d'une part est rempli d'essences intellectuelles et incorporelles (τὸν ἐκ νοερῶν καὶ ἀσωμάτων οὐσιῶν συμπληρούμενον [Myst 2.227–228 (669a)]), le monde sensible et corporel d'autre part est noblement tissé de nombreuses formes et natures (ἐκ πολλῶν μεγαλοφυῶς συνυφασμένον εἰδῶν τε καὶ φύσεων [Myst 2.228–230 (669a)]). Le rapport général du 'tout' et des parties est l'objet même de cette *théoria*. Elle se trouve être l'écho direct de la proposition comparative de la *théoria* précédente : « Comme les parties sont par nature issues de la totalité, ainsi... (ὥσπερ ἐκ τῆς ὁλότητος τὰ μέρη, οὕτω δὲ [Myst 1.153ss (665b)]) ».

La seconde *théoria* permet à Maxime de représenter avec une certaine précision le cadre dans lequel prennent place les principes de son système du monde. Elle présente une autre importante caractéristique qui la différencie de la première *théoria* ; dans celle-ci, c'est au niveau d'une certaine puissance d'union que l'*ecclesia* est type et image de Dieu, dès la seconde *théoria* et jusqu'au terme des théories, c'est en vertu d'un certain schéma de construction que l'*ecclesia* sert de terme de comparaison. La correspondance est dès lors structurelle et suppose la mise en place d'un *analogon* qui puisse servir de référent universel d'un bout à l'autre de la série (i.e. du rapport sensible/intelligible au rapport puissance pratique/puissance théorétique de l'âme).

3.b.2. *La théoria symbolique, dialectique visible/invisible*

Par l'importante digression sur la '*théoria* symbolique',[47] Maxime remet à son lecteur ou à son auditeur le plan de la marche à suivre pour appréhender correctement la démonstration qui s'y trouve proposée. En se fondant sur l'épître aux Romains, il soutient : « par les choses apparentes sont observées les choses non apparentes... (καθορᾶται διὰ τῶν φαινομένων τὰ μὴ φαινόμενα [Myst 2.251–252 (669c)]) ».

Si le but de cette théorie est de saisir par l'intelligence la structure *a priori* du monde tout entier et un certain rapport universel du 'tout' et des parties, le substrat initial de l'étude (i.e. son point de départ) est un objet de perception sensible, un édifice visible. C'est en effet en partant de la perception d'une structure spatiale que l'âme va, par induction, remonter à la structure *a priori* de la totalité de ce qui est. L'allusion faite par Maxime à une sorte d'autre

---

[47] Sur l'usage de cette notion dans l'Ecole philosophique d'Athènes, voir : Proclus, *In Platonis rem publicam commentarii* [1.85.7 ; 1.134.2 ; 1.198.18], W. Kroll ed.

ecclesia non-faite-de-mains-d'hommes[48] (ἄλλη πως ὑπάρχων ἀχειροποίητος ἐκκλησία διὰ ταύτης τῆς χειροποιήτου σοφῶς ὑποφαίνεται [Myst 2.230–232 (669c)]) apporte à l'élucidation de l'*a priori* structuré et structurant, une ultime justification du bien-fondé de la démarche inductive prônée ici par le moine byzantin.

Pourquoi toutefois avoir voulu substituer l'*ecclesia* au monde visible qui aurait pu fournir lui aussi un point de départ comme en convient l'auteur de l'épître aux Romains que Maxime mentionne ? Cette question est cruciale car elle signale un important topique dans la pensée du Confesseur.

La base de l'anthropologie maximienne est classique : l'homme est un être doué de perception et de raison. Dans la quatrième *Centurie sur la Charité*, Maxime adopte définitivement cette conception :

> Toute nature douée d'intelligence et de sens, lorsqu'elle a été menée à l'existence, a reçu de Dieu la puissance de percevoir les êtres. Douée d'intelligence, elle a reçu les intellections. Douée de sens, elle a reçu les sensations (Πᾶσα ἡ νοερὰ οὐσία καὶ ἡ αἰσθητικὴ ἔλαβον δυνάμεις, παρὰ Θεοῦ εἰς τὸ εἶναι παραχθεῖσαι, ἀντιληπτικὰς τῶν ὄντων· ἡ μὲν νοερὰ τὰς νοήσεις, ἡ δὲ αἰσθητικὴ τὰς αἰσθήσεις).[49]

L'anthropologie maximienne signale cependant dans le rapport de l'homme au monde un certain dysfonctionnement et ceci en raison d'une fragilité native dans le mode de perception sensible, conséquemment dans le mode de connaissance. Cette fragilité ou maladie se traduit par un attachement passionné aux êtres et aux choses. C'est en termes d'asservissement à la 'corruption' (φθορά), de 'mort' (θάνατος) et de 'péché' (ἁμαρτία) que Maxime qualifie cet état de fait [cf., Myst 8]. La *Mystagogie* est toute pénétrée par ce problème. Les premiers éléments du rite représentent symboliquement un dépasse-

---

[48] On peut noter l'étroite parenté de cette dialectique avec celle que signale Grégoire de Nysse dans la *Vie de Moïse*. Il y distingue le Tabernacle incréé dans sa préexistence du Tabernacle créé lorsqu'il reçoit une existence matérielle, in : Grégoire de Nysse, *La vie de Moïse* [2.174.9–11], J. Daniélou ed. Sur la tente non-faite-de-mains-d'hommes : Grégoire de Nysse, *La vie de Moïse* [2.167.1ss ; 2.169.8 ; 2.170.1], J. Daniélou ed. La notion est bien attestée chez un auteur alexandrin de l'époque de Maxime, entre autres occurrences : Cosmas Indicopleustès, *Topographie chrétienne*, t.1 [II.3.9ss], W. Wolska-Conus ed.

[49] Char IV.10, traduction J. Touraille. Même idée en Amb 10, 1153ab. Dans ce dernier passage Maxime montre que l'homme en tant que composé d'une âme et d'un corps, d'une part 'est circonscrit' par les réalités intelligibles et sensibles, mais d'autre part les 'circonscrit' en puissance en lui-même en temps qu'il embrasse les unes par son intelligence et les autres par sa faculté de perception sensible.

ment de l'égarement de l'âme et son redressement. D'ailleurs, l'étude de l'*ecclesia* cherche à offrir un cadre correct de la conduite de l'âme vers la vraie connaissance. Le problème de l'attachement passionné de l'homme au monde sensible pourrait donner à penser que Maxime ne reproduit qu'une forme dérivée de dualisme platonicien qui semble avoir été assez populaire dans l'origénisme monastique. De fait, il y a chez le Confesseur un dualisme mais si l'on veut faire droit à sa pensée on doit distinguer le dualisme 'intelligible-sensible' et une certaine forme de dualisme anthropologique. Le premier est l'objet de cette seconde *théoria*. Il n'est pas en soi problématique car, comme nous le verrons plus bas, il est constitutif du réel dont la nature bonne est 'synthétique'. Le second est chevillé au monde sensible et particulièrement à notre mode de perception. Il faut déterminer ici s'il se situe pour le moine byzantin dans le mésusage de notre faculté de perception ou dans les choses de la nature. Il est assez difficile de trancher.

La mise en parallèle de la guerre que se livrent les éléments du monde sensible et le bon ordre dans lequel l'Univers a été créé complexifie sensiblement toute cette question. Le 23ème chapitre de la *Mystagogie* et une section capitale de l'*Ambiguum* 10 fourniront ici une base de comparaison.

Pour Maxime, la première entrée de la sainte synaxe représente symboliquement la sortie de l'âme du trouble et de l'erreur qui proviennent des choses matérielles (ἀπὸ τῆς ἔξωθεν τῶν ὑλικῶν πλάνης καὶ ταραχῆς [Myst 23.789–790 (697c)]) c'est-à-dire de l'égarement produit par l'aspect extérieur des réalités sensibles.[50] Il poursuit :

- C'est en cette apparence des choses sensibles (τῶν αἰσθητῶν λέγω τὴν ἐπιφάνειαν)[51]
- que se trouve la guerre interminable des choses entre elles (καθ᾽ ἣν ὁ διηνεκὴς τῶν αἰσθητῶν πρὸς ἄλληλα συνέστηκε πόλεμος),
- pour toutes, cause opérante de leur corruption réciproque (πᾶσι τὴν δι᾽ ἀλλήλων φθορὰν ἐνεργῶν)
- toutes se corrompant les unes les autres (πάντων φθειρόντων ἄλληλα),
- et toutes se corrompant les unes dans les autres (καὶ ἐν ἀλλήλοις φθειρομένων)

---

[50] Voir également : Thal 27.36ss.
[51] Boudignon ne retient pas dans son édition cette courte expression qui présente toutefois la particularité d'être bien attestée dans les écrits maximiens avec un sens similaire à celui qui est proposé ici. Voir : Thal Prol. 421 ; 16.27 ; 16.66 ; 50.167 ; 59.21 ; 62.284.

– n'ayant pour toute 'fermeté' que d'être instables et de se corrompre
  (καὶ τοῦτο μόνον πάγιον ἔχοντα, τὸ ἀστατεῖν καὶ φθείρεσθαι),
– de ne jamais pouvoir s'accorder l'une à l'autre de façon permanente sans lutte ni révolte (καὶ μηδέποτε συμβαίνειν ἀλλήλοις κατὰ
  διαμονὴν ἄμαχον δύνασθαι καὶ ἀστασίαστον).[52]

On doit opposer à cette sombre description, un texte d'*Ambiguum* 10
qui déclare :

> Les saints 'conçurent' d'une part, le bon ordre de la création, la pro-
> portion et le commerce que chacun y entretient avec le tout (Οὕτω μὲν
> οὖν τὴν κτίσιν κατανοήσαντες οἱ ἅγιοι, καὶ τὴν εὐκοσμίαν αὐτῆς καὶ τὴν
> ἀναλογίαν καὶ τὴν χρείαν, ἣν ἕκαστον παρέχεται τῷ παντί) ...
>
> ...et d'autre part, la permanence, l'ordre et la position des êtres
> qui y sont nés, leur évolution selon laquelle chacun selon sa forme
> particulière reste inconfondu et libre de tout mélange (οὕτω δὲ τὴν
> διαμονὴν, τήν τε τάξιν καὶ τὴν θέσιν τῶν γεγονότων, καὶ τὴν διεξαγωγήν,
> καθ᾽ ἣν πάντα κατὰ τὸ οἰκεῖον ἕκαστα εἶδος ἕστηκεν ἀσύγχυτα καὶ παντὸς
> ἐλεύθερα φυρμοῦ).[53]

Il n'est guère aisé de comprendre les deux textes comme s'exprimant sur le même objet de perception. On trouve toutefois dans la
tradition philosophique athénienne un point de tension analogue.
Dans le *Commentaire sur le premier livre des éléments d'Euclide*, Proclus
souligne d'une part l'instabilité des réalités sensibles en arguant que
tous les objets sensibles se confondent les uns dans les autres (ὡς ἐν ἀλλήλοις
πάντα τὰ αἰσθητὰ συμμέμικται)[54] mais affirme par ailleurs que les 'sciences mathématiques' mettent en évidence :

> ...le bon ordre des rapports (τὴν τε τῶν λόγων εὐταξίαν) dans lesquels
> l'Univers (τὸ πᾶν) a été fabriqué et la proportion qui a relié toutes les
> choses qui existent dans le monde (καὶ ἀναλογίαν τὴν πάντα τὰ ἐν τῷ
> κόσμῳ συνδήσασαν) en rendant amies les choses qui se combattent,
> familières et sympathiques celles qui sont en disconvenance (φίλα τὰ
> μαχόμενα καὶ προσήγορα καὶ συμπαθῆ τὰ διεστῶτα ποιήσασαν).[55]

---

[52] Myst 23.796ss (697d). Même topique dans l'*Ambiguum* 10 à propos de la constitution du monde sensible (τοῦ αἰσθητοῦ κόσμου τὴν σύστασιν [cf., Amb 10, 1169cd]).

[53] Amb 10, 1176bc. Relevons que ce texte introduit la description maximienne
des mouvements intramondains réguliers comme le parcours des astres, le cycle de
l'année, l'alternance des jours et des nuits.

[54] Cf., Proclus, *In primum Euclidis elementorum librum commentarii* [12.23ss],
G. Friedlein ed.

[55] Proclus, *In primum Euclidis elementorum librum commentarii* [22.17–22], G. Friedlein
ed. L'idée de la proportion (ἀναλογία) comme cause de l'unité du monde est bien
attestée chez Proclus. Voir dans le Commentaire sur le Timée : « L'univers est en
effet rendu un grâce à la proportion, qui possède un pouvoir d'unifier les choses
divisées, de rassembler les choses pluralisées, de maintenir en cohésion les choses
dispersées (καὶ γὰρ ἓν τὸ πᾶν ἀποτελεῖται διὰ τῆς ἀναλογίας ἑνοποιὸν τῶν διῃρημένων

Maxime s'inscrit dans une problématique similaire mais il substitue aux 'sciences mathématiques' de Proclus, la configuration visible de l'*ecclesia* qui offre à la perception une structure géométrique stable. L'analyse plus serrée de la seconde *théoria* devrait contribuer à confirmer ce postulat. Mais il faut auparavant distinguer en Myst 23 les réalités sensibles (τὰ αἰσθητὰ) de leur 'apparence' (ἡ ἐπιφάνεια) ou 'aspect extérieur' (ἡ πρόσοψις). Maxime associe à ces termes qui paraissent décrire la surface du monde sensible (i.e. ce qui s'impose à un premier degré de perception) les deux notions de forme (εἶδος) et de schéma (σχῆμα) reprises deux fois dans le vingt-troisième chapitre de la *Mystagogie* [23.791 (697c) ; 23.831 (700c)]. Ces deux termes sont toutefois réintroduits de façon positive dans le système. Le moine byzantin rapporte notamment le concept de σχῆμα à l'*ecclesia* pour décrire la permanence de son organisation interne (τῇ κατὰ τὴν θέσιν τοῦ σχήματος ποιᾷ ἰδιότητι [Myst 2.212 (668d)]) et dit du monde sensible et corporel qu'il est noblement tissé de nombreuses formes et natures (τὸν αἰσθητὸν τοῦτον καὶ σωματικὸν καὶ ἐκ πολλῶν μεγαλοφυῶς συνυφασμένον εἰδῶν τε καὶ φύσεων [Myst 2.228–230 (669a)]). Ces deux notions centrales ne sont donc pas définitivement écartées mais resituées dans un système où dominent proportion et harmonie. Maxime restitue ainsi à la permanence de structures formelles l'empire sur une certaine instabilité matérielle.

Comme de nombreux philosophes de l'Antiquité tardive, Maxime a cherché à ancrer la pérennité des choses dans un certain rapport supérieur et libre de ce qui précisément ne cesse de se mouvoir en se composant et en se décomposant. Il convenait de fonder ailleurs que dans les éléments dont est constitué le monde une certaine continuité des êtres et c'est assez naturellement les *logoi* qui remplirent ce rôle. Dans l'*Ambiguum* 15, le Confesseur retient une idée apparentée à celle du 'bon ordre des rapports' (τὴν τε τῶν λόγων εὐταξίαν) dévolu à la science mathématique par Proclus lorsqu'il affirme : « . . . tous les êtres, selon le logos qui les a fondés et qui les fait être, sont parfaitement stables et immobiles (πάντα τὰ ὄντα καθ' ὃν μὲν ὑπέστησάν τε καὶ εἰσὶ λόγον, στάσιμά τε παντελῶς εἰσι καὶ ἀκίνητα [Amb 15, 1217a]) ».

Maxime ne fournit toutefois guère d'éléments pour savoir si c'est dans la nature des choses (i.e. dans l'objet de perception) ou (et)

καὶ συναγωγὸν τῶν πεπληθυσμένων καὶ συνεκτικὴν τῶν διασκεδαννυμένων δύναμιν ἐχούσης) », in : Proclus, *In Platonis Timaeum commentaria* [II.27.13–16], E. Diehl ed., traduction A.-J. Festugière.

dans notre mode de perception (i.e. dans le sujet doté de la faculté
de percevoir) que se situe le point de tension entre ce qui d'une part
se combat et d'autre part se constitue harmonieusement.

Tout au plus peut-on retenir de ce bref aperçu une certaine dualité dans le mode de perception, le premier s'arrêtant à l'apparence
(πρόσοψις, ἐπιφάνεια) des choses provoquant l'attachement passionné,
l'autre quêtant le *logos* qui les fonde, autrement dit la permanence
d'un certain rapport de choses.

Quoi qu'il en soit, l'espace ecclesial procure à l'âme en quête d'intelligibilité du monde un asile de stabilité et de paix comme l'affirme
Maxime dans la suite de la précédente citation du vingt-troisième
chapitre :

> <regarde donc> l'âme fuyant avec précipitation pénètre comme dans
> une *ecclesia* et un inviolable asile de paix, dans l'étude de la nature en
> esprit, sans lutte et libre de tout trouble ; y entrant avec le Verbe et
> par le Verbe, notre véritable grand Dieu et grand-prêtre (ἐρχομένην τε
> τὴν ψυχὴν καὶ προτροπάδην φεύγουσαν καὶ ὥσπερ εἰς ἐκκλησίαν καὶ ἄσυ-
> λον εἰρήνης ἀνάκτορον τὴν ἐν πνεύματι φυσικὴν θεωρίαν τὴν ἄμαχον καὶ
> πάσης ἐλευθέραν ταραχῆς μετὰ τοῦ Λόγου τε καὶ ὑπὸ τοῦ Λόγου τοῦ μεγάλου
> καὶ ἀληθοῦς ἡμῶν θεοῦ καὶ ἀρχιερέως εἰσερχομένην).[56]

La fuite de l'âme est un thème fréquent dans le néoplatonisme qu'il
suffise de renvoyer au final du traité 9 de Plotin où l'âme ne recouvre sa vraie nature qu'en fuyant la pluralité pour le Seul (φυγὴ μόνου
πρὸς μόνον).[57] La fuite dont Maxime parle ici n'évoque pourtant pas
une désolidarisation de l'âme de son corps ; elle conserve son pouvoir de perception sensible et n'abandonne pas le domaine sensible
dans lequel elle peut imprimer un mode de vie conforme à ce qu'elle
a contemplé. Ce qui est fui c'est l'impermanence que lui imposent
les choses perçues à leur premier degré. Le moine byzantin connecte
étroitement 'étude de la nature' et 'géométrie' car c'est bien en vertu
d'une certaine configuration que l'*ecclesia* révèle en 'type' la permanence, le rang et la position de ce qui est advenu par génération.
Le propos de Maxime est plus précis car il s'agit bien d'établir sur
la base d'un rapport géométrique la mesure universelle de la position harmonieuse des parties de telle ou telle totalité.

---

[56] Myst 23.801–806 (697d–700a).
[57] Cf., Plotin, Enneas VI [9.11.50–51], *Plotini Opera*, T.III, P. Henry et H.-R.
Schwyzer eds.

Ces premières observations étant faites, on peut commencer à envisager l'analyse du support-*ecclesia*. Suivant la même méthode, nous attacherons une particulière importance à l'analyse du lexique et à la structure rhétorique du premier volet de cette seconde *théoria*.

3.b.3. *La structure spatiale de l'*ecclesia. *Les soubassements d'un système*

Cette *théoria* commence par soutenir que l'*ecclesia* est 'type' et 'image' du monde tout-entier (ὁ σύμπας κόσμος). La notion d''image' est reprise dans les autres théories. Celle de 'type' n'apparaît qu'ici et dans la première qui mettait en parallèle l'agir de l'*ecclesia* et l'agir divin. En tant que 'type', l'*ecclesia* n'est pas une copie ressemblante de quelque chose mais la trace (i.e. l'empreinte) directe et visible d'un modèle transcendant et la mesure de toutes choses.[58] Quand à l''image', elle dit à la fois la ressemblance mais aussi la dissemblance.

Elle est 'type' et 'image' en tant qu'elle a même 'union' et 'distinction' que le monde tout entier. La mention dans ce contexte des termes 'union' et 'distinction' (ἕνωσις καὶ διάκρισις) n'est pas négligeable car elle fait directement référence aux spéculations assez complexes suscitées dans les commentaires néoplatoniciens par le problème de l'un et du multiple.[59] Maxime pourrait néanmoins dépendre, dans ce cas précis, d'un point de doctrine philosophique qui nous est rapporté par Philopon dans le *Commentaire sur la Physique d'Aristote*. Il y soutient un axiome de portée générale dans le platonisme de l'Antiquité tardive :

> En tout, en effet, il y a de l'union et de la distinction; mais toujours, le supérieur et le plus proche du principe unique de toutes choses domine davantage par l'union (ἔστι μὲν γὰρ ἐν πᾶσι καὶ <u>ἕνωσις καὶ διάκρισις</u>, ἀλλ' ἀεὶ τὸ κρεῖττον καὶ ἐγγυτέρω τῆς μιᾶς τῶν πάντων ἀρχῆς τῇ ἑνώσει μᾶλλον κεκράτηται). Il y a sans doute en nous aussi et dans les êtres dépourvus de raison de l'union et de la distinction (<u>ἕνωσις καὶ διάκρισις</u>), mais l'union l'emporte plus en nous qu'en ceux-ci. Nous, c'est à dire l'homme comme vivant capable de relation. En ceux-ci,

---

[58] Idée similaire chez Cosmas Indicopleustès qui reprend une ancienne tradition alexandrine pour laquelle le Tabernacle révélé à Moïse dans le désert est considéré comme type et esquisse de la totalité du monde (περὶ τῆς σκηνῆς τῆς ἐν τῇ ἐρήμῳ διὰ Μωϋσέως κατασκευασθείσης, ἢ τύπος ἦν καὶ ὑπογραφὴ παντὸς τοῦ κόσμου), voir : Cosmas Indicopleustes, *Topographie chrétienne*, t.1 [II.2.2–4], W. Wolska-Conus ed.

[59] Cf., Proclus, *In Platonis Parmenidem* [768.25ss], V. Cousin ed. ; Proclus, *In primum Euclidis elementorum librum commentarii* [36.12ss], G. Friedlein ed.

la distinction prévaut. Mais encore, l'union et la distinction (ἕνωσις καὶ διάκρισις) sont observées en nous et dans les cieux, mais dans ces derniers plus qu'en nous l'union domine. De même, dans les intelligibles plus qu'en tout l'union l'emporte.[60]

Chez Maxime, 'union' et 'distinction' entrent dans la description et la définition de tout ce qui a été produit par une cause. De fait en dehors du tout de l'univers ou du monde tout entier qui lui est synonyme, il n'y a rien pour le moine grec sinon la puissance infinie cause de tout et circonscrivant tout (μετὰ τὴν πάντα περιγράφουσαν τοῦ παναιτίου ἄπειρον δύναμιν [AMB 10, 1180c]).

Qu'en est-il de la nature de l'*ecclesia* de la *Mystagogie* lorsqu'on prend les phases de l'argument de Maxime en ordre de succession :

> Elle est *une seule maison* par la construction, elle admet *la différenciation* par une certaine propriété qui dépend de la position de sa configuration (αὕτη κατὰ τὴν οἰκοδομὴν εἷς οἶκος ὑπάρχουσα, τῇ κατὰ τὴν θέσιν τοῦ σχήματος ποιᾷ ἰδιότητι δέχεται διαφοράν [2.211–213 (668d)]).

On note les points de tension suivant : 'être une seule maison'/ 'admettre la différenciation' ainsi que 'construction' et 'position de la configuration'. 'Construction' indique un aspect de vision unitaire et totale de l'*ecclesia*, en ce sens, elle est bien un 'tout'. 'Position de la configuration' suppose un regard plus analytique sur la structure de l'objet de perception et permet de distinguer les éléments ou parties du 'tout' *ecclesia*. C'est en effet ainsi que Maxime la comprend car c'est bien en vertu d'une certaine disposition que l'*ecclesia* admet la différenciation (δέχεται διαφοράν). Si donc 'construction' a manifestement quelque affinité avec l'union, 'position de la configuration' est plus étroitement lié à la distinction des parties constitutives d'un 'tout' donné en l'occurrence des parties d'un bâtiment. Si l'on observe le jeu rhétorique consécutif à ces deux premières antithèses, on s'aperçoit que les notions d'union' et de 'distinction' repris en alternance créent un mouvement dialectique de forme 'un—deux—un—deux'.[61] Le même rythme est repris 'terme-à-terme' dans l'analyse

---

[60] JEAN PHILOPON, *In Aristotelis physicorum libros octo commentaria* [16.56.6–14], H. Vitelli ed., voir également : JEAN PHILOPON, *In Aristotelis de anima libros commentaria* [15.74.4ss], M. Hayduck ed.

[61] Maxime se servira d'une alternance 'un-deux' similaire lorsqu'il cherchera à exposer l'union, dans l'hypostase du Verbe, de la nature divine et de la nature humaine. Cf., LETTRE XII, PG 91, 493b, 493d ; LETTRE XV, PG 91, 560d–561a (ἓν μὲν τῷ λόγῳ τῆς οἰκείας κατὰ τὴν ὑπόστασιν ἀδιαιρέτου μονάδος · δύο δὲ τῷ λόγῳ τῆς κατ' οὐσίαν πρὸς ἄλληλα τῶν οἰκείων μερῶν καὶ μετὰ τὴν ἕνωσιν ἑτερότητος).

du monde tout entier. Il faut cependant éviter un écueil important car si l'ordre du discours oblige à fragmenter en séquences distinctes l'apparition de ces notions, on doit, dans la réalité analysée par le Confesseur, les concevoir comme permanentes et simultanées.[62]

Plusieurs termes usités ici par Maxime sont philosophiquement lourds de sens. On y retrouve la notion de 'position' (θέσις) analysée à partir d'*Ambiguum* 10. Nous avons vu que pour Maxime, qui suit en cela les lignes de force du néoplatonisme qui les a lui-même héritées d'Aristote, la position d'une chose est dépendante du fait d'être située par rapport à autre chose et implicitement d'être dans une limite contenante commune. De fait, pour le Confesseur, c'est sous la catégorie ποῦ comme genre le plus général de tout ce qui se rapporte d'une façon ou d'une autre à la limite contenante (i.e. au lieu) que vient se placer ce concept. La notion de 'position' (θέσις) est renforcée ici par son association à σχῆμα avec lequel elle forme une unité de sens. Ce terme doit faire l'objet d'une investigation propre.

On peut traduire σχῆμα par figure, plan ou, comme proposé dans cette étude, par configuration.[63] Directement rapporté à une construction visible, σχῆμα doit être compris comme signifiant une certaine forme géométrique associée à l'architectonique.[64] Selon les définitions tirées des *Eléments* d'Euclide, σχῆμα est un espace à deux ou trois dimensions dont la caractéristique est d'être précisément délimité.[65] Dans le cas de l'*ecclesia*, cela induit la perception d'un espace à trois dimensions, une certaine structure spatiale contenue dans des limites topologiquement identifiables. Commentant la 14ème définition des *Eléments* d'Euclide (σχῆμά ἐστι τὸ ὑπό τινος ἤ τινων ὅρων περιεχόμενον), Proclus spécifie les divers usages de σχῆμα selon que cette notion se rapporte à l'art, à la nature, au monde sublunaire, au monde céleste mais aussi à l'âme, à l'intellect et même au divin.[66]

---

[62] Tout comme dans la doctrine maximienne de la coexistence simultanée des parties du 'composé'. Maxime se sert alors de la formule 'ἀλλήλοις ὁμόχρονα κέκτηται τὰ μέρη'. Voir : LETTRE XIII, PG 91, 525d, 528a–d, mais aussi : LETTRE XII, PG 91, 488d.

[63] Nous suivons sur ce point la traduction proposée par Christian Boudignon.

[64] Voir par exemple chez le PSEUDO-ELIAS, *Lectures on Porphyry's Isagoge* [23.2], L.G. Westerink ed. : « ἡ ἀρχιτεκτονικὴ σχῆμα τι καὶ οἴκους θεωρεῖ ».

[65] Cf., EUCLIDE, *Elementa* [déf.XIV–XV], E.S. Stamatis ed.

[66] Cf., PROCLUS, *In primum Euclidis elementorum librum commentarii* [136.18ss], G. Friedlein ed. Voir également chez Damascius : « Par la figure on entend la

Dans le cas qui intéresse la présente étude, on note que c'est d'abord
en fonction d'un certain art (la construction, la composition et la
configuration d'un édifice) que Maxime use de ce terme. C'est un
des premiers sens retenus par Proclus qui ne fait toutefois pas mention de l'architecture lorsqu'il affirme :

> La 'figure' (σχῆμα) est produite par l'art, tel l'art plastique ou l'art de
> sculpter, advenant selon le *logos* qui préexiste dans l'art. L'art procure
> la forme spécifique, la matière reçoit la forme, la beauté et la belle
> apparence qui en résulte (ἔστι δὲ καὶ ἀπὸ τέχνης οἷον πλαστικῆς ἢ
> ἀνδριαντοποιητικῆς ἀπο γεννώμενον κατὰ τὸν ἐν τῇ τέχνῃ προυπάρχοντα
> λόγον, τῆς μὲν τέχνης προβαλλούσης τὸ εἶδος, τῆς δὲ ὕλης δεχομένης τὴν
> μορφὴν καὶ τὸ κάλλος καὶ τὴν εὐσχημοσύνην ἐκεῖθεν).[67]

Maxime va cependant au-delà de simples considérations empiriques.
Car le σχῆμα de l'*ecclesia*, ici l'organisation visible d'un espace sacré,
suppose l'idée d'une 'structure' fondamentale qui préside à une série
de rapport entre des 'touts' (totalités) et leurs parties respectives. Le
présupposé de la thèse de Maxime pourrait également avoir été lié
à un courant néoplatonicien proche de l'explication que propose
Proclus de la définition XIV des *Eléments* d'Euclide. Après avoir
présenté une classification des divers usages de σχῆμα, Proclus allègue :

> La 'figure' donc, partant d'en haut, des dieux mêmes, s'étend jusqu'aux
> choses ultimes et se laisse entrevoir en celles-ci à partir des causes
> toutes premières (ἄνωθεν ἄρα τὸ σχῆμα ἀρχόμενον ἀπ' αὐτῶν τῶν θεῶν δια
> τείνει μέχρι τῶν ἐσχάτων καὶ τούτοις ἐμφανταζόμενον ἀπὸ τῶν πρωτίστων
> αἰτίων).[68]

Cette dernière vue rejoint le sens plus métaphysique que le maître
athénien signale dans le *Commentaire sur le Timée*, préparant philosophiquement la '*théoria* symbolique' proposée par Maxime :

> La figure est comme une représentation visible de l'essence (ἔστι δὲ τὸ
> σχῆμα οἷον ἄγαλμα ἐμφανὲς τοῦ εἴδους), une forme de la forme (μορφὴ
> μορφῆς), comme l'exhalaison de l'être propre de chacun d'eux (οἷον
> πνοὴ τῆς ἰδίας ἑκάστων ὑπάρξεως).[69]

circonscription de la substance dans son tout, selon quoi elle s'établit comme auto-
circonscrite », in : DAMASCIUS, *Commentaire du Parménide de Platon* [II.100.1], L.G.
Westerink & J. Combès eds.

[67] PROCLUS, *In primum Euclidis elementorum librum commentarii* [137.3–8], G. Friedlein ed.

[68] PROCLUS, *In primum Euclidis elementorum librum commentarii* [138.22–25], G. Friedlein ed.

On peut dès lors se demander quelle figure est en droit de revendiquer l'universalité que pareilles déclarations présupposent ? Elle doit
nécessairement être la plus simple, participer comme toute figure du
'droit' ou du 'courbe'[70] et doit également, par définition, être fermée
(ni l'angle, ni la ligne, ne sont au sens propre des figures). Il semble assez clair qu'une seule figure correspond à ces critères, celle du
cercle,[71] et il n'est pas négligeable qu'elle soit mentionnée par Maxime
au terme de la deuxième partie du dyptique de la première *théoria*
sur l'agir de l'*ecclesia*. Chez le moine byzantin, la même configuration
(centre, rayons, cercles) règle le rapport du *logos*-un et des nombreux-
logoi comme il le rapporte dans l'*Ambiguum* 7 [1081c]. C'était induire
une universalité manifeste de ce petit schéma de nature géométrique.
Une nette allusion au cercle est faite également dans la seconde *théoria* par l'usage de la métaphore d'une roue dans une roue (τροχὸς
ἐν τροχῷ) que Maxime tire du prophète Ezechiel pour illustrer le
rapport que le monde intelligible et le monde sensible entretiennent
par un curieux effet d'emboîtement. Précisons toutefois que dans
l'espace ecclésial offert à la perception, ce schéma fondamental à
deux dimensions va s'exprimer dans un rapport à trois dimensions
incluant non seulement un rapport horizontal mais un rapport vertical.

Enfin, s'il est assez simple de se représenter la figure du cercle, il
n'est guère aisé d'imaginer son exécution concrète au niveau non
seulement du monde tout entier, intelligible et sensible, mais aussi
au niveau de la structure spatiale de la construction car c'est bien
sur cette dernière que le Confesseur prend appui. Peut-être ce schéma
ne dit-il rien de plus que la permanence et donc la régularité de
certains rapports.

Si nous rapprochons le σχῆμα maximien de la définition géométrique
comme ce qui est 'contenu' par et en quelques limites, il faut tenter d'identifier une limite contenante. Si pour le cercle, elle est
naturellement la ligne extérieure, la périphérie, sur laquelle toutes
les lignes parties du centre vont tomber,[72] pour la 'position de la

---

[69] PROCLUS, *In Platonis Timaeum commentaria* [II.74.23–27], E. Diehl ed.

[70] Cf., ARISTOTE, *Catégories* [10a11ss], R. Bodéüs ed.

[71] On doit renvoyer ici aux longues digressions sur la nature du cercle comme
la première, la plus simple, la plus parfaite des figures du *Commentaire sur le premier
livre des Eléments d'Euclide* de Proclus, in : PROCLUS, *In primum Euclidis elementorum librum
commentarii* [146.24ss], G. Friedlein ed.

[72] Cf., PROCLUS, *In primum Euclidis elementorum librum commentarii* [146.18ss],
G. Friedlein ed.

configuration' ecclésiale, elle ne peut être que la 'maison-unique' (εἷς οἶκος) qui contient ses propres parties. Le σχῆμα qui n'est pas dans le présent cas la périphérie-limite seulement doit comprendre un centre, des lignes et une périphérie. Il est plus facile ainsi de comprendre l'usage maximien qui veut que ce soit en vertu d'une certaine propriété qui dépend de la position de sa configuration que l'*ecclesia* admet la différenciation [cf., Myst 2.211–213 (668d)].

Cette différenciation est précisée comme suit :

> Elle se divise en un lieu réservé aux seuls prêtres et aux ministres liturgiques que nous appelons 'sanctuaire' et en un autre ouvert à l'accès de tout le peuple croyant que nous appelons 'temple' (διαιρουμένη εἴς τε τὸν μόνοις ἱερεῦσί τε καὶ λειτουργοῖς ἀπόκληρον τόπον, ὃν καλοῦμεν ἱερατεῖον, καὶ τὸν πᾶσι τοῖς πιστοῖς λαοῖς πρὸς ἐπίβασιν ἄνετον, ὃν καλοῦμεν ναόν).[73]

Ces indications de Maxime corroborent l'idée qui veut que la différenciation soit pensée sur un mode binaire. Ce processus de réduction à la forme la plus élémentaire (un tout, deux parties) restreint sévèrement toute possibilité d'identification de l'*ecclesia* maximienne avec une construction particulière mais lui donne en même temps droit à une certaine universalité. Ces deux parties sont objectivement coordonnées sur un plan horizontal.

Deux rapports spatiaux sont à mentionner. L'architecture de l'église orientale connaît une importante mutation sous le règne de Justinien.[74] Jusqu'au VIIème siècle, il semble que le plan basilical ait largement prévalu. L'axe de la construction était alors plutôt orienté horizontalement ouest-est. Le monde byzantin va progressivement modifier ce plan et lui conférer une dimension verticale beaucoup plus accentuée. Le plan centré voit en effet la généralisation de la coupole hémisphérique qui tend, après le VIIème siècle, à symboliser le ciel.[75]

---

[73] Myst 2.213–215 (668d).

[74] Il est utile de se reporter ici à l'étude fouillée, enrichie de nombreuses planches, de R. Krautheimer, *Early Christian and Byzantine Architecture*, Baltimore, Penguin Book, The Pelican History of Art, 1986[4]. Voir aussi : C.A. Mango, *Byzantine Architecture*, New York, Abrams, 1976. On peut également consulter les pages éclairantes de Robert Taft qui a bien montré à la suite de H.J. Schulz les importantes mutations tant architecturales que liturgiques de l'ère justinienne. Cf., R.F. Taft, *Le rite byzantin. Bref historique*, p. 16–17 ; p. 42–44.

[75] On trouve pourtant une importante indication de cette interprétation symbolique de la coupole comme ciel dans le description qu'un notable byzantin, Paul le Silentiaire, fait de Sainte Sophie de Constantinople à la fin du VIème siècle. Cf., Paul le Silentiaire, *Description de Sainte Sophie* [489–491], M.-C. Fayant ed.

Il ne semble pas que la seconde *théoria* s'attache à l'extension verticale de la construction que le Confesseur connaissait vraisemblablement ;[76] elle pouvait pourtant présenter du point de vue de la symbolique cosmologique et de sa typologie spatiale plusieurs avantages. Maxime ne paraît pas s'y engager. Le rapport que le moine byzantin établit en priorité ici est un rapport 'temple-sanctuaire', un rapport apparement horizontal, un rapport plutôt abstrait et qui va devenir en référence au bâtiment unique un rapport un/deux[77] puis par extension un rapport tout/parties.[78]

Dans l'immédiat, la mention d'une distinction dans la communauté humaine entre prêtres, ministres liturgiques et peuple croyant est secondaire. La première partie de la présente investigation ne la requiert pas. Elle pourrait n'indiquer ici que l'irréductibilité des parties l'une à l'autre.

D'une certaine manière, à l'exception de l'usage précis de notions techniques telles 'position' (θέσις) et 'configuration' (σχῆμα), la description de Maxime est assez sommaire. L'*ecclesia* est une maison-unique, divisée en deux lieux, un sanctuaire et un temple.

3.b.4. *Discours antinomique et principes métaphysiques*

Au delà de ces premières observations, les choses tendent à se complexifier car, alors qu'il vient de décrire l'unité de la construction et sa division en deux lieux (διαιρουμένη εἴς . . .), Maxime assure que l'*ecclesia* est 'une' selon l'hypostase (μία ἐστὶ κατὰ τὴν ὑπόστασιν) et qu'elle n'est pas divisée par ses propres parties (οὐ συνδιαιρουμένη τοῖς ἑαυτῆς μέρεσι). Ce discours de nature antinomique provoque un embarras manifeste car, soit elle est divisée, soit elle ne l'est pas. Or

---

[76] Il est difficile de dire si les mentions de haut (ἱερατεῖον μὲν ὥσπερ ἔχων τὸν ἄνω κόσμον [2.232 (669b)]) et de bas (ναὸν δὲ τὸν κάτω [2.233 (669b)]) pour désigner la position du *monde intelligible* et du *monde sensible* en MYST 2 renvoient au plan centré de l'église byzantine post-justinienne et dont Sainte Sophie devait être le modèle le plus représentatif du genre.

[77] On sait combien le rapport des deux premiers nombres a dominé la tradition pythagoricienne dont va hériter pour une bonne part le néoplatonisme. Sur le sujet, voir : NICOMAQUE DE GÉRASE, *Introduction arithmétique* [II.1.1ss], J. Berthier ed. Dans son introduction, J. Berthier montre que l'*unité* et la *dyade* sont les éléments et l'origine du nombre et qu'ils rendent manifestes le *Même* et l'*Autre*, l'*Identité* et l'*Altérité* (p. 24ss).

[78] Sur l'analogie 'un-deux'/'tout-parties', voir ailleurs chez Maxime rapportant les propos de Grégoire de Naziance (Discours 36): LETTRE XII, PG 91, 493d ; mais également LETTRE XII, PG 91, 488a.

les propos du Confesseur ne permettent pas de trancher pour l'exclusivité d'une des deux options. Les formes 'est divisée en . . .' et 'n'est pas divisée par . . .' doivent être affirmées simultanément. L'approche purement phénoménologique d'un bâtiment doit céder le pas à une approche qui n'est plus uniquement positive et descriptive. Si l'on veut suivre le Confesseur sur cette voie, on doit se frayer un chemin parmi les nombreuses apories qui vont l'une après l'autre se présenter.

Pour exploiter la fin de la section sur l'*ecclesia*, il peut être utile de saisir de façon synoptique certaines correspondances terminologiques. Cette démonstration repose en effet sur un certain nombre de termes soigneusement choisis qui ont d'importantes répercussions sur le plan philosophique.

> A nouveau, *elle est une selon l'hypostase* (μία ἐστὶ κατὰ τὴν ὑπόστασιν)
> n'étant pas divisée par ses parties à cause de leur différence réciproque (οὐ συνδιαιρουμένη τοῖς ἑαυτῆς μέρεσι διὰ τὴν αὐτῶν πρὸς ἄλληλα τῶν μερῶν διαφοράν),
> mais encore elle délie ces mêmes parties de la différence qui se trouve dans leur dénomination en les référant à son propre 'un' (ἀλλὰ καὶ αὐτὰ <u>τῇ πρὸς τὸ ἓν ἑαυτῆς ἀναφορᾷ</u> τὰ μέρη τῆς ἐν τῇ κλήσει διαφορᾶς ἀπολύουσα),
>> montrant que toutes deux sont la même chose l'une pour l'autre (καὶ ταὐτὸν ἀλλήλοις ἄμφω δεικνύουσα),
>> faisant apparaître que l'une est pour l'autre par cohésion (καὶ θάτερον θατέρῳ κατ᾽ ἐπαλλαγὴν ὑπάρχον)
>> ce que chacune est par constitution pour elle-même (ὅπερ ἑκάτερον ἑαυτῷ καθέστηκεν ὄν).
>>> Le temple est sanctuaire en puissance (ἱερατεῖον μὲν τὸν ναὸν <u>κατὰ τὴν δύναμιν</u>),
>>> étant consacré par le rapport de la 'mystagogie' avec le terme (<u>τῇ πρὸς τὸ πέρας ἀναφορᾷ</u> τῆς μυσταγωγίας ἱερουργούμενον),
> inversement,
>>> le sanctuaire est temple en acte (ναὸν τὸ ἱερατεῖον <u>κατὰ τὴν ἐνέργειαν</u>)
>>> en possédant le principe de la propre 'mystagogie' (<u>τῆς ἰδίας αὐτὸν ἔχον</u> μυσταγωγίας ἀρχήν).
> En tous deux, elle est en permanence une et la même (δι᾽ ἀμφοῖν μία καὶ ἡ αὐτὴ διαμένει) Myst 2.215–225 (668d–669a)

La démonstration maximienne s'organise autour de plusieurs concepts fondamentaux. Elle se trouve étroitement cadrée par un phénomène d'inclusion reposant sur l'affirmation de l'unité substantielle de l'*ecclesia* dans le premier membre de cette section (μία ἐστὶ κατὰ τὴν ὑπόστασιν) et la reprise de l'idée de l'unité dans le dernier (μία καὶ ἡ αὐτὴ διαμένει) mais avec une précision importante car alors elle est dite une en toutes deux (δι' ἀμφοῖν). Le passage s'opère par le fait que l'une et l'autre parties sont référées à l''un' de l'*ecclesia* (τῇ πρὸς τὸ ἓν ἑαυτῆς ἀναφορᾷ). L'un-*ecclesia* revêt une certaine priorité logique sur les parties qui entrent dans le 'un-tout' qu'elle est 'selon l'hypostase (κατὰ τὴν ὑπόστασιν). L'*ecclesia* est 'un-tout'. Elle a une unité propre (τὸ ἓν ἑαυτῆς) et de propres parties (τοῖς ἑαυτῆς μέρεσι).

Si l'*ecclesia* n'est pas divisée par ses propres parties, il faut néanmoins admettre avec Maxime qu'elle est sujette à la distinction. Elle présente une 'certaine' composition quand bien même elle n'est pas le résultat de l'addition de deux parties. On doit également ajouter que la différence n'est pas abolie et même qu'elle est sauvegardée par la référence à l''un' propre de l'*ecclesia* qui ne subit pas d'altération par division du fait de la différence mutuelle de ses propres parties. D'une certaine manière, l''un' propre de l'*ecclesia* fonde et justifie la différence. Autrement dit, elle lui donne lieu de se manifester selon une certaine proportion. La suite des propos du moine grec ouvre des perspectives encore plus techniques. Avant d'aborder la nature de la relation entre l'*ecclesia*-une et le temple, l'*ecclesia*-une et le sanctuaire, l'*ecclesia*-une et le 'temple-sanctuaire' et enfin entre le temple et le sanctuaire, il faut brièvement resituer le cadre philosophique qui a contribué à l'originalité de ce système. Nous sommes foncièrement dans une dialectique 'tout'/'parties'.[79]

Le modèle mis en œuvre par Maxime présente plusieurs points de contacts avec les topiques des commentateurs du *Parménide*. Il va de soi que le prototype 'exposé' dans la structure d'un bâtiment visible repose sur un paradigme de nature intelligible et transcendant. La mention d'une 'autre *ecclesia* non-faite-de-mains-d'hommes' (ἄλλη πως ὑπάρχων ἀχειροποίητος ἐκκλησία [MYST 2.230–231 (669a)]) y fait directement allusion.

La structure triadique de la réalité développée notamment par Proclus et Damascius présuppose, tout comme le modèle ecclesial proposé par le moine byzantin, l'existence de correspondances

---

[79] On trouve un bon résumé de cette question du point de vue philosophique dans le troisième chapitre [La logique du tout et des parties] de l'étude d'A. CHARLES-SAGET, *L'architecture du divin*. Mathématique et philosophie chez Plotin et Proclus, p. 71ss.

vraisemblables entre tous les niveaux du réel. On peut sans doute identifier des structures triadiques chez Maxime lui-même. La doxologie concluant le courrier introductif (ΠΡΟΟΙΜΙΟΝ) de la *Mystagogie* commence ainsi :

> Que Dieu soit <notre> guide parmi les choses dites et parmi celles qui sont conçues, le seul intellect de ceux qui conçoivent par l'intellect et de ce qui est conçu par intellection, le verbe de ceux qui disent et de ce qui est dit, la vie de ceux qui vivent et de ceux qui sont vivifiés.[80]

On peut schématiquement relever trois niveaux qui invitent à se demander si Maxime ne réinvestit pas avec ses propres mots les structures triadiques courantes dans l'Antiquité tardive.

Ἡγείσθω δὲ Θεὸς τῶν λεγομένων τε καὶ νοουμένων,

ὁ μόνος νοῦς	↓	καὶ λόγος	↓	καὶ ζωὴ	↓
τῶν νοούντων		τῶν λεγόντων		τῶν ζώντων	
καὶ νοουμένων,		καὶ λεγομένων		καὶ ζωουμένων	

On distingue le niveau noétique, le niveau du discours et le niveau des réalités vivantes. On repère assez aisément que chaque niveau relève de l'âme comme en convient tout le chapitre 5 de la *Mystagogie*, c'est notablement vrai pour le niveau intermédiaire de 'ceux qui conçoivent par l'intellect' (τῶν νοούντων), de 'ceux qui disent' (τῶν λεγόντων) que le discours soit intérieur comme activité de la raison ou extérieur comme activité de langage, et de ceux qui vivent (τῶν ζώντων) et dont la présence est vivifiante. Cette tripartition fait écho aux discussions néoplatoniciennes sur le rapport qu'entretiennent les réalités (τὰ πράγματα), les concepts (τὰ νοήματα) et les mots (αἱ φωναί). Ce débat témoigne d'une importante préoccupation touchant l'activité humaine de connaissance, la nature de la prédication et, plus particulièrement, le statut du prédicat (λεγόμενον).[81]

---

[80] Myst, ΠΡΟΟΙΜΙΟΝ 102–104 (664a).
[81] La question du sens de λεγόμενον introduit le livre des *Catégories* d'Aristote. Sur les quatre significations de λεγόμενον, on peut consulter Simplicius qui discute l'opinion de Boéthos de Sidon, de Jamblique, d'Alexandre d'Aphrodise et propose une solution personnelle, in : Simplicius, *In Aristotelis categorias commentarium* [8.41.8ss], K. Kalbfleisch ed. On trouve une discussion apparentée dans la tradition alexandrine chrétienne chez Clément [*Stromates* 8.8.23.1] et Origène [*Philocalie* 4.1]. Voir aussi le tableau synoptique *signifiant / signifié / référent* de Philon à Origène proposé par Marguerite Harl, in : Origène, *Philocalie, 1–20. Sur les Ecritures*, M. Harl ed., p. 278.

La proximité terminologique et thématique entre la deuxième *théoria* sur l'*ecclesia* et les discussions autour des hypothèses du *Parménide* n'induisent pourtant pas que leurs corps de doctrines respectifs soient strictement similaires. Il ne fait toutefois aucun doute que les commentaires philosophiques ont en quelques manières préparé le terrain du système maximien tant par la terminologie que par les thèmes fondamentaux qui y sont traités.

Dans la *Théologie Platonicienne*,[82] Proclus commence par distinguer entre l'Un tout premier 'imparticipable' (πρώτιστον καὶ ἀμέθεκτον ἕν [83.23]) et l'un ou hénade 'participée'.[83] L'Un tout premier, il le déclare 'préexistant au delà de tous les êtres' (ἐπέκεινα τῶν ὅλων προϋπάρχον [83.23–24]),[84] non seulement des participants mais aussi des hénades participées. L'être participe de l'hénade par l'intermédiaire de la puissance (δύναμις). Ce rapport correspond à la première triade des intelligibles. L'hénade participée engendre et mène à la perfection, l'être est engendré et mené à la perfection. La puissance qui tient le milieu entre les deux termes est, pour le maître athénien, ce par quoi l'être procède à partir de l'un et ce par quoi l'être se convertit vers l'un. Proclus précise que dans cette première triade, la puissance est cachée. La triade suprême coordonne trois termes : l'hénade (1) / la puissance cachée qui réunit et distingue les deux termes (2) / l'être (3). On retrouve dans cette première triade les éléments du schéma géométrique rencontré plus haut. Le centre correspond à l'un, la périphérie à l'être et la puissance aux droites qui partent du centre et y reviennent.

La deuxième triade pourrait davantage concerner la présente enquête ne serait-ce que parce qu'à l'inverse de la première, elle connaît la distinction (διάκρισις).

> En effet, *affirme Proclus*, dans la première triade, toutes choses sont antérieures aux parties et à la totalité, tandis que dans la deuxième triade, il y a les parties et la totalité, parce que la puissance se révèle ; en effet puisqu'il y a distinction, il y a les parties et la totalité composée de ces parties (Ἄνω μὲν γὰρ πρὸ μερῶν πάντα καὶ ὁλότητος, ἐν ταύτῃ

---

[82] Pour l'intégralité du propos de Proclus résumé ici : PROCLUS, *Théologie platonicienne*, T.III [83.20ss], H.D. Saffrey & L.G. Westerink eds.

[83] Qu'il faut éviter de confondre avec l'hénade des êtres rationnels (ἡ ἑνὰς τῶν λογικῶν) dont la doctrine est sévèrement attaquée par Maxime dans l'*Ambiguum 7* [1069a].

[84] Mais également : 'cause ineffable de toutes choses' (ἀρρήτως αἴτιον [84.1]).

δὲ τὰ μέρη καὶ τὸ ὅλον, τῆς δυνάμεως ἑαυτὴν ἐκφαινούσης· <u>διακρίσεως</u> γὰρ οὔσης καὶ μέρη ἐστὶ καὶ τὸ ἐκ τούτων ὅλον).[85]

Pour Proclus, dans le système des triades, les parties sont l'un et l'être. Ce qui paraît le distancer du rapport 'une maison/deux parties' de Maxime. En effet, apparemment aucun indice ne permet de penser que la *théoria* maximienne reproduit une forme 'christianisée' de cette doctrine néoplatonicienne. On ne peut toutefois écarter toute possibilité de rapprochement, il faut même relever une parenté terminologique des deux exposés. Les notions d'un (ἕν), de puissance (δύναμις), de distinction (διάκρισις), de parties (τὰ μέρη), de tout (τὸ ὅλον) occupent une place déterminante dans les deux premières théories de Maxime sur l'*ecclesia*. L'*ecclesia* elle-même est un 'un' qui a des parties. Enfin, plusieurs aspects du développement de Proclus invitent à se demander s'il n'expose pas là un rapport 'tout-parties' paradigmatique (c'est le premier du système) qui pourrait trouver dès lors de sérieux parallèles dans les théories maximiennes. Proclus nous dit par ailleurs que si l'être vient à toutes choses par la première classe, la 'totalité' leur vient par la deuxième classe et poursuit-il, la division achevée de la troisième classe.[86] En tout cas, l'étude de la deuxième triade nous vaut de la part du Lycien un excursus sur la totalité chez Platon qui nous fournit d'utiles indications pour engager notre enquête sur le rapport du 'tout' et des 'parties' dans les deux premiers chapitres de la *Mystagogie*. Proclus affirme donc :

> ... selon l'enseignement de Platon, la totalité est de trois sortes, la totalité antérieure aux parties (τῆς μὲν πρὸ τῶν μερῶν), la totalité constituée de parties (τῆς δὲ ἐκ τῶν μερῶν), et la totalité dans la partie (τῆς δὲ ἐν τῷ μέρει)[87] /.../ dans le *Timée* d'autre part, Platon dit que le monde est une totalité faites de totalités, et ainsi le monde entier est constitué de parties qui sont des touts, tandis que chacune de ses parties est une totalité, non pas comme le tout mais sous le mode propre de la partie (καὶ ὁ μὲν σύμπας κόσμος ἐκ μερῶν συμπληροῦται τῶν ὅλων, τῶν δὲ μερῶν ἕκαστον τὸ ὅλον ἐστίν, οὐχ ὡς τὸ πᾶν, ἀλλὰ μερικῶς).[88]

Avant de déterminer quel rapport le 'tout-un-*ecclesia*' entretient avec ses propres parties, il faut vérifier un dernier point.

---

[85] Proclus, *Théologie platonicienne*, T.III [87.5–8], H.D. Saffrey & L.G. Westerink eds.

[86] Cf., Proclus, *Théologie platonicienne*, T.III [87.22ss], H.D. Saffrey & L.G. Westerink eds.

[87] Proclus a exhaustivement développé cette question dans les théorèmes 66 et 67 des *Eléments de théologie*.

[88] Proclus, *Théologie platonicienne*, T.III [87.26ss], H.D. Saffrey & L.G. Westerink

Nous avons vu que la 'triade' (un, puissance, être) présente une certaine similitude avec la figure du cercle dont nous avons précédemment analysé l'importance et l'impact dans le système maximien. Cela permet une mise en parallèle du système 'hénadique' de Proclus et du système 'logique' (i.e. basé sur la théorie des *logoi*) de Maxime. Peut-être faut-il préciser une fois encore afin d'écarter toute équivoque que la figure du cercle ne prétend pas répondre à toutes les questions que soulève le problème de la production des êtres et de leurs raisons d'être mais elle fournit une clé de compréhension relativement simple et vraisemblable d'une certaine métaphysique de l'Un qui domine les plus importants courants de pensée de l'Antiquité tardive et qui exerce une manifeste influence sur la pensée du moine byzantin.

Le parallèle de la figure géométrique, du système des hénades proclusiennes et sa vraisemblable réception par Maxime peut être schématisé comme suit :

Proclus			Maxime, AMB 7, 1081c	
HÉNADE	Centre		ὁ εἷς λόγος	
		Proodos (↓)	Κατὰ μὲν τὴν ἀγαθοπρεπῆ εἰς τὰ ὄντα τοῦ ἑνὸς ποιητικήν τε καὶ συνεκτικὴν <u>πρόοδον</u> πολλοὶ ὁ εἷς	La puissance fait apparaître l'un comme l'un-qui-est par sa communion avec l'être.
Puissance	*Rayons*	Epistrophè (↑)	κατὰ δὲ τὴν εἰς τὸν ἕνα τῶν πολλῶν <u>ἐπιστρεπτικήν</u> τε καὶ χειραγωγικὴν ἀναφοράν τε καὶ πρόνοιαν	La puissance rend un l'être par sa communion avec l'un.
ETRE	Cercle (périphérie)		<u>Πολλοὶ</u> λόγοι	

eds. Les trois sortes de totalité font l'objet d'une spéculation assez technique dans le théorème 67 des *Eléments de théologie* de Proclus dont l'axiome initial est le suivant : « Πᾶσα ὁλότης ἢ πρὸ τῶν μερῶν ἐστιν ἢ ἐκ τῶν μερῶν ἢ ἐν τῷ μέρει », in : PROCLUS, *The Elements of Theology* [67], E.R. Dodds ed.

Les rapports que les termes entretiennent dans ce schéma sont 'a-temporels'. Leur 'séquentialité' n'est pas 'temporalité' mais coordination de termes simultanés. Le rapprochement entre le *logos*-un de Maxime et l'hénade proclusienne n'est pas fortuit. Il est notoire que c'est précisément dans l'*Ambiguum* 7 que Maxime combat la thèse d'une 'hénade primitive des êtres rationnels' dont la conséquence devait amener ceux qui la défendaient à envisager une 'connaturalité' des êtres rationnels et de Dieu (Cf., Amb 7, 1069a). Il est fort probable que la notion d'hénade ait fait l'objet d'importantes variantes de sens chez les penseurs de l'Antiquité tardive. Maxime lui subsitue sa théorie du '*logos*-un' / '*logoi*-nombreux' réinterprétant ce topique néoplatonicien dans un sens christologique. Il eut été délicat, quand bien même son *logos* remplit les conditions de principe de l'hénade proclusienne, que Maxime se serve de cette dernière pour combattre l'hénade origénienne des êtres rationnels.

Le schéma du centre, des rayons et du cercle sert ici de point de contact entre les théories maximiennes et proclusiennes. Ce schéma fournit un modèle explicatif de la structure de la réalité. Tenons ce schéma pour universel en tant qu'il implique un juste rapport de choses à tous les niveaux du monde produit que l'on soit dans le système de Maxime ou dans celui des derniers maîtres de l'Ecole d'Athènes. Tenons qu'il exprime de façon adéquate le rapport : de l'un et de l'être, du 'tout' et de la partie, etc... Tenons enfin que pour Maxime les dialectiques 'un-être', 'tout-partie' n'interviennent qu'au niveau de l'être des étants et ne s'appliquent pas chez le moine byzantin au divin.

L'intermédiaire qui assure la liaison entre les deux termes extrêmes de chacune des triades est une puissance. Logiquement antérieure à l'être, elle porte en elle les conditions de l'être et peut ainsi s'apparenter au *lieu* et au *temps* tels qu'ils ont été précisés dans le second chapitre de cette étude. En ce sens, nous devons affirmer qu'ils sont 'puissances de l'un' assurant 'permanence, position et ordre' d'un bout à l'autre de la création divine. Lieu et temps assurent la manence de l'Un dans la totalité de l'Univers, elles en sont, au même titre que le nombre, un des modes de présence.

3.b.5. *L'articulation du tout et des parties*

Il n'est guère aisé de savoir quelle connaissance précise Maxime a pu avoir des discussions qui ont entouré les hypothèses du *Parménide*.

Il est pourtant vraisemblable que certains éléments tirés, soit de commentaires, soit de traités néoplatoniciens s'y référant aient contribué à lui servir de cadre pour l'élaboration de ses propres théories sur l'*ecclesia*.

Nous avons temporairement laissé de côté la nature du rapport entre l'*ecclesia*-une et le temple, entre l'*ecclesia*-une et le sanctuaire, entre l'*ecclesia*-une et le 'temple-sanctuaire' et enfin entre le temple et le sanctuaire. Il est temps maintenant d'y revenir. Nous allons prendre successivement chacun des termes entrant dans la structure du 'un-tout'.

Il faut d'abord faire remarquer que Maxime ne dit pas explicitement de l'*ecclesia* qu'elle est un 'tout'. Nous savons cependant qu'elle possède un 'un' propre et qu'elle a des parties. En nommant l'*ecclesia* 'un-tout', nous admettons transposer volontairement les propos de Maxime—traitant du rapport sensible-intelligible du monde entier—sur le rapport temple-sanctuaire de l'*ecclesia*. Ce transfert se justifie en raison de l'étroite correspondance typologique entre l'*ecclesia* et le 'monde tout entier' (ὁ σύμπας κόσμος) comme le parallélisme 'terme-à-terme' l'a bien démontré. Voici pour rappel la formule de Maxime : « toutes deux comme parties constituent le même tout 'un' (καὶ ἄμφω ὅλον αὐτὸν ὡς μέρη ἕνα συμπληροῦντας [Myst 2.240 (669b)]) ».[89]

Seule l'*ecclesia* est 'une' selon l'hypostase[90] (κατὰ τὴν ὑπόστασιν). Elle possède un 'un' propre (τὸ ἐν ἑαυτῆς) qui sert de point de référence unique à ses propres parties (temple et sanctuaire). D'un point de vue philosophique, sa situation remplit les conditions de l'hénade participée. Dans le présent cas, on peut préciser qu'elle revêt les caractéristiques d'une hénade contenante,[91] tout comme le centre-un

---

[89] On peut relever la proximité terminologique de cette proposition avec le vocabulaire proclien discutant les hypothèses du *Parménide* dans le troisième livre de la *Théologie platonicienne* : « ὁ μὲν σύμπας κόσμος ἐκ μερῶν συμπληροῦται τῶν ὅλων », in : PROCLUS, *Théologie platonicienne*, T.III [88.4–5], H.D. Saffrey & L.G. Westerink eds.

[90] Le choix du concept 'hypostase' ne se réfère pas directement ici à l'union hypostatique du divin et de l'humain. Son sens est plus philosophique. Dans les *Opuscules théologiques et polémiques*, Maxime renvoie aux connotations philosophiques de ce concept. Il semble que ce soit celui qui convienne ici. « L'hypostase, selon les philosophes, est une essence avec des caractéristiques », in : OpThPol XXVI, 276b. Ses caractéristiques sont certainement irréductibles l'une à l'autre bien que, dans le cas du rapport entre intelligibles et sensibles, elle présente une certaine similarité de structure.

[91] Pour Proclus par exemple, 'être contenant' est une caractéristique du tout. Cf., PROCLUS, *The Elements of Theology* [66], E.R. Dodds ed.

de la figure circulaire contient en lui une certaine puissance de
production et une limite. Son 'un' n'est pas divisé par les parties
dont elle est la mesure-une et auxquelles elle donne assez mystérieusement l'unité. De fait, il semble tout à fait possible de mettre
au bénéfice de l'*ecclesia* les propos de la première *théoria* qui décrivent
le rapport général du 'tout' et des parties :

> Comme les parties sont par nature issues de la totalité,[92] ainsi les causés
> tirent de la cause, le fait d'être à proprement parler, d'être connus et
> d'avoir leur propriété particulière distincte, lorsque saisies ensemble par
> leur rapport à la cause, celle-ci les qualifie entièrement, comme on l'a
> dit, par l'unique puissance de relation à elle (πέφυκε γὰρ, ὥσπερ ἐκ τῆς
> ὁλότητος τὰ μέρη, οὕτω δὲ κἀκ τῆς αἰτίας τὰ αἰτιατὰ καὶ εἶναι κυρίως καὶ
> γνωρίζεσθαι καὶ τὴν ἑαυτῶν σχολάζουσαν ἔχειν ἰδιότητα, ἡνίκα τῇ πρὸς τὴν
> αἰτίαν ἀναφορᾷ περιληφθέντα, ποιωθῇ διόλου κατὰ τὴν μίαν, ὡς εἴρηται, τῆς
> πρὸς αὐτὴν σχέσεως δύναμιν).[93]

On ne peut douter que Maxime ait eu à l'esprit le présent passage
lorsqu'il réfère les deux parties de la maison à l''un' propre de l'*ecclesia*. Cette dernière en tant que type de Dieu et type du monde
occupe une position médiane. Elle manifeste en 'type' une sorte de
modèle premier et divin. L'*ecclesia* est de ce fait en possession d'une
certaine puissance de relation qui veut qu'elle soit la totalité une et
unifiante de ses propres parties. C'est elle également qui les qualifie
en abolissant non pas leur différence intrinsèque mais la différence
qui vient de leur dénomination. On doit ainsi admettre qu'elle n'est
pas une limite inerte seulement mais une certaine 'cause' ou mesure
de la bonne disposition de ses propres parties. Cette thèse autorise
un rapprochement entre l'*ecclesia* et le lieu comme cause de la bonne
disposition des choses qui entrent en lui. *Ecclesia* et lieu se rejoignent
ainsi dans une définition commune que l'on peut dans le présent cas
aussi emprunter au *Commentaire sur les Catégories* de Simplicius. Cette
définition remonte à la tradition jamblichéenne :

> ... plus haut encore que celui-ci (l'intellect) nous apercevrons l'essence
> du lieu considéré comme un dieu : c'est une sorte d'essence unitaire,

---

[92] Cette thèse rappelle une expression de la *Métaphysique* d'Aristote à propos de
la signification de la formule ἔκ τινος εἶναι ; « provenir de ... : c'est encore provenir
du composé de la matière et de la forme : par exemple, les parties proviennent du
tout (ὥσπερ ἐκ τοῦ ὅλου τὰ μέρη), les vers, de l'Iliade, et les pierres de la maison »,
in : Aristote, *Métaphysique* Δ.24 [1023a31–33], W.D. Ross ed.

[93] Myst 1.153–157 (665b).

qui contient toutes choses à l'intérieur d'elle-même et qui réalise la perfection de toutes choses selon une mesure unique (ἀνωτέρω δὲ ἔτι καὶ τούτου τὴν ὡς θεοῦ οὐσίαν τοῦ τόπου κατοψόμεθα, ἐνοειδῆ τινα οὖσαν καὶ πάντα συνέχουσαν ἐν ἑαυτῇ καὶ καθ᾽ ἓν μέτρον τὰ ὅλα συμπεραίνουσαν [SIMPLICIUS, *In Aristotelis categorias commentarium* [363.33–364.1], K. Kalbfleisch ed.]).

La *théoria* symbolique prônée par le Confesseur propose à tout homme doué de perception et de raison de passer de la considération empirique d'un édifice visible aux rapports invisibles et transcendants qu'un tout paradigmatique, l'*ecclesia*, entretient avec des parties partageant la même universalité, le temple et le sanctuaire. L'*ecclesia* revêt ainsi un statut de modèle ou de prototype en devenant le référent universel (i.e. le type idéal) du rapport du 'tout' et des parties.[94]

Avant de développer la question du rapprochement de l'*ecclesia* et du lieu, il faut préciser la nature du rapport que temple et sanctuaire entretiennent comme co-parties d'un même tout-un.

Maxime expose ce rapport en plusieurs étapes. Tout d'abord, l'*ecclesia* montre que les deux parties sont une même chose l'une pour l'autre (ταὐτὸν ἀλλήλοις ἄμφω δεικνύουσα [MYST 2.219–220 (669a)]). On se heurte ici à une difficulté de compréhension qui est en partie liée à une difficulté de traduction. Ταὐτὸν signifie une même chose et indique un rapport d'identité.[95] Or, Maxime laisse clairement entendre dans les propos qui précèdent la thèse de l'identité des parties la permanence d'une certaine différence entre les deux parties. Cette différence qui n'est manifestement pas abolie est signalée négativement lorsque Maxime soutient que « *l'ecclesia n'est pas divisée par*

---

[94] La problématique du tout, des parties et de leur rapport sera reprise par Maxime dans le cadre de la querelle monophysite. Maxime exposera alors sa théorie de l'hypostase 'composée' du Verbe considérée comme un 'tout' possédant ou 'contenant' ses propres parties, la nature divine et la nature humaine. Cf., LETTRE XV, PG 91, 521bc, 524d, 525d. Il n'y a pourtant pas stricte similarité entre l'objectif de la *Mystagogie* et celui du courrier théologique que nous mentionnons bien que les questions philosophiques qui les sous-tendent soient étroitement apparentées. On aura bien sûr constaté la quasi absence de référence aux discussions christologiques dans la *Mystagogie*. C'est une des principales énigmes de ce texte. La thèse de M.-L. Charpin a tenté d'y répondre (voir : M.-L. CHARPIN, *Union et différence*. Une lecture de la Mystagogie de Maxime le Confesseur, p. 302ss).

[95] Ταὐτὸν fait partie des cinq genres suprêmes signalés par Platon dans le *Sophiste*. Être (1), repos (2), mouvement (3), identité [ταὐτὸν] (4), altérité [θάτερον] (5), voir : PLATON, *Le Sophiste* [251a ss], J. Burnet ed. Pour une discussion détaillée de la fonction des couples 'repos-mouvement', 'identité-altérité' dans le néoplatonisme, voir : St. GERSH, *From Iamblichus to Eriugena*, p. 57–72.

ses parties à cause de leur différence réciproque (οὐ συνδιαιρουμένη τοῖς ἑαυτῆς μέρεσι διὰ τὴν αὐτῶν πρὸς ἄλληλα τῶν μερῶν διαφοράν [Myst 2.216–217 (668d)]) ». Il semble assez clair que chez Maxime la différence réciproque des parties implique une sorte de distinction première dont l'"un' est porteur avant même que celle-ci ne se donne à penser comme deux. Cette identité ne peut dès lors être comprise en dehors d'un rapport premier d'une partie comme de l'autre à l'"un' de l'*ec-clesia*. En fait, il semble qu'ici aussi, Maxime reproduit comme en écho certaines idées générales émises dans la première *théoria*. Il y soutient qu' « aucun parmi les êtres n'est, dans le principe,[96] en dis-sension et séparé de nul autre par une différence de nature ou de mouvement (πρὸς οὐδὲν οὐδενὸς τῶν ὄντων προηγουμένως κατὰ φύσεως διαφορὰν ἢ κινήσεως στασιάζοντός τε καὶ διαιρουμένου [Myst 1.139–141 (665a)]) ». Certes, cette citation traite du rapport que les choses dis-tinctes dans leur existence concrète (i.e. leur existence actuelle) entre-tiennent l'une avec l'autre en tant qu'elles sont primitivement issues d'une même cause mais le fait que l'*ecclesia* (un/tout—deux parties) en soit le type et le référent stable autorise l'inférence du rapport entre choses distinctes sur la typologie 'sanctuaire-temple' de l'*eccle-sia*. Etant admis que référés à l'"un' propre de l'*ecclesia*, le sanctuaire et le temple sont l'un pour l'autre dans un rapport d'identité totale car l'"un' ne se divise pas, il reste à tenter de comprendre la nature de leur différence réciproque dès lors qu'ils passent de l'inétendue de l'"un' à l'extension spatiale qui les pose comme l'un et l'autre. Ils ne sont plus alors considérés comme 'un' mais comme 'deux'.

Il y a diverses façons de se représenter la nature de la dualité des parties. Elle peut-être de simple juxtaposition, de superposition, d'em-boîtement, d'ajustement ou d'interpénétration. Ces variantes ne sont pas sans conséquences pour la compréhension du système exposé par Maxime.

---

[96] C'est ainsi qu'on pense devoir traduire προηγουμένως. Les deux seules études qui se sont attardées à expliquer cette notion (A. Riou, *Le monde et l'Eglise selon saint Maxime le Confesseur*, p. 137–138 ; M.-L. Charpin, *Union et différence. Une lecture de la Mystagogie de Maxime le Confesseur*, p. 140ss) y ont vu la description d'un état primitif de la création avant la détérioration des relations cosmiques induites par le péché de l'homme. Il est possible en effet que Maxime y fasse allusion mais le contexte invite à la prudence d'autant plus que προηγουμένως est un terme tech-nique dont Maxime fait un usage assez précis lorsqu'il traite de la question des 'opposés'. Voir : OpThPol XVII, 212cd. Les opposés ne sont pas, dans les *Opuscules théologiques et polémiques*, associés à l'idée de péché.

D'un point de vue strictement descriptif, sanctuaire et temple sont juxtaposés côte à côte. C'est le premier constat que peut établir la perception visuelle et l'on sait l'importance de la visibilité des rapports pour la *théoria* symbolique de Maxime. Leur juxtaposition ne veut pourtant pas dire que leurs 'positions' soient indifférentes. Elles répondent à un certain agencement lié à leurs fonctions respectives. On peut également ajouter que du point de vue du volume spatial occupé très concrètement par l'une et par l'autre il y a manifeste disproportion. Un simple regard sur la répartition des volumes spatiaux des deux lieux (nef et abside) suffit à confirmer cette inégalité.

Comment comprendre la suite des propos du Confesseur qui soutient que « l'une est pour l'autre par cohésion (ou 'échange') ce que chacune est par constitution pour elle-même (καὶ θάτερον θατέρῳ κατ' ἐπαλλαγὴν ὑπάρχον ὅπερ ἑκάτερον ἑαυτῷ καθέστηκεν ὃν ἀποφαίνουσα [Myst 2.220–221 (669a)]) » ?

Il faut bien admettre que la mise en phase de ces deux rapports—l'un vis-à-vis de l'autre (θάτερον θατέρῳ) et chacun vis-à-vis de soi (ἑκάτερον ἑαυτῷ)—est assez subtile et il n'est guère aisé d'en avoir une idée claire. D'ailleurs la plupart des études maximiennes esquivent la difficulté de ce passage et font généralement l'impasse sur toute tentative d'explication. Sans prétendre parvenir à une solution définitive, on peut tenter en procédant par étape de mettre en parallèle direct les lignes précédentes (lignes 220–221 de Myst 2 *supra*) et celles qui les suivent (lignes 221–223 de Myst 2 *infra*) comme l'ordre des parallélismes nous y autorise :

> Le temple est sanctuaire en puissance, étant consacré par le rapport de la 'mystagogie' avec le terme (ἱερατεῖον μὲν τὸν ναὸν κατὰ τὴν δύναμιν τῇ πρὸς τὸ πέρας ἀναφορᾷ τῆς μυσταγωγίας ἱερουργούμενον), inversement, le sanctuaire est temple en acte en possédant le principe de la propre 'mystagogie' (καὶ ἔμπαλιν ναὸν τὸ ἱερατεῖον κατὰ τὴν ἐνέργειαν, τῆς ἰδίας αὐτὸν ἔχον μυσταγωγίας ἀρχήν) [Myst 2.221–223 (669a)].

L'une est pour l'autre par cohésion, pose la question du rapport entre le temple (A) et le sanctuaire (B) et entre le sanctuaire (B) et le temple (A).

Du point de vue fonctionnel un rapport dynamique les lie. Le jeu même de la synaxe liturgique requiert ce rapport. Le contenu du rite renseigne sur l'échange opéré entre les parties selon un 'ordonnancement sacré' (ἡ ἱερὰ διάταξις [Myst 13.668 (692b)] ; τὴν . . . ἁγίαν διάταξιν [24.1080–1081 (712b)]). La mention de deux lieux dont l'un est réservé aux prêtres et aux ministres liturgiques et l'autre ouvert à l'accès du peuple intègre l'idée de mouvements réglant le rapport ordonné entre les deux parties de la construction ecclésiale. Il faut rappeler ici aussi l'importance—pour la compréhension du système maximien—de la visibilité de ces mouvements de liaison.[97]

D'un point de vue structurel, le temple (A) et le sanctuaire (B) occupent chacun une position déterminée qui le constitue comme autre. Cette position leur confère respectivement et simultanément une certaine 'identité' propre « ce que chacune est par constitution pour elle-même ». Cette identité veut pour A qu'il soit puissance de B et pour B qu'il soit acte de A. Leur rapport réciproque induit du *même* (ταὐτὸν) et de l'*autre* (διαφορά). Coordination (θάτερον θατέρῳ) et autoconstitution (ἑκάτερον ἑαυτῷ) par référence à l'un décrivent les deux modalités d'existence du temple et du sanctuaire.

3.b.6. *Nature mystagogique de la relation du temple et du sanctuaire*

Faut-il comprendre *puissance de* . . . (κατὰ τὴν δύναμιν), *acte de* . . . (κατὰ τὴν ἐνέργειαν) dans un sens relevant de la physique aristotélicienne ? C'est peu probable quand bien même le rappel de celle-ci contribue à éclaircir la relation dynamique que les deux parties du tout-un-*ecclesia* entretiennent. Il faut toutefois relever qu'à la différence des choses de la nature, *puissance* et *acte* coexistent dans *l'ecclesia* provoquant une tension première et universelle entre 'ce qui est tel' et 'ce qui est toujours' dans la bonne position ; autrement dit entre ce qui est sujet au changement et ce qui ne l'est pas. Cette relation dynamique est proprement 'mystagogique' en tant qu'elle révèle le sens ultime des choses et le retour par unification de toute réalité à son principe.

L'analyse des rapprochements lexicaux opérés par Maxime renforce la thèse d'une tension foncière au cœur de toute la réalité créée mais aussi l'idée générale d'un référent commun pour tout ce qui d'une façon ou d'une autre vient se classer sous le genre de la distinction (διάκρισις). Un bref schéma devrait permettre de visualiser la nature de la différence entre les deux parties de *l'ecclesia*. Nous pouvons représenter graphiquement l'organisation conceptuelle de la thèse maximienne comme suit :

---

[97] Le rite byzantin témoigne aujourd'hui encore de ces mouvements réguliers qui lient le peuple croyant qui se trouve dans le temple et les prêtres et liturges qui célèbrent dans le sanctuaire.

ἱερατεῖον	(πέρας)	ἱερατεῖον	(ἀρχή) ἐνέργεια
↑		↓	
Ναὸς	Δύναμις	Ναὸς	

Ce plan coordonne spatialement la position des données tirées de l'*ecclesia*.[98]

Si l'on accepte l'idée d'une tension—d'une certaine manière permanente—entre (1) le sanctuaire, le terme, l'acte, le principe et (2) le temple, la puissance, nous pouvons admettre également que la nature du lien qui les unit est mystagogique en tant que 'mouvement vers . . .' et 'ordonné à . . .'. Or il semble qu'il y a double mouvement comme le schéma graphique tend à le montrer. Maxime signale, par le choix de ces notions, les caractéristiques propres de chacune des deux parties. Le temple 'puissance de . . .' signifie qu'il est pour une part inscrit dans le devenir. Le sanctuaire 'acte de . . .' se trouve du côté du terme (πέρας) et du principe (ἀρχή) du mouvement mystagogique, il est une certaine entité en acte (ἐνέργεια) que le temple doit en un sens devenir.

En affirmant que le temple est 'consacré' par le rapport de la mystagogie avec le terme, le Confesseur soutient clairement que la caractéristique naturelle du sanctuaire lui est communiquée. La proximité sémantique de sanctuaire (ἱερατεῖον) et de consacré (ἱερουργούμενον) ne fait aucun doute. Cette indication nous montre le temple tendu vers le sanctuaire qui lui transmet certaines de ses caractéristiques propres (i.e. la 'sainteté' et d'un point de vue plus philosophique l'unification et une certaine stabilité). Rappelons une fois encore que dans le monde présent, l'*ecclesia* porte ces deux points en tension de façon permanente et concomitante. Le mouvement de l'un à l'autre est de nature mystagogique relevant, d'une part, de l'être (la sainteté, l'union, une certaine permanence) et d'autre part, de la connaissance (en tant qu'ils sont réciproquement révélateurs de leurs positions respectives dans l'unique maison [εἷς οἶκος]).

Résumons :

Référé à l'un, A est unifié en puissance[99] en tant que toutes ses puissances sont orientées vers l'unification de ce qu'il contient. La

---

[98] Nous devons à Stephen Gersh d'avoir attiré notre attention sur la possible représentation graphique de ces rapports.

[99] La puissance est double. Elle est ce par quoi un être procède à partir de l'un mais aussi ce par quoi un être retourne à l'un.

présence de B, leur référence commune à l'‘un' lui communique unité et stabilité.

Référé à l'*un*, B est unifié en acte en étant placé du côté du principe.

On pourrait ainsi assez aisément admettre que si l'union (ἕνωσις) est prépondérante dans le sanctuaire en raison de sa proximité avec le principe ‘un' de l'*ecclesia*, la distinction (διάκρισις), elle, prévaut dans le temple quand bien même—de par sa référence à l'‘un' et par l'action (ἐνέργεια) du sanctuaire—elle est ordonnée elle-aussi à la toute-unité. Nous retrouvons ainsi un thème apparenté à celui que Philopon rapporte dans le début du *Commentaire sur la Physique d'Aristote*. Il y affirmait qu'en toutes choses se trouvaient de l'union et de la distinction mais que l'une ou l'autre l'emportait dans les êtres en fonction de leur proximité avec le principe [Cf., JEAN PHILOPON, *In Aristotelis physicorum libros octo commentaria* [16.56.6–14], H. Vitelli ed., voir traduction *supra*].

Cette section de la seconde *théoria* trouve sa conclusion dans l'affirmation suivante : « En tous deux, elle est en permanence une et la même (δι᾽ἀμφοῖν μία καὶ ἡ αὐτὴ διαμένει [MYST 2.225 (669a)]) ».

Maxime affirme de ce fait la transcendance de l'‘un' propre de l'*ecclesia* qui n'en est pas moins immanent à chacune de ses parties. Toute cette spéculation assez compliquée peut avoir été préparée par l'abondante littérature philosophique qui témoigne d'une préoccupation répandue à la fin de l'Antiquité. Cette littérature tente de rendre compte du rapport complexe entre multiplicité et unité transposé dans les lignes qui nous intéressent ici en termes de totalité et de parties de la totalité. La formulation de ce topique que Damascius expose dans le *Commentaire sur le Parménide* concourt à élucider le versant métaphysique de la question des relations que temple et sanctuaire comme parties entretiennent avec l'un-tout-*ecclesia*. Damascius affirme :

> Unique est la totalité, tandis qu'elle est tout entière en ses parties à travers leur union. C'est pourquoi chaque partie l'introduit en même temps qu'elle-même, et qu'y a-t-il d'étonnant à ce qu'elles introduisent la totalité ? En effet les parties s'introduisent les unes les autres, et elles sont vues les unes dans les autres grâce à leur union les unes avec les autres et avec le tout (Καὶ μία μὲν ἡ ὁλότης, ὅλη δὲ ἐν τοῖς μέρεσιν διὰ τὴν ἕνωσιν. Διὸ καὶ ἕκαστον μέρος αὐτὴν ἑαυτῷ συνεισάγει. Καὶ τί θαυμαστὸν εἰ τὴν ὁλότητα ; καὶ ἄλληλα γὰρ συνεισάγει, καὶ ἐν ἀλλήλοις ὁρᾶται, διὰ τὴν καὶ πρὸς ἄλληλα ἕνωσιν, καὶ πρὸς τὸ ὅλον [DAMASCIUS, *Commentaire du Parménide de Platon*, vol. I [39.17ss], L.G. Westerink & J. Combès eds.]).

La perception visible de la structure interne de l'*ecclesia*, les rapports que les parties y entretiennent (j'entends par là leur position respective), la référence commune à une unité logiquement 'première' révèlent un modèle supérieur, invisible et transcendant que Maxime mentionne par la notion d'une sorte d'autre *ecclesia* non-faite-de-mains-d'hommes (ἀχειροποίητος).

3.b.7. *Du rapport très général : théoria symbolique et correspondance analogique*

Peut-on enfin considérer les parties de l'*ecclesia* comme l'une dans l'autre à l'instar des deux parties (τὰ νοητὰ, τὰ αἰσθητὰ) du monde tout entier (ὁ σύμπας κόσμος) ? Parvenu au deuxième terme de comparaison de la seconde *théoria*, Maxime soutient en effet à propos des parties du monde « qu'elles sont engagées l'une dans l'autre, l'une toute entière dans l'autre toute entière (ὅλον ὅλῳ δεικνὺς ἐμβεβηκότα [MYST 2.239 (669b)]) ». Thèse qu'il développe comme suit :

> Car le monde intelligible tout entier apparaît mystérieusement imprimé dans le monde sensible tout entier en des formes symboliques pour ceux qui ont la capacité de voir (ὅλος γὰρ ὁ νοητὸς κόσμος ὅλῳ τῷ αἰσθητῷ μυστικῶς τοῖς συμβολικοῖς εἴδεσι τυπούμενος φαίνεται τοῖς ὁρᾶν δυναμένοις). Le sensible tout entier est dans l'intelligible tout entier, simplifié en *logoi* par voie de connaissance intellective. Celui-ci est en celui-là par les *logoi*, celui-là en celui-ci par les types (καὶ ὅλος ὅλῳ τῷ νοητῷ ὁ αἰσθητὸς γνωστικῶς κατὰ νοῦν τοῖς λόγοις ἁπλούμενος ἔνεστιν· ἐν ἐκείνῳ γὰρ οὗτος τοῖς λόγοις ἐστίν, κἀκεῖνος ἐν τούτῳ τοῖς τύποις).[100]

---

[100] MYST 2.242.246 (669c). Le moine byzantin ne fait que reformuler ici une théorie physique bien attestée chez les néoplatoniciens. Les premières pages du *Commentaire sur le Timée* de Proclus, nous valent une importante digression sur la *physis*. Le Lycien y affirme : « L'ensemble de la philosophie se divise en effet en théorie des Intelligibles et théories des êtres encosmiques, et à juste titre, puisqu'il y a deux Mondes, l'un Intelligible, l'autre Sensible, comme Platon le dira lui-même plus avant (30C9ss). Ceci étant, le Parménide embrasse le Traité des Intelligibles, le Timée celui des êtres encosmiques : l'un nous enseigne toutes les classes divines, l'autre toutes les processions des êtres encosmiques. Ni le premier pourtant ne néglige entièrement la théorie des êtres de l'Univers, ni le second celle des Intelligibles, parce que et les Sensibles sont dans les Intelligibles à titre exemplaire, et les Intelligibles dans les Sensibles par mode de copies (τὰ αἰσθητὰ ἐν τοῖς νοητοῖς ἐστι παραδειγματικῶς καὶ τὰ νοητὰ ἐν τοῖς αἰσθητοῖς εἰκονικῶς) », in : PROCLUS, *In Platonis Timaeum commentaria* [I.13.1ss], E. Diehl ed. La question du rapport entre monde intelligible et monde sensible (ou physique) remonte à la plus haute Antiquité. Elle fait l'objet d'une importante discussion chez Théophraste qui demande dès le début de son traité connu sous le nom de ΘΕΟΦΡΑΣΤΟΥ [ΤΩΝ ΜΕΤΑ ΤΑ ΦΥΣΙΚΑ] « s'il existe une certaine connexion, et comme une communauté mutuelle, entre les intelligibles et les êtres de la nature ou aucune », in : THÉOPHRASTE, *Métaphysique* [4a9ss],

La conception du 'temple' et du 'sanctuaire' non plus comme entités juxtaposées mais comme l'un tout entier dans l'autre tout entier est assez séduisante mais il faut admettre que la théorie de leur possible compénétration ne peut être fondée sur la seule visibilité de leur rapport mutuel à l'intérieur de l'édifice cultuel. On peut par contre raisonnablement supposer que Maxime devait envisager un ajustement du temple et du sanctuaire identique à celui qu'il exposait pour le monde intelligible et le monde sensible et ceci par la correspondance étroite entre l'*ecclesia*-non-faite-de-mains-d'homme (ἀχειροποίητος) <qu'il discerne dans le rapport du monde intelligible et du monde sensible> et l'*ecclesia*-faite-de-mains-d'homme (χειροποίητος) qui en est le type autorisé et par là la révélatrice.

Il n'est pas difficile de comprendre l'idée qui veut que le sensible soit dans l'intelligible par les *logoi*, ce qui correspond comme le dit Maxime à une 'simplification' (ἁπλούμενος), ni d'envisager comme possible la totalité de l'intelligible dans la totalité du sensible en types, c'est-à-dire sous forme d'empreintes, de traces de présence d'un σχῆμα supérieur et transcendant. Il est par contre beaucoup plus délicat de préciser la modalité de la présence du temple dans le sanctuaire et du sanctuaire dans le temple. Si l'on veut tenir cette conception pour vraisemblable, on est, semble-t-il, contraint de passer de l'étendue physique (spatiotemporelle) aux correspondances inétendues de rapports transcendants. Les matériaux que nous fournit Maxime dans le présent texte ne nous permettent guère d'aller au-delà de la thèse d'un rapport A / B type de X / Y.

Selon les principes de la '*théoria* symbolique', le rapport A / B est un rapport visible relevant du domaine de la perception sensible dont la fonction est de révéler un rapport X / Y invisible, abstrait et très général. Si l'on prolonge ce raisonnement, on peut dire que si A / B porte les types de X / Y tout comme le sensible porte les types de l'intelligible, on peut également admettre que le rapport A / B (*ecclesia*-faite-de-mains-d'hommes) est simplifié en *logoi* lorsqu'il est conçu et saisi dans le rapport X / Y (monde tout entier, sorte d'*ecclesia*-non-faite-de-mains-d'homme).

Le système de correspondances analogiques prônées ici a de profondes racines dans les théories mathématiques de l'Antiquité tar-

---

A. Laks & G.W. Most eds. Maxime le Confesseur s'inscrit dans la longue tradition qui tente une réponse à cet épineux problème.

dive. Même si l'on peut émettre quelques réserves sur le degré de connaissance qu'en eût Maxime,[101] un rapprochement s'avère dans le cas présent éclairant. Les études de la pensée du Confesseur n'ont jamais à ce que l'on peut constater tenté de rapprocher la ou plutôt les théories des *logoi* maximiens de la théorie des *logoi* comme rapports de proportion mathématique,[102] or c'est manifestement un des sens du concept *logos* dans l'Antiquité tardive.[103] Jamblique soutient que la science mathématique est en mesure de faire voir la symétrie des choses de la nature (συμμετρίαν τῶν ἐν τῇ φύσει παραδεικνύουσα) et la proportion qui les traverse toutes (ἀναλογίαν τὴν διὰ πάντων τῶν ἐν τῇ φύσει διήκουσαν). Il affirme également que le propre de cette science consiste à révéler tant la beauté des formes naturelles que leurs rapports (κάλλος τε ἐπισκοπουμένη καὶ εἴδη φυσικὰ καὶ τοὺς περὶ αὐτῶν λόγους) et leurs figures (τὰ σχήματα αὐτῶν).[104] Le même topique

---

[101] On peut toutefois relever le goût 'presque immodéré' de Maxime pour la symbolique des nombres dont le seul article sur le sujet ne donne qu'un pâle reflet. Voir tout de même : P. Van Deun, « La symbolique des nombres dans l'œuvre de Maxime le Confesseur (580–662) », *Byzantinoslavica* 53 (1992) 237–242. Le chapitre 5 de la *Mystagogie* montre clairement la parenté de la structure de l'âme avec la théorie du 'tétractys' pythagoricien (1+2+3+4=10). Maxime affirme : « Δεκὰς γὰρ δυνάμει ἐστὶν ἡ τετράς, ἀπὸ τῆς μονάδος εἱρμῷ κατὰ πρόοδον συντιθεμένη [Myst 5.426–427 (680a)] ». Le moine byzantin dépend directement d'une théorie bien attestée dans l'Antiquité tardive. Elle est connue de Philopon qui la rapporte dans le *Commentaire du De Anima* : « διότι οἱ ἀπὸ μονάδος συντιθέμενοι μέχρι τῆς τετράδος ποιοῦσι τὸν δέκα », in : Jean Philopon, *In Aristotelis de anima libros commentaria* [15.76.13–14], M. Hayduck ed. Pour la transposition de cette théorie au monde tout entier, voir : Proclus, *In Platonis rem publicam commentarii* [2.170.8ss], W. Kroll ed.

[102] Madame Neschke de Lausanne nous a, à l'occasion d'un colloque, signalé cette possibilité. Sur l'importance de la théorie des *logoi* chez Maxime, voir l'étude ancienne mais qui a eu le mérite d'attirer l'attention sur l'importance de cette notion chez le Confesseur comme 'un des principes organisateurs de sa vision du monde', in : I.H. Dalmais, « La théorie des '*logoi*' des créatures chez saint Maxime le Confesseur », *Revue des sciences philosophiques et théologiques* 36 (1952), 244–249 ; voir également la récente thèse de doctorat de Tollefsen qui consacre la première partie de sa publication aux rapports possibles entre la théorie maximienne des *logoi* et la théorie des idées, voir : T. Tollefsen, *The Christocentric Cosmology of St. Maximus the Confessor. A Study of his Metaphysical Principles*, p. 24ss; mais aussi : A.E. Kattan, *Verleiblichung und Synergie*. Grundzüge der Bibelhermeneutik bei Maximus Confessor, p. 1–79.

[103] Sur le sujet, la contribution de Stephen Gersh introduisant au commentaire de Porphyre sur les *Harmoniques de Ptolémée* (Εἰς τὰ ἁρμονικὰ Πτολεμαίου ὑπόμνημα), in : St. Gersh, « Porphyry's Commentary on the 'Harmonics' of Ptolemy and Neoplatonic Musical Theory », notamment les pages 152 et 153 où il montre que, selon Ptolémée, l'harmonie musicale (que Porphyre met en parallèle avec l'harmonie du tout) repose sur les deux critères de l'audition et du logos. Ce dernier est particulièrement propre à donner, *a fortiori* à révéler proportion et harmonie.

[104] Cf., Jamblique, *De communi mathematica scientia liber* [15.26–33], N. Festa ed.

chez Proclus insiste encore davantage sur le parallèle du bon ordre
des rapports dans lesquels l'Univers a été fabriqué (τήν τε τῶν λόγων
εὐταξίαν ἀναφαίνουσα, καθ' ἣν δεδημιούργηται τὸ πᾶν) avec la proportion de toutes choses qui existent dans le monde (καὶ ἀναλογίαν
τὴν πάντα τὰ ἐν τῷ κόσμῳ συνδήσασαν).[105] Dans le *Commentaire sur le
Timée*, c'est bien en termes de rapports mathématiques que Proclus
décrit l'organisation du sensible. Rapports (*logoi*) qui selon lui « rési-
dent primordialement dans ce qui est Âme y étant descendu de
l'Intellect ».[106]

Si nous transposons ces éléments de doctrine néoplatonicienne
dans la pensée du Confesseur, on remarque que la '*théoria* symbolique' maximienne fait passer du domaine de la perception sensible
aux types et des types aux *logoi* selon un processus de simplification
remontant des effets aux principes explicatifs, du perçu au conçu.
En d'autres termes, elle cherche dans la pluralité des informations
que lui fournissent les sens un certain ordre, certaines constantes, en
bref , une première organisation du réel que l'*ecclesia* comme 'type'
met à sa disposition. Elle passe ensuite de la pluralité des types
comme première base organisée selon des formes géométriques bien
définies aux *logoi* qui représentent un ordre transcendant. Ceux-ci
demeurent en un sens de façon transversale dans la totalité du réel.
Ces rapports (*logoi*) de proportion mathématique invisibles s'expriment dans des formes géométriques devenues visibles (*typoi, schèmata*)
dans l'organisation de l'espace sacré de l'*ecclesia* qui est en un sens
un univers de formes. Un simple regard sur le plan ou la coupe de
l'église byzantine suffit à rendre compte de l'omniprésence du point,
de la ligne, de l'angle, du cercle etc . . . et l'on sait l'importance de
ces derniers pour l'explication du système du monde chez les penseurs
de l'Antiquité tardive. Ces formes géométriques, incorporelles et par
nature invisibles se révèlent dans l'*ecclesia* maximienne par la cor-
poréité et la visibilité d'un ordre de position des parties d'un édifice

---

[105] Cf., PROCLUS, *In primum Euclidis elementorum librum commentarii* [22.17ss], G.
Friedlein ed.

[106] Cf., PROCLUS, *In Platonis Timaeum commentaria* [II.23.20ss], E. Diehl ed. : « πῶς
γὰρ διακεκόσμηται τὸ αἰσθητὸν ἢ κατὰ ποίους διατέτακται λόγους ἢ ἀπὸ ποίων
προελήλυθε λόγων ἢ ἀπὸ τῶν μαθηματικῶν ; ». Dans une note accompagnant la traduction qu'il donne du commentaire de Proclus, Festugière rappelait : « *Pour un
pythagoricien, le Νοῦς* (et même l'Être tout premier : Un et dyade indéfinie) est composé de rapports (λόγοι). Ces rapports descendent (καταβάντες, [23.24]) dans l'Âme,
en ce sens que l'Âme-harmonie est elle aussi composée de rapports », cf. note 2,
p. 49 du troisième volume de sa traduction.

unique, bon ordre des rapports qu'une certaine impermanence du monde sensible ou plus précisément l'attachement de la faculté humaine de perception aux apparences de ce dernier rendait particulièrement délicate.

Un schéma permet de mieux visualiser le jeu de ces rapports analogiques entre tous les niveaux du réel tels que les présuppose le système du monde maximien :

- *L'objet de perception (le perçu) 1* → *les types* → *les logoi* → *le logos-un*

inversement

- *Le logos-un* → *les logoi* → *les types* → *L'objet de perception (le perçu) 2*

L'objet de perception 1 est l'édifice cultuel. Les types correspondent à la configuration géométrique visible (ἡ θέσις τοῦ σχήματος).[107] Les *logoi* aux rapports de proportion mathématique (ici géométrique) invisibles et le *logos* à l''Un'. Cet ultime *logos* peut être identifié soit au *Logos* divin comme dans l'*Ambiguum* 7, soit à une sorte de '*logos* caché' distingué du *Logos* divin comme le suggère la Question 48 à Thalassios.[108] Le mouvement ascendant qui partant du perçu arrive au *logos*-un en passant par types et *logoi* remplit les conditions de la '*théoria* symbolique' (qui n'est autre qu'une sorte de mouvement anagogique). L'autre mouvement qui descend du *logos*-un, passe par *logoi* et types, informe la faculté de perception qui peut ainsi se réapproprier le monde sensible (l'objet de perception 2). Il n'est pas fortuit que c'est au terme de cette 'rééducation' par l'intermédiaire de la 'typologie' ecclésiale que Maxime peut revenir au monde sensible qu'il avait dans un premier temps écarté en raison d'une certaine confusion qui régnait dans la faculté humaine de perception entre les apparences et la réalité sensible en soi. Le mouvement profond de la pédagogie maximienne n'est pas sans évoquer le mythe de la Caverne de la *République* de Platon ou même les étapes successives

---

[107] En soi, les types dont il est question sont des formes 'incorporées'. Il n'est pas rare que règne une certaine confusion même dans les études sérieuses entre les notions de 'monde matériel' et de 'monde sensible'. Ce dernier devrait être plutôt dit 'monde physique' comme en convient par exemple Théophraste : THEOPHRASTE, *Métaphysique* [4a9ss], A. Laks & G.W. Most eds. Il ne fait aucun doute que Maxime considère le monde sensible comme composé de matière et de forme.

[108] Cf., THAL 48.74–76 : « Ἥνωσεν δὲ καὶ τὰ αἰσθητὰ καὶ τὰ νοητά, καὶ μίαν ἀπέδειξεν οὖσαν τὴν τῶν γεγονότων φύσιν, κατά τινα λόγον μυστικὸν συναπτομένην ».

de l'ascension de l'âme d'*Ennéades* VI.9 de Plotin, mais aussi dans la *Vie de Moïse* de Grégoire de Nysse ou encore les étapes de l'ascension de l'âme décrite par Grégoire de Naziance dans un texte difficile qui fut à l'origine de l'*Ambiguum* 10.[109] Une différence profonde éloigne toutefois Maxime de ces formes de platonisme car pour le moine byzantin un objet de perception sensible, l'*ecclesia*, est en mesure de fournir un point de départ adéquat à l'analyse de la réalité.

La dernière partie de cette section voudrait brièvement signaler la portée du rapport symbolique de l'*ecclesia* au monde sensible en soi qui n'est qu'une extension appliquée des principes dégagés précédemment. Elle est d'ailleurs partie intégrante de la démarche de la seconde théorie comme cela a été signalé.

> Mais encore, il disait que la sainte église de Dieu est symbole du monde sensible seul, en soi. Comme ciel, elle a le divin sanctuaire, comme terre, possède la splendeur du temple. De même, le monde est une *ecclesia*, ayant le ciel semblable au sanctuaire et l'agencement de la terre semblable au temple (Καὶ αὖθις μόνου τοῦ αἰσθητοῦ καθ᾽ ἑαυτὸν κόσμου τὴν ἁγίαν τοῦ θεοῦ ἐκκλησίαν εἶναι σύμβολον ἔφασκεν, ὡς οὐρανὸν μὲν τὸ θεῖον ἱερατεῖον ἔχουσαν, γῆν δὲ τὴν εὐπρέπειαν τοῦ ναοῦ κεκτημένην· ὡσαύτως δὲ καὶ τὸν κόσμον ὑπάρχειν ἐκκλησίαν, ἱερατείῳ μὲν ἐοικότα τὸν οὐρανὸν ἔχοντα, ναῷ δὲ τὴν κατὰ γῆν διακόσμησιν [Myst 3]).

Ce paragraphe témoigne d'une authentique restitution du monde sensible à la faculté humaine de perception. Signalons toutefois que dans le vingt-troisième chapitre de la *Mystagogie*, Maxime fait explicitement mention d'une perception divine (κατ᾽ αἴσθησιν θείαν [Myst 23.821 (700b)]) à laquelle parvient l'âme du gnostique. Elle pourrait d'ailleurs correspondre directement à la perception 2 de l'analyse précédente.

Pour Maxime, celui qui, passé par la '*théoria* symbolique', est allé au delà du voile des apparences est réintroduit dans le monde sensible. Pour ce dernier, tout lieu physique (i.e. tout espace) est susceptible de devenir une *ecclesia* comme en convient ce complément de la seconde *théoria*. Il partage le sort des 'saints' dont Maxime fait mention en *Ambiguum* 10 [1176bc]. Les saints, selon le Confesseur, conçurent la création sous l'angle du bon ordre, de la proportion et de l'utilité que chacun y entretient avec le tout. Ils entrent dans la

---

[109] Cf., Grégoire de Naziance, Discours 21 [2.1–8], En l'honneur d'Athanase, évêque d'Alexandrie, in: *Discours* 20–23, J. Mossay ed.

catégorie de ceux qui se laissent instruire du Créateur à partir de
ses œuvres et inversement qui se laissent instruire de la créature à
partir du Créateur. Ils discernent le permanent dans l'impermanent,
les constantes dans le flux mouvant du devenir[110] et sont ainsi en
mesure de parvenir par la *théoria* à la connaissance, par la connaissance à la connaissance sans faille et par la connaissance sans faille
à la vérité. Cette description du mouvement de l'âme en sa faculté
théorétique justifie tout le chapitre 5 de la *Mystagogie*.[111]

3.b.8. *Synthèse* : L'ecclesia *sous le rapport du lieu*

L'analyse d'un texte majeur d'*Ambiguum* 10 [1180d–1181a] a permis
d'établir l'universalité logique de la catégorie ποῦ toujours conçue
avec la catégorie πότε. Maxime veut qu'elles soient toutes deux non
seulement les conditions *sine qua non* de l'être des étants mais qu'elles
soient également les révélatrices d'une nécessité intrinsèque à tous
les êtres, à savoir 'être dans le lieu' et 'être dans le temps', conséquemment 'avoir une position (θέσις) et un rang (τάξις)' conformes
à une détermination essentielle propre. Le moine byzantin soutient
ainsi, qu'il n'y a pas dans l'existence concrète séparation entre les
divers niveaux du monde créé. Chez Maxime, la transcendance d'un
modèle intelligible n'implique pas que ce dernier ait en soi une existence séparée. On ne peut nier qu'il y ait distinction mais on doit
éviter de la comprendre sur le mode d'une séparation réelle. En ce
sens, on peut concevoir que le monde intelligible et le monde sensible se donnent mutuellement lieu d'exister en tant qu'ils sont l'un
et l'autre, tout comme les deux parties de l'*ecclesia*, référées à 'un-
tout' supérieur et transcendant. La métaphore d'une roue dans une
roue, la mention d'une œuvre qui leur soit commune (καὶ τὸ ἔργον
αὐτῶν ἦν καθὼς ἂν εἴη τροχὸς ἐν τροχῷ [MYST 2.246–247 (669c)]) entéri-
nent l'idée de l'adhésion de tout ce système à la thèse de l'uni-to-
talité bien attestée dans la pensée néoplatonicienne.[112] Si les deux

---

[110] C'est un des principaux thèmes d'*Ambiguum* 10, cf., par exemple 1119a.

[111] On peut regretter que le chapitre 5 de la Mystagogie n'ait jamais fait l'objet
d'une étude détaillée car il représente un témoignage de premier ordre sur la réception dans la théologie byzantine des traités de l'âme du moyen-platonisme et du
néoplatonisme. Limitons-nous à signaler une proximité thématique et terminologique
avec Alcinoos (ALCINOOS, *Enseignement des doctrines de Platon* [152.30ss], J. Whittaker
ed.).

[112] Cf., S. LILLA, « Pseudo-Denys l'Aréopagite, Porphyre et Damascius », in : *Denys*

parties ne sont pas séparées en tant qu'elles partagent un même acte d'exister—tout comme le corps et l'âme pour la nature humaine—, elles ne sont pas non plus confondues révélant la présence d'une tension dialectique au cœur même de la totalité de ce qui est, qu'on la considère sous le vocable τὸ πᾶν ou sous celui de τὸ ὅλον.[113]

Si, comme l'affirme Maxime, tous les êtres ont l'être « par le 'où' à cause de la position et de la limite de leurs raisons naturelles (ὑπὸ τὸ ποῦ εἶναι διὰ τὴν θέσιν καὶ τὸ πέρας τῶν ἐπ᾽ αὐτοῖς κατὰ φύσιν λόγων) [Amb 10, 1180d–1181a] », cette théorie doit nécessairement pouvoir être transposée au cœur de l'*ecclesia* faite-de-mains-d'hommes qui est le type de l'existant concret composé d'intelligible et de sensible. Le ποῦ est ainsi en mesure de rendre compte de la *limite* contenante et unifiante qui dans le cas de la typologie architecturale ne peut être que l'*ecclesia* en tant qu'elle est 'une' selon l'hypostase et qu'elle contient ses propres parties. Le ποῦ peut également témoigner de la *position* que les parties constitutives du 'tout-un-*ecclesia*' occupent de façon réciproque l'une par rapport à l'autre. L'édifice-*ecclesia* est de fait l'expression spatiale, visible et perceptible de la dépendance de tout être à l'encontre de la catégorie ποῦ. L'étude de l'*ecclesia* comme type et image du monde tout entier devait donc pouvoir fournir une idée assez précise de la fonction du lieu telle qu'elle émergeait de la physique aristotélicienne profondément remaniée par la tradition néoplatonicienne.

D'un point de vue strictement objectif, en tant que bâtiment, l'*ecclesia* remplit les conditions d'une définition physique du lieu. Elle est en effet un espace à trois dimensions pourvu de limites topographiquement identifiables, le haut, le bas, l'avant, l'arrière, la droite, la gauche.[114] Elle comprend des parties coordonnées. Cette

---

l'Aréopagite et sa postérité en Orient et en Occident, p. 117–154; voir en particulier les occurences portant sur la forme ἕν πάντα comme propre à désigner le premier principe (note 123, p. 139).

[113] Comme nous l'avons mentionné précédemment, pour A. Charles-Saget, τὸ πᾶν insiste sur l'unité de cette mise-ensemble, et τὸ ὅλον, qui n'est pas nécessairement lié au nombre, en marque plutôt l'intégrité, l'absence de défaut. Cf., A. Charles-Saget, *L'architecture du divin*. Mathématique et Philosophie chez Plotin et Proclus, p. 72–73.

[114] Cf., dans les Ambigua : « C'est le propre de ce qui subit l'extension (διειλημμένου) d'être tenu par quatre limites : centre, ligne, surface et solide, et conséquemment par trois dimensions : longueur, largeur et profondeur, en elles se répartissent six limites, chacune des circonscriptions se divise en deux. Par exemple la longueur, par haut et par bas ; la largeur, par droite et par gauche ; la profondeur, par la limite avant et arrière », in : Amb 17, 1229d–1232a.

conception purement physique est reproduite par l'art—ici l'art de
bâtir—en tant qu'il est une imitation de la nature.

Du point de vue de l'analyse catégoriale, l'*ecclesia* comme bâtiment
relève du quantifié continu. Ses parties sont en effet contiguës. Elles
répondent à un ordre de position réciproque et ont une limite commune.[115]

Du point de vue anthropologique, elle est une entité contenant
une communauté. Elle délimite le rayon d'une action. La synaxe
liturgique témoigne en effet d'un échange opéré entre les deux parties de l'*ecclesia*. D'un point de vue plus subjectif, elle rassemble sous
un seul nom une diversité 'presque infinie en nombre (ἀπείρων ἀριθμῷ
σχεδὸν [cf., Myst 1.165 (665c)])' d'êtres humains. Elle est le lieu du
parcours de l'âme qui, fuyant les apparences du monde sensible entre
en elle, quittant la corruption (φθορά [cf., Myst 23.796ss (697d)])
pour la proportion (ἀναλογία [cf., Amb 10, 1176bc]) et progresse ainsi
de la multiplicité à l'unité.

Elle présente enfin une évidente proximité avec la théorie du lieu
néoplatonicien du point de vue de la cause. Cette question a été
introduite dans le second chapitre. Elle portait sur l'alternative entre
l'inertie du lieu (point de vue phénoménal) et la puissance active du
lieu (point de vue causal). Cette question mérite quelques remarques
complémentaires présentant plusieurs variantes.

La définition du lieu comme esquisse (προϋπογραφὴ) et comme type
(τύπος) laissait clairement entendre un rapport de causalité entre le
lieu essentiel et l'ordre du monde.[116] En effet sous cet angle, il est
tout à fait admissible de soutenir que le lieu comme cause formelle
de l'ordre du monde est exprimé de façon autorisée dans la typologie ecclésiale. Comme esquisse, l'*ecclesia* s'apparente à un plan préétabli
qui, comme cela a été noté, pourrait être rapproché de la structure
a priori des choses engendrées (pour Maxime : tous les êtres qui viennent après Dieu dans lesquels il faut inclure l'intelligible et le sensible). Soit le démiurge de Platon, soit le Créateur du judéo-christianisme
peut avoir précontenu en lui en un *logos* unique l'organisation formelle
du monde à venir[117] qu'elle soit conçue dans les raisons variées dont

---

[115] Cf., Aristote, *Catégories* [5a 8–14], R. Bodeüs ed.

[116] Cf., Simplicius, Corollarium de loco [645.7–10], *In Aristotelis physicorum libros
octo commentaria*, H. Diels ed.

[117] Voir sur le sujet l'étude de J. Pépin, « Eléments pour une histoire de la relation entre l'intelligence et l'intelligible chez Platon et dans le néoplatonisme », *Revue*

est tissé l'univers ou dans les conditions d'existence d'espace et de temps des étants concrets. Il ne suffit pourtant pas de dire que le lieu essentiel est cause formelle de l'ordre des choses. Il en est tout autant la cause finale, en tant notamment qu'il en est l'aspect achevé et parfait. Pierre Duhem a raison de souligner ce rapport du lieu essentiel et du monde en affirmant :

> Ce lieu essentiel, cet ordre naturel du Monde, c'est donc la forme qui conférerait au Monde sa perfection, celle qu'il tend à reconquérir lorsqu'il en a été écarté par violence ; le lieu essentiel est ainsi la cause finale de tous les mouvements qui se remarquent dans l'Univers ; c'est pourquoi, Simplicius nous dit que le lieu est pour Damascius, 'ce qui travaille à la perfection des corps'. Évidemment, le lieu essentiel travaille à la perfection des corps en conférant à chacun d'eux le désir, l'appétit de son domaine propre.[118]

Cette conception dynamique du lieu, prégnante dans l'Antiquité tardive, contribue à clarifier le statut original de l'*ecclesia* maximienne. Elle associe étroitement, comme on l'aura observé, la causalité finale et la causalité efficiente. Le lieu essentiel, cause finale de l'ordre des choses, travaille intimement au cœur de l'étant concret en le conduisant à son accomplissement et quoique invariable du point de vue de sa définition—comme l'affirme Simplicius[119]—et donc hors du temps qui s'écoule, il collabore avec le temps à l'avènement de la position optimale de chaque chose.

Conçus soit comme réceptacle (ὑποδοχή), soit comme enveloppant (περιοχή), soit comme ordre de position, l'*ecclesia* comme le lieu reçoivent et donc 'logiquement'[120] précèdent. Ils limitent et donc accompagnent. Ils contribuent à l'accomplissement de chaque chose en leur attribuant la bonne position correspondant à leur raison essentielle et ainsi ils perfectionnent. Le lieu et l'*ecclesia* sont donc à

---

philosophique 81 (1956) 39–64, voir particulièrement la position de Syrianus, *In Aristotelis metaphysica commentaria* [109.33ss], W. Kroll ed. : « ὁ τὸ πᾶν ὑφιστὰς θεός ἐστι, πᾶς θεὸς αὐτῷ τῷ εἶναι ποιεῖ, πᾶς <ὁ> αὐτῷ τῷ εἶναι ποιῶν ὁμοίωμα ἑαυτοῦ ποιεῖ· ὁ τὸ πᾶν ὑφιστὰς εἰκόνα ἑαυτοῦ τὸν κόσμον ποιεῖ· εἰ τοῦτο, ἔχει ἐν ἑαυτῷ παραδειγματικῶς τὰς αἰτίας τοῦ παντός, αὗται δέ εἰσιν αἱ ἰδέαι ». Jean Pépin rapporte cette position doctrinale aux pages 56 et 57 de son étude. Il la compare à celle de Proclus.

[118] P. Duhem, *Le système du monde*, t.1, p. 349.

[119] « ὁ γὰρ τοῦ ὅλου τῆς θέσεως οὐσιώδης ἀφορισμὸς ὁ αὐτὸς ἀεὶ μένει », in : Simplicius, Corollarium de loco [632.28], *In Aristotelis physicorum libros octo commentaria*, H. Diels ed.

[120] Cette précision veut tenir compte de la simultanéité du lieu et de l'être dans l'existant concret.

l'origine comme esquisse (προϋπογραφὴ), au milieu comme limite (πέρας) et mesure (μέτρον), et au terme comme achèvement (τελεσιουργός) de l'ordre des choses. Ils sont donc foncièrement inscrits dans le mouvement de ce monde et concomitants (ἅμα) aux choses que ce dernier contient. Les fonctions du lieu (en sa nature authentique selon le néoplatonisme) coïncident directement avec l'*ecclesia*-non-faite-de-mains-d'hommes dont la nature intellective s'imprime prioritairement en type dans l'*ecclesia*-faite-de-mains-d'hommes qui devient ainsi le référent universel du bon ordre de position des parties et la mesure 'une' de tout ce qui par génération est étendu et composé.

3.c. Ecclesia *et rites de la synaxe sous le rapport du temps*

Comme nous le présupposions dès l'introduction de ce travail, il est temps de vérifier la présence d'une typologie temporelle au cœur même de la *Mystagogie*. Nous avons noté précédemment que cette typologie devait être la révélatrice d'un ordre (τάξις) inscrit dans la nature des choses. Nous avons précisé alors que cet ordre impliquait les concepts d'antériorité, de postériorité et un point limite (i.e. un certain maintenant) qui permettent de distinguer les étapes d'un certain processus.

Notre vérification touchera tout d'abord aux inéluctables conséquences de l'organisation spatiale du bâtiment ecclésial sur une certaine théorie de la temporalité. Elle devrait ensuite porter plus spécifiquement sur la typologie temporelle telle qu'elle apparaît dans l'ordonnancement sacré des rites de la synaxe. Cet agencement voit se succéder sur le mode de l'antérieur et du postérieur des événements symboliquement représentés et chargés d'une vraisemblable efficace. Nous devrions ainsi pouvoir mesurer plus aisément la causalité unifiante et sanctificatrice de l'*ecclesia* tant pour le corps entier que pour chacun de ses membres.

3.c.1. *Conséquences de la typologie spatiale sur la théorie du temps*

L'*ecclesia* (une maison [εἰς οἶκος] / deux parties) est dans un parallélisme qui s'impose type et image du monde tout entier (un monde [εἰς κόσμος] / deux parties).

La priorité de l'un (εἷς) sur la distinction mais aussi la relation que chaque partie entretient avec l'un (εἷς) et l'une avec l'autre sont maintenant établies. L'organisation plutôt spatiale de ces notions cache cependant leurs profondes répercussions sur l'élaboration possible d'une théorie fondamentale du temps dans la *Mystagogie*. Or s'il est possible d'établir une théorie du temps à partir des éléments que nous procure Maxime dans le second point de comparaison de la deuxième *théoria*, à savoir l'organisation du monde tout entier, on doit pouvoir en inférer plusieurs aspects sur l'*ecclesia* qui en est le type. Cela nous permettra de préciser le cadre théorique à partir duquel il sera possible de mieux comprendre l'organisation des éléments du rite liturgique référés à un concept 'temps' premier et supérieur.

La répartition des domaines du monde tout entier mais aussi leurs rapports respectifs à la temporalité est un point de doctrine bien attesté chez Maxime comme cela a été relevé dans le second chapitre. Pour le moine byzantin, qui ne rompt pas en cela avec le caractère binaire de son système, les intelligibles sont perpétuels (αἰώνια) car ils ont pris le commencement (ou principe) de l'être dans l'*aiôn* (ἐν αἰῶνι τοῦ εἶναι λαβόντων ἀρχὴν) et les sensibles sont dits temporels (χρονικὰ) car ils ont été faits dans le temps (ὡς ἐν χρόνῳ πεποιημένα).[121]

Le fait que cet élément du système maximien ne soit que la réception d'une conception dominante dans le néoplatonisme ne doit pas cacher l'importance des conséquences de son application dans la deuxième *théoria* de la *Mystagogie*.

Ces deux domaines qui paraissent ici exclusifs l'un de l'autre présentent toutefois plusieurs points de contacts dans d'autres textes du Confesseur. Dans les *Centuries sur la théologie et l'économie de l'Incarnation du Fils de Dieu*, par exemple, Maxime apporte de considérables précisions doctrinales :

> Le commencement, le milieu et la fin sont les signes distinctifs de ce qui est réparti dans le temps et pourrait-on dire—et on dirait vrai—de ce que le regard embrasse dans l'*aiôn*. Le temps, en effet, qui est la mesure du mouvement, est circonscrit par un nombre. Quant à l'*aiôn*, conçu avec la catégorie πότε dans l'existence, il admet l'étendue en tant qu'il a pris le commencement de l'être. Si temps et *aiôn* ne sont pas sans commencement (*autre traduction* : pas sans principe), combien plus ce qui est contenu en eux.[122]

---

[121] Cf., AMB 10, 1153a.
[122] « Ἡ ἀρχὴ καὶ ἡ μεσότης καὶ τὸ τέλος, τῶν χρόνῳ διαιρετῶν εἰσι γνωρίσματα· εἴποι δ᾽ ἄν τις ἀληθεύων, καὶ τῶν ἐν αἰῶνι συνορωμένων. Ὁ μὲν γὰρ χρόνος, μετρουμένην

Ce texte confirme qu'*aiôn* et temps sont très proches l'un de l'autre. On peut faire remarquer que l'*aiôn* présente sur le mode de la globalité, autrement dit sur le mode de la simultanéité des choses qu'il contient (cf., τῶν ἐν αἰῶνι συνορωμένων) ce que le temps présente sur le mode séquentiel (τῶν χρόνῳ διαιρετῶν). Dans ce texte, l'un et l'autre ont les mêmes signes distinctifs, le commencement (ἡ ἀρχὴ), le milieu (ἡ μεσότης) et la fin (τὸ τέλος). Ce qui, de fait, laisse clairement entendre leur commune dépendance à un ordre transcendant auquel ni l'un, ni l'autre n'échappent. On peut ajouter qu'ils sont tous deux contenants (τὰ ἐν τούτοις περιεχόμενα) et par le fait de n'être pas sans principe—nous admettons jouer ici sur l'ambivalence des significations d'ἀρχὴ—qu'ils sont en un sens contenus dans un principe commun. Nous percevons dans ce premier point de synthèse une version du théorème néoplatonicien selon lequel tout principe est le lieu (i.e. la limite contenante) de ce dont il est principe.

Les subtilités du rapport qu'entretiennent *aiôn* et temps chez Maxime ne s'arrêtent pas là. Le Confesseur va jusqu'à supposer entre eux une certaine identité. L'*Ambiguum* 10 en conserve d'importantes traces :

> Le temps *est aiôn* quand il s'arrête dans son mouvement, et l'*aiôn est* temps quand, emporté par le mouvement, il est mesuré ; en sorte que pour les définir, je dis que l'*aiôn est* temps privé de mouvement et le temps *est aiôn* mesuré par le mouvement (Αἰὼν γάρ ἐστιν ὁ χρόνος, ὅταν στῇ τῆς κινήσεως, καὶ χρόνος ἐστὶν ὁ αἰών, ὅταν μετρῆται κινήσει φερόμενος, ὡς εἶναι τὸν μὲν αἰώνια, ἵνα ὡς ἐν ὅρῳ περιλαβὼν εἴπω, χρόνον ἐστερημένον κινήσεως, τὸν δὲ χρόνον αἰῶνα κινήσει μετρούμενον [AMB 10, 1164bc]).

Le mouvement joue dans ce texte un rôle déterminant, il est à l'instar du temps qui en est la mesure, une des caractéristiques de l'être créé (πάντα γὰρ κινεῖται τὰ ὁπωσοῦν ὄντα, δίχα τῆς μόνης καὶ ἀκινήτου καὶ ὑπερ πάντα αἰτίας [AMB 10, 1177a]). Le mode humain de perception et la discursivité qui l'accompagne peuvent ici induire en erreur. Il faut éviter de concevoir *aiôn* ou temps de façon exclusive au sens où l'avènement de l'un signifierait la disparition de l'autre. La première proposition est par soi déjà problématique. Comment en effet affirmer que le temps s'arrête ? Est-ce à dire que le temps se meut et qu'il puisse 'à un certain moment' être privé

ἔχων τὴν κίνησιν, ἀριθμῷ περιγράφεται· ὁ αἰὼν δὲ συνεπινοουμένην ἔχων τῇ ὑπάρξει τὴν ποτὲ κατηγορίαν, πάσχει διάστασιν, ὡς ἀρχὴν τοῦ εἶναι λαβών. Εἰ δὲ χρόνος καὶ αἰὼν οὐκ ἄναρχα, πολλῷ μᾶλλον τὰ ἐν τούτοις περιεχόμενα », in : ThEc I.5, 1085a.

de mouvement ? Peut-on affirmer de l'*aiôn* qu'il est d'abord privé de mouvement pour être ensuite emporté par ce dernier ? Il ne semble pas qu'il faille s'engager ici dans des apories liées en partie à notre mode de connaissance. En fait, l'entière formule semble témoigner d'une adéquation du temps et de l'*aiôn* puisque l'un *est* l'autre et vice versa et ceci simultanément. Leur liaison (par la copule ἐστιν) confirme qu'ils ne sont pas une chose et l'autre mais bien la même sous deux rapports différents. Maxime reconnaît toutefois qu'ils doivent être distingués. Dans un topique apparenté, Proclus veut que l'αἰὼν et le temps (χρόνος) soient comme deux mesures différentes des êtres, l'un comme mesure des réalités intelligibles, l'autre comme mesure des êtres du monde. Pour le philosophe athénien, *l'aiôn* mesure ce qui est unifié (τὰ ἐνιζόμενα), la permanence des êtres (καὶ ὃ μὲν τὴν διαμονὴν τῶν ὄντων) et le temps ce qui est nombré (τὰ ἀριθμούμενα), l'étendue ordonnée des êtres en devenir (ὃ δὲ τὴν παράτασιν τῶν γινομένων).[123]

On ne peut totalement exclure un emprunt direct de Maxime à ce lieu commun encore qu'il faille préciser que pour le Confesseur *aiôn* et temps sont des catégories du monde créé. Ils entrent donc dans un *logos* commun de création. La précision est d'importance car il est assez aisé de faire glisser notre conception du divin dans la catégorie de l'*aiôn*. Dans la pensée du moine byzantin, seul le divin est sans principe ou sans commencement (ἄναρχος)[124] encore que l'on puisse admettre de l'*aiôn* et de son contenu qu'ils soient plus proches de la divinité en raison de leur stabilité et de leur degré d'unification. Ce n'est toutefois, là encore, qu'une transposition spatiale du problème (plus proche, moins proche) en partie liée à notre mode de perception.

Pour Maxime ces deux niveaux de temporalité 'créée' s'emboîtent ou s'ajustent l'un à l'autre tout comme le monde intelligible et le monde sensible exposés dans la seconde *théoria* à partir de la configuration visible de l'*ecclesia*. Ils sont mutuellement soumis à la même dialectique qui oscille de la dualité des parties à l'unité de référence qui, est-il encore utile de le rappeler, n'est pas une unité conceptuelle seulement mais, comme la deuxième *théoria* maximienne le démontre clairement, une unité réelle (κατὰ τὴν ὑπόστασιν).

---

[123] Cf., PROCLUS, *In Platonis Timaeum commentaria* [III.17.22ss], E. Diehl ed.
[124] Cf., THEc I.1, 1084a.

Le rapport que les deux parties de 'temporalité créée' entretiennent l'une avec l'autre donne la possibilité de saisir correctement les rapports que le rite liturgique induit entre le temps du monde sensible qui est un temps linéaire mesurant des mouvements naturels ou non sur le mode de l'antérieur et du postérieur et le temps intelligible qui est un temps stable. Le premier est dominé par le mouvement (κίνησις), le second par le repos (στάσις). Ils sont tous deux corrélatifs en tant qu'ils s'impliquent mutuellement.

Un tableau général, incluant toutes les notions déjà rencontrées et rapportant de façon graphique leur coordination, devrait permettre de mieux comprendre la correspondance entre la question de l'*ecclesia* pensée sous le rapport du lieu et l'*ecclesia* située par rapport à la problématique du temps.

Ce tableau qui organise graphiquement les notions recueillies dans l'*Ambiguum* 10 et dans les deux premiers chapitres de la *Mystagogie* dévoile les principales lignes de forces de la métaphysique maximienne. Il rend compte visiblement de l'universalité de l'union et de la distinction (ἕνωσις καὶ διάκρισις). Il faut préciser qu'en raison de leur simplicité, de leur incorporéité, de leur caractère inétendu et unifié, les 'entités' de la colonne gauche sont plus proches du principe de référence que ne le sont les entités de la colonne droite. Dans les premiers, mêmes s'ils ne sont pas dépourvus de distinction, l'union domine, dans les seconds, bien que l'union ne leur fasse pas défaut, c'est la distinction qui tend à dominer.

L'universalité ἕνωσις καὶ διάκρισις prend également la forme du rapport 'contenant-contenu' où la dualité des parties devient une unité d'existence dans le réel et ceci par référence à un 'Un' logiquement premier et contenant, le seul à être 'un' selon l'hypostase (κατὰ τὴν ὑπόστασιν).

Quelles conséquences peut-il en découler pour l'élaboration d'une théorie du temps qui soit conforme au système maximien exposé dans la *Mystagogie*? Il faut partir de l'encadré gras du tableau ci-dessus. Dans la seconde partie de cette *théoria* que Maxime consacre aux rapports du monde intelligible et du monde sensible, il affirme que ces deux parties du monde tout-entier (ὁ σύμπας κόσμος) « sont engagées l'une dans l'autre, l'une toute entière dans l'autre toute entière (θατέρῳ θάτερον ὅλον ὅλῳ δεικνὺς ἐμβεβηκότα [Myst 2.239 (669b)]) ». Maxime précise en effet que cette coïncidence—confirmée par l'usage de la métaphore d'une 'roue dans une roue' (τροχὸς ἐν τροχῷ) tirée de la prophétie d'Ezechiel—doit être dite sans confusion.

Point de départ :
Ecclesia **faite-de-mains-d'hommes**
(χειροποίητος).

Principe contenant et
unité de référence
(ἡ πρὸς τὸ ἓν ἀναφορά).

	Une maison (εἷς οἶκος)	
Sanctuaire		Temple
	Ταὐτόν	

Principe contenant et
unité de référence
(ἡ πρὸς τὸ ἓν ἀναφορά).

Ecclesia non-faite-de-mains-d'hommes (ἀχειροποίητος)	
Monde d'en-haut	Monde d'en-bas
assigné aux puissances d'enhaut	*adjoint à ceux qui ont pour part de vivre dans la perception*

Principe contenant et
unité de référence
(ἡ πρὸς τὸ ἓν ἀναφορά).

Un monde (εἷς κόσμος)	
Monde Intelligible	Monde Sensible
Invisible, rempli d'essences intellectuelles et incorporelles	*Visible, corporel, noblement tissé de nombreuses formes et natures*

Tout-un
(ἄμφω ὅλον αὐτὸν
ὡς μέρη ἕνα συμπληροῦντας)

→ sous le rapport du temps

Unité logique de
référence. Principe
révélateur de l'ordre
(τάξις) des êtres

Catégorie 'quand ?' (πότε)	
Condition *sine qua non*	
Aiôn (αἰών)	Temps (χρόνος)
Repos (στάσις)	*Mouvement* (κίνησις)
Ordre inétendu (τάξις)	*Ordre étendu* (τάξις, παράτασις)

οὐκ ἄναρχα
Pas sans principe

→ sous le rapport du lieu

Unité logique de
référence. Principe
révélateur de la
position des êtres en
tant que parties
(i.e. contenues) et de
l'universalité
'contenant-contenu'.

Catégorie 'où ?' (ποῦ)	
Condition *sine qua non*.	
Raison naturelle et position essentielle.	Formes et configuration (σχῆμα) visible.

La totale convenance des deux parties ne réduit pas la tension provenant de leurs caractéristiques naturelles. Une idée tout à fait similaire est proposée dans la première *théoria* par l'usage du verbe ἐνδιασφίγγει qui est un *hapax* maximien. Le moine byzantin y soutient que « Dieu fixe solidement par providence les uns dans les autres et en lui-même les intelligibles et les sensibles (ἀλλήλοις καὶ ἑαυτῷ προνοητικῶς ἐνδιασφίγγει τά τε νοητὰ καὶ τὰ αἰσθητά [MYST 1.134–135 (664d)]) ».

Ces affirmations convergent toutes vers une idée centrale du système du monde du Confesseur et permettent de raisonnablement postuler la coïncidence de l'*aiôn* et du temps. Nous pouvons déjà leur supposer une unité de référence logique révélée par la catégorie πότε comme condition *sine qua non* de l'univers tout entier (intelligible et sensible). En partant de leur commune unité de référence, on ne peut qu'admettre le postulat de leur concordance. En effet, les entités qui découlent d'un principe commun ne peuvent, comme l'affirme Maxime lui-même dans le première *théoria*, être tout à fait étrangères les unes aux autres (ἵνα μὴ ἀλλήλων παντάπασιν ἀλλότρια ᾖ καὶ ἐχθρὰ τὰ τοῦ ἑνὸς θεοῦ κτίσματα καὶ ποιήματα [MYST 1.193–195 (668b)]). Maxime se rapportait alors à l'action du Christ qui fait suite au schéma géométrique du centre, des rayons et du cercle.

Nous sommes ainsi en mesure de mieux évaluer les répercussions cosmologiques découlant naturellement des principes maximiens retenus ci-dessus.

Peut-on avancer qu'à l'instar des intelligibles et des sensibles leurs mesures respectives, à savoir l'*aiôn* et le temps, soient réellement engagées l'une dans l'autre, l'une toute entière dans l'autre toute entière [cf., MYST 2.239 (669b)]? On est tenu de répondre par l'affirmative car cette thèse résulte logiquement des assertions de Maxime. Cet élément de doctrine est exprimé dans l'*Ambiguum* 17 sous la forme du rapport entre le repos (στάσις) et le mouvement (κίνησις) qui sont respectivement les caractéristiques naturelles de l'*aiôn* et du temps. Les êtres y sont dits avoir dans le mouvement le repos et dans le repos le mouvement le plus paradoxal (ἐν τῇ κινήσει τὴν στάσιν, καὶ ἐν τῇ στάσει τὸ παραδοξότατον τὴν κίνησιν ἔχοντα [AMB 17, 1228c]). Maxime poursuit d'ailleurs ce raisonnement en tentant de comprendre : « Quel est le lien qui d'éléments opposés constitue un monde un ? [Cf., AMB 17, 1228c] ».

Si la doctrine de Maxime est conséquente, il doit être possible de substituer à sa théorie de la compénétration de l'intelligible et du

sensible dans l'existant concret la théorie de la coïncidence de l'*aiôn*
et du temps dans l'actualité de l'existant concret. La mutation peut,
partant de la seconde *théoria* de la *Mystagogie*, s'opérer en ces termes :

> Car *l'aiôn* tout entier apparaît mystérieusement imprimé dans *le temps*
> tout entier en des formes symboliques pour ceux qui ont la capacité
> de voir. *Le temps* tout entier est dans *l'aiôn* tout entier, simplifié en *logoi*
> par voie de connaissance intellective. Celui-ci est en celui-là par les
> *logoi*, celui-là en celui-ci par les types. Et leur action était comme le
> serait une roue dans une roue dit l'étonnant visionnaire des grandes
> choses Ezechiel en parlant, me semble-t-il, des deux *niveaux de tempo-*
> *ralité créée.*[125]

Ces modifications, totalement artificielles on peut en convenir, ne
sont pas dépourvues de fondement comme les précédents textes cités
l'ont démontré. Elles ne sont pas non plus sans conséquence pour
l'analyse des rites soumis à un certain ordonnancement (διάταξις)
qui atteste la présence de rapports stables dans le temps de la sainte
synaxe. Celle-ci devient le mystérieux point de convergence de la
stabilité et du mouvement. En admettant qu'*aiôn* et temps ne sont
pas l'un sans l'autre mais l'un tout entier dans l'autre tout entier il
est plus facile de reconnaître qu'à l'instar du monde intelligible et
du monde sensible, ils se donnent mutuellement lieu d'exister dans
un 'maintenant' à la fois stable et mobile selon qu'il est considéré
du point de vue des raisons des êtres ou du point de vue de leur
réalisation actuelle dans le flux du devenir.

Pour tenter de préciser la thèse du point de contact entre l'*aiôn*
et le temps, il peut être utile de reprendre ici certains éléments de
la théorie jamblichéenne du temps. Comme le rappelle Sambursky
dans *The concept of Time in Late Neoplatonism*,[126] Jamblique modifie
l'aspect phénoménologique de l'antithèse aristotélicienne du maintenant (νῦν) et du flux du temps en antithèse 'temps intelligible' qui
est un 'maintenant' intelligible contenant un certain ordre inétendu
et temps sensible qui exprime cet ordre dans l'étendu du devenir et
dans la succession continue de 'maintenant'. Ces deux formes du
temps entretiennent des rapports identiques à ceux qui relient *aiôn*
et temps chez Maxime.[127] Cette 'dualité' temporelle présente chez

---

[125] MYST 2.242–248 (669bc) *modifié*.
[126] Cf., S. SAMBURSKY, *The Concept of Time in Late Neoplatonism*, p. 15.
[127] Il est un point sur lequel la doctrine de Jamblique suivi des plus importants

les deux auteurs d'importantes similitudes, notamment celle d'être soumis à un ordre (τάξις) transcendant (i.e. un rapport antérieur-postérieur) stable dans le monde intelligible et mobile dans le monde sensible. Ainsi, comme l'affirme Sambursky en partant de la théorie jamblichéenne, il est possible d'expérimenter dans la succession du temps physique la coexistence des points dans le temps intelligible. Il en découle que le temps intelligible est actuellement présent dans l'enchaînement de chaque 'maintenant' imposé au flux du devenir.[128] Cette thèse a été vraisemblablement admise par Maxime. Chez ce dernier, ce qui est réparti dans le temps (τῶν χρόνῳ διαιρετῶν) coïncide mais sur le mode de la coexistence avec ce que le regard embrasse dans l'*aiôn* (τῶν ἐν αἰῶνι συνορωμένων). Tous deux ont des signes distinctifs communs : Le commencement, le milieu et la fin [cf., ThEc I.5, 1085a]. Nous pouvons, sur la base d'un nouveau graphique,[129] transposer les notions concernant le monde tout entier à l'*ecclesia* faite-de-mains-d'hommes établissant ainsi le cadre de l'analyse des rites de la sainte synaxe.

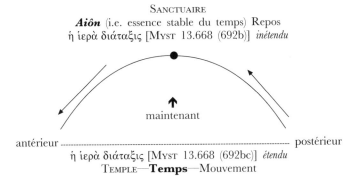

SANCTUAIRE

Aiôn (i.e. essence stable du temps) Repos
ἡ ἱερὰ διάταξις [MYST 13.668 (692b)] *inétendu*

maintenant

antérieur --- postérieur
ἡ ἱερὰ διάταξις [MYST 13.668 (692bc)] *étendu*
TEMPLE—**Temps**—Mouvement

Ce tableau permet de comprendre comment la stabilité de l'*aiôn* et la permanence de ce qu'il contient s'expriment dans le temps de *l'ecclesia* sous la forme de séquences réglées par la ἱερὰ διάταξις ecclésiale.

---

représentants de l'Ecole d'Athènes ne peut guère rencontrer les propos de Maxime, c'est la nature 'créée' de l'*aiôn* quand bien même cette dernière échappe moins au mouvement qu'au flux continu du temps physique caractérisé par une sorte de changement perpétuel.

[128] Cf., S. SAMBURSKY, *The Concept of Time in Late Neoplatonism*, p. 15.

[129] Ce plan s'inspire, en le modifiant, de celui que Sambursky reproduit à la page 15 de l'introduction de son anthologie *The Concept of Time in Late Neoplatonism*.

Inversement, nous voyons comment la διάταξις étendue des rites liturgiques demeure dans l'*aiôn* sous forme de rapports (*logoi*) iné-tendus. Rappelons que le système maximien tolère une certaine éten-due du temps intelligible en raison d'une part de son rapport de coexistence avec le temps physique et d'autre part par le fait de n'être pas 'sans principe' (cf., ὁ αἰὼν δὲ συνεπινοουμένην ἔχων τῇ ὑπάρ-ξει τὴν πότε κατηγορίαν, πάσχει διάστασιν, ὡς ἀρχὴν τοῦ εἶναι λαβών [ThEc I.5, 1085a]). Les seuls *logoi* du temps absolument inétendus demeurent en Dieu tout comme le signale Maxime dans l'*Ambiguum* 10 (οἱ λόγοι τοῦ χρόνου ἐν τῷ Θεῷ διαμένωσιν [Amb 10, 1164b]).

L'*ecclesia* faite-de-mains-d'hommes comme domaine de perception sensible offre le cadre où se révèlent non seulement la coïncidence sans confusion du repos et du mouvement, de l'*aiôn* et du temps, de l'essence stable du temps et des mouvements naturels, mais égale-ment l'ordonnancement universel qui veut que tous les êtres créés quelle qu'en soit la nature soient en un certain temps ou dans la ligne directe d'*Ambiguum* 10, qu'ils aient l'être sur le mode du πότε et dépendent par ce fait d'un principe unique.

3.c.2. *Rites, référents symboliques, effets*

Il n'est guère aisé de passer des premiers éléments de doctrine du temps tirés de la deuxième *théoria* sur l'*ecclesia* à leurs expressions linéaires dans l'enchaînement des diverses actions liturgiques. Cette difficulté s'explique partiellement par le fait qu'à l'inverse de l'espace ecclésial qui est dit 'type du monde tout entier', la succession des rites n'est apparemment pas pensée par Maxime sur un mode typologique. Notre travail est sur ce point plus problématique que l'analyse de l'organisation spatiale du bâtiment et la disposition de ses parties. Nous sommes contraints de faire un important effort de reconstruction basée méthodologiquement sur notre étude du lieu où se déroule l'action liturgique. Il nous faut également éviter un important écueil lié à la forte symbolique dont Maxime alourdit les rites de la synaxe rendant plus délicat l'étude d'une possible typologie temporelle répondant aux exigences de l'étude de la nature en esprit.

Nous nous proposons donc de reprendre cette enquête en procé-dant, comme le dit Maxime, avec ordre et méthode (ὁδῷ καὶ τάξει [cf., Myst 22.779 (697b)]) en progressant des choses immédiates jusqu'aux ultimes (καθ᾽ εἱρμὸν καὶ τάξιν ἀπὸ τῶν προσεχῶν μέχρι τοῦ πάντων τέλους ὁδεύουσαν [cf., Myst 24.901–902 (704a)]). Nous comprenons ici les immédiates comme relevant du phénomène, par nature visible, et les ultimes comme des causes explicatives transcendantes que nous aborderons tant du point de vue de la symbolique théologique que le Confesseur attache au rite que de certains rapports temporels universels que le rite 'brut' nous permettra de dégager.

Le rite de la synaxe tout comme l'espace ecclésial est un objet de perception sensible. Il permet de visualiser un mouvement progressif mesuré par le temps selon une succession d'événements précis comportant trois niveaux de compréhension : le rite en soi, le sens symbolique, l'effet produit ou attendu.

Le rite par lui-même est purement objectif. Il peut faire l'objet d'une description précise. Il sert de support concret aux symboles. Il est composé de mouvements visibles : entrée, sortie, fermeture des portes, montée, descente ; mais aussi d'actions audibles : lectures, chants, confession de foi, proclamation commune. Du point de vue de l'activité des sens, il possède déjà une certaine puissance d'union en tant que ceux qui y participent se rencontrent soit dans des actions communes soit dans des perceptions communes (audition, vision), soit dans des prises de paroles communes etc.

Le sens symbolique est lui aussi objectif dans le cadre bien démarqué de la *Mystagogie* maximienne. Sa signification dans ce système est permanente. Il n'est pas conçu pour être objet de discussion ou de réévaluation individuelle. L'aspect qui pourrait cependant présenter une connotation subjective de cette symbolique générale relève de l'appropriation particulière par chacun des membres de l'*ecclesia* de l'efficace de l'événement symbolisé. L'objectivité de la signification symbolique repose également sur l'adhésion (1) à une certaine représentation de l'univers et (2) à une conception de l'économie divine concernant le monde créé ; c'est dire qu'elle suppose un cadre référentiel partagé par le groupe auquel le sens symbolique s'adresse. Cette adhésion se fonde sur une convention minimale recueillie par la Tradition de l'Eglise (données des Saintes Ecritures ; homélies ; commentaires patristiques ; définitions conciliaires etc.). Le geste liturgique possède enfin en lui-même un certain pouvoir interne de représentation qui délimite et canalise la symbolique qui lui est associée. Maxime fait d'ailleurs clairement mention d'un sens implicite (ὑποσημαίνουσα)[130]

---

[130] Myst 14.693–694 (692d).

accompagnant le rite. Les actions rituelles 'jouent' dans l'espace
ecclésial les événements qu'elles symbolisent et induisent assez logiquement certains effets attendus.

Maxime désigne la portée générale du rapport rite-symbole par
l'expression γενικῶς[131] qu'il distingue nettement de l'expression ἰδικῶς[132]
qui relève, comme nous le disions précédemment, non seulement de
la catégorie de personnes sur laquelle le moine byzantin fait porter
son discours mais également du degré d'assimilation par chacun de
l'effet promis dans le rite symbolisé.

L'effet attendu recoupe tant le domaine du connaître que celui de
l'être. On peut distinguer en effet, en chacun de ces deux domaines,
le passage d'un état antérieur qu'il soit d'ignorance ou d'égarement
à un état postérieur qui est respectivement caractérisé par la connaissance et par l'unification. C'est en effet sous les idées de connaissance et d'union que viennent se ranger les divers symboles
supportés par le rite.

La seconde partie de la *Mystagogie* commence par quelques rites
préparatoires (chapitres 8 à 13) dont l'objectif est de disposer le fidèle
à la révélation véritable qui est introduite par la lecture de l'Evangile
(chapitre 14). Cette propédeutique rituelle est inaugurée par l'entrée
(εἴσοδος) du Grand Prêtre dans l'espace ecclésial. Cette entrée porte,
selon Maxime, le type et l'image de la venue du Fils de Dieu, à travers la chair, dans ce monde-ci (διὰ σαρκὸς εἰς τὸν κόσμον τοῦτον
παρουσίας [cf., Myst 8.607–608 (688c)]). Comme nous aurons l'occasion de le développer ci-après, elle introduit, du point de vue de
l'économie divine, dans la deuxième période de l'âge du monde.

Le principal exposé des rites de la synaxe (γενικῶς [à partir de la
lecture de l'Evangile, chapitre 14 et suivants]), nous permet de constater que les événements symbolisés n'appartiennent pas au temps
actuel. Vis-à-vis de ceux qui participent au rite ce sont tous des
événements à venir :

– La lecture de l'Evangile signifie *l'accomplissement de ce monde-ci* (τὴν
   τοῦ κόσμου τούτου συντέλειαν [14.693 (692d)]).
– Le renvoi des catéchumènes signifie le temps de *la seconde venue*
   (du Christ) *depuis les cieux* (τὴν δευτέραν αὐτοῦ παρουσίαν [14.703–704

---

[131] Cf., Myst 14.693 (692d); pas moins de six occurrences dans le 24ème chapitre
de la *Mystagogie*.
[132] Cf., Myst 13.670 (692b) ; six occurrences dans le 24ème chapitre de la *Mystagogie*.

(693a)]) suivie du *jugement* (mentionné implicitement par un acte de séparation).

– La fermeture des portes symbolise après le dépassement des choses matérielles *l'entrée dans le monde intelligible* (εἰς τὸν νοητὸν κόσμον [15.719 (693c)]) que Maxime associe à la chambre nuptiale du Christ.

– L'entrée des saints et vénérables mystères symbolise *l'enseignement nouveau qui se fera dans les cieux* au sujet du plan de Dieu (τῆς γενησομένης ἐν οὐρανοῖς καινῆς διδασκαλίας περὶ τῆς οἰκονομίας τοῦ Θεοῦ τῆς εἰς ἡμᾶς [16.724–726 (693c)]).

– Le baiser spirituel préfigure et décrit par avance *ce qui se fera au moment de la révélation des biens ineffables à venir* (τὴν ἐσομένην πάντων πρὸς ἀλλήλους ἐν τῷ καιρῷ τῆς τῶν μελλόντων ἀρρήτων ἀγαθῶν ἀποκαλύψεως [17.732–734 (693d–696a)]) : la concorde, l'unanimité et l'identité rationnelle.

– La confession du symbole de la foi signifie d'avance *l'action de grâce mystérieuse qui se fera dans l'aiôn à venir* (τὴν ... γενησομένην μυστικὴν εὐχαριστίαν κατὰ τὸν αἰῶνα τὸν μέλλοντα προσημαίνει [18.743–745 (696b)]).

– Le 'trois fois saint' fait référence *à l'union et à l'égalité avec les puissances incorporelles et intelligibles qui apparaîtra dans l'avenir* (τὴν πρὸς τὰς ἀσωμάτους καὶ νοερὰς δυνάμεις κατὰ τὸ μέλλον φανησομένην ἕνωσίν τε καὶ ἰσοτιμίαν παραδηλοῖ [19.749–751 (696b)]).

– L'invocation de Dieu-Père est le symbole de *l'adoption filiale qui sera donnée* (τῆς δοθησομένης ... υἱοθεσίας ἐστὶ σύμβολον [20.756–758 (696c)]).

– La confession du 'un seul saint' et ce qui suit révèle *le rassemblement et l'union qui se fera dans l'aiôn incorruptible des intelligibles* (συναγωγήν τε καὶ ἕνωσιν δηλοῖ, ἐν τῷ ἀφθάρτῳ τῶν νοητῶν αἰῶνι [21.767–768 (696d–697a)]).

– Après cela, *pour fin de toutes choses*, a lieu la distribution du mystère (μεθ᾽ ἥν, ὡς τέλος πάντων, ἡ τοῦ μυστηρίου μετάδοσις γίνεται [21.771–772 (697a)]) qui transforme en elle-même ceux qui en sont dignes.

Cette symbolique de portée générale tirée du premier exposé (γενικῶς δὲ ...) se réfère donc, comme nous pouvons le constater, à des événements futurs que nous pouvons qualifier d'événements préfigurés. Ils appartiennent, si l'on en croit Maxime, à l'*aiôn* qu'il qualifie soit d'*aiôn* à venir, soit d'*aiôn* incorruptible des intelligibles (voir *supra*). On ne peut ignorer qu'il s'agit là d'indications temporelles.

L'effet produit ou attendu est spécifié par les idées de jugement, de séparation, d'enseignement nouveau, de concorde, de rassemblement, d'union et de transformation. Tous ces effets sont grammaticalement inscrits dans le futur; la fréquence de l'expression τὸ μέλλον, des cas qui en dérivent et de plusieurs participes futurs (voir liste *supra*) y font directement référence. Ce qui est correct du point de vue de notre activité de perception ne l'est plus dès lors qu'on considère ces événements comme appartenant à l'*aiôn*. Car, pour ce dernier et ce qu'il contient, le présent seul convient en propre comme le schéma de la section précédente l'a bien mis en évidence.

Tout comme l'*aiôn* est inscrit en type dans l'extension du temps de ce monde,[133] les événements qui relèvent de l'*aiôn* s'inscrivent en type comme des événements actuels, intramondains dans le temps de la synaxe qui est le temps de l'*ecclesia*.

Du point de vue de l'effet attendu, c'est-à-dire du point de vue de l'efficace du symbole supporté par le rite, les constructions grammaticales de Maxime ne sont plus au futur mais au présent. Cette modification a de profondes répercussions sur la définition d'un temps propre de l'*ecclesia* qui, à l'instar du rapport qu'entretiennent monde intelligible et monde sensible dans le monde tout entier, est un temps 'un' et deux simultanément. Ce qui est annoncé comme à venir se réalise actuellement dans le temps de la synaxe. Si on regarde attentivement les modes de réalisations particulières[134] d'un même événement symbolisé pour les diverses catégories de personnes mentionnées par Maxime dans la seconde partie de la *Mystagogie*,[135] nous sommes contraints d'admettre que chacune d'entre elles est en mesure de s'approprier actuellement les effets découlant d'événements symboliquement préfigurés et donc à venir mais rendus présents par la typologie rituelle. Un point de contact s'établit ainsi entre l'*aiôn*, ce

---

[133] Cette assertion a fait l'objet d'un examen détaillé dans la première section de ce sous-chapitre. Nous avions alors appliqué au rapport *aiôn*-temps un rapport similaire à celui que Maxime proposait dans la seconde *théoria* sur l'*ecclesia* au rapport intelligible-sensible.

[134] Nous avions fait observer dès le premier chapitre dans l'étude du plan de la *Mystagogie* l'alternance du symbolisme de portée générale (γενικῶς) et la réception particulière (ἰδικῶς) des effets de l'événement symbolisé.

[135] Il s'agit des zélés [Myst 13], de l'âme gnostique [Myst 23], de tous les chrétiens [Myst 24] et particulièrement des 'tout petits selon le Christ' [Myst 24] et même des trois catégories spécifiques (i.e. croyants, pratiques, gnostiques) du quatrième exposé [Myst 24 (fin)].

qu'il contient de façon permanente et les membres de l'*ecclesia* encore partiellement soumis au temps de ce monde. Ces événements, de l'accomplissement de ce monde-ci à la fin de toutes choses (que symbolise la distribution du Mystère) liturgiquement joués, ouvrent la voie à la déification qui, comme le soutient Maxime dans les *Questions à Thalassios*, est la limite et l'enveloppe de tout temps et *aiôn* et de tout ce qu'ils contiennent (ἡ δὲ θέωσίς ἐστι καθ᾽ ὑπογραφῆς λόγον πάντων τῶν χρόνων καὶ τῶν αἰώνων καὶ τῶν ἐν χρόνῳ καὶ αἰῶνι περιοχὴ καὶ πέρας [THAL 59.141ss]).

Dans la section concernant 'tout chrétien' Maxime précise que dans la vie présente, le croyant a part à ces dons du Saint-Esprit par la grâce dans la foi et qu'il lui faudra passer—lorsque le Christ l'aura recréé et ôté de lui toute marque de corruption—à la réalité des mystères archétypes désignée par les symboles sensibles [Cf., MYST 24.948–950 (705a)].

La distinction entre le rite, support sensible, et le symbole, interprétation allégorique de l'action qui la supporte nous oblige à différencier nos modes d'approche de la temporalité ecclésiale. En effet, si on aborde la nature du temps à partir du symbole dans lequel on peut inclure l'effet attendu en faisant partiellement abstraction de la perception du support (i.e. la 'matérialité' des étapes rituelles successives) on parvient à une vision plus théologique de la temporalité, c'est-à-dire à une forme d'eschatologie. On centre alors son intérêt sur le 'dessein' divin et ses répercussions sur l'économie cosmique et individuelle. En revanche, si on porte son attention sur le caractère plus 'empirique' des séquences du rite qui reposent sur la visibilité des actions plutôt que sur leur sens symbolique, on se prédispose à investir un aspect important de la *Mystagogie*, à savoir : l'étude de la nature en esprit (τὴν ἐν πνεύματι φυσικὴν θεωρίαν [MYST 4.271 (672b) ; 4.278–279 (672c) ; 23.803 (697d)]) engagée cette fois-ci dans l'analyse du mouvement et de sa mesure universelle. Dans ce cas, nous complétons notre analyse de la nature du lieu, conçue à partir de la typologie spatiale de l'*ecclesia*, par une étude de la nature du temps fondée sur le postulat de son expression typologique dans les rites de la synaxe.

Nous commencerons par aborder la question du temps de la synaxe à partir du symbole. Ce dernier a quelque peu tendance à étouffer la perception de l'enchaînement progressif des rites. Nous aborderons ensuite les étapes rituelles en calquant la démarche que nous avions utilisé pour l'analyse de l'*ecclesia* sous le rapport du lieu. Nous nous le permettrons en raison des étroites correspondances que Maxime a fait valoir entre le visible et l'invisible dès la seconde *théoria* sur l'*ecclesia*.

3.c.3. *Les rites de la synaxe dans l'économie cosmique. Le dessein divin*

Nous nous souvenons que Maxime divise le temps de ce monde en deux grandes périodes. Ces deux grandes périodes reproduisent le topique néoplatonicien de la procession (*exitus*) et de la conversion (*reditus*). Nous savons que Maxime a intégré ce 'mouvement' duel à plusieurs niveaux. On le trouve dans la reprise du schéma géométrique classique du centre, des rayons et du cercle associé explicitement en *Ambiguum* 7 [1081c] aux concepts de procession (πρόοδος) et de conversion (ἐπιστροφή), mais également dans les notions de *diastole* et de *systole* comme modèle explicatif des relations qu'entretiennent les genres, les espèces et les entités individuées[136] dans une sorte de rapport hiérarchique descendant puis ascendant. Ces deux grandes périodes reproduisent dans la totalité de l'économie divine sur le monde les 'différences'[137] les plus spécifiques de la temporalité à savoir l'antérieur et le postérieur distingués l'un de l'autre par un 'maintenant' (νῦν) qui, dans le présent cas, n'est autre que l'Incarnation du Verbe. Cet événement voit en amont (πρότερον) le temps de la descente de Dieu vers l'homme et en aval (ὕστερον) le temps de la montée de l'homme vers Dieu. L'attention portée à ces deux grandes périodes est indispensable pour situer théologiquement l'enchaînement progressif des rites de la synaxe. Afin de faciliter la saisie globale de cette économie générale, il est utile de reproduire ces différents niveaux de rapports par un graphique. Ce tableau intègre et restructure des notions provenant de plusieurs sources maximiennes: ἀρχὴ, μεσότης, τέλος, proviennent du cinquième paragraphe de la première *Centurie sur la théologie et l'économie de l'Incarnation du Fils de Dieu* [ThEc I.5, 1085a (voir également: Thal 22.60–65)], ils sont « les signes distinctifs (γνωρίσματα) de ce qui est réparti dans le temps et . . . de

---

[136] Pour l'intégralité de ce point de doctrine chez Maxime, voir : Amb 10, 1077bc. On consultera également les études de V. Karayiannis, *Maxime le Confesseur*. Essence et énergies de Dieu, p. 103–109 ; L. Thunberg, *Microcosm and Mediator*, p. 60–61 ; T. Tollefsen, *The Christocentric Cosmology of St. Maximus the Confessor*, p. 135ss.

[137] Cf., Simplicius, Corollarium de loco [626.15–16], *In Aristotelis physicorum libros octo commentaria*, H. Diels ed.

ce que le regard embrasse dans l'*aiôn* » ; la division de l'économie divine sur le monde en deux périodes provient du chapitre 22 des *Questions à Thalassios* (μερίσας δηλονότι σοφῶς τοὺς αἰῶνας καὶ διορίσας, τοὺς μὲν ἐπ᾽ ἐνεργείᾳ τοῦ αὐτὸν γενέσθαι ἄνθρωπον, τοὺς δὲ ἐπ᾽ ἐνεργείᾳ τοῦ τὸν ἄνθρωπον ποιῆσαι θεόν [THAL 22.13–16]); enfin la première venue du Fils de Dieu en ce monde est explicitement mentionnée dans le chapitre 8 de la *Mystagogie* qui introduit l'analyse des rites de la synaxe.

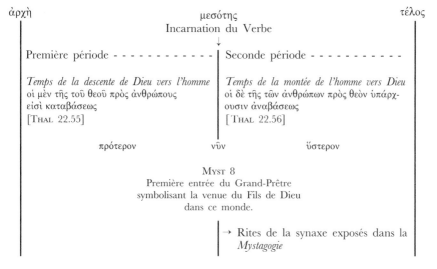

ἀρχή   μεσότης   τέλος

Incarnation du Verbe

Première période - - - - - - - - - - - | Seconde période - - - - - - - - - - -

Temps de la descente de Dieu vers l'homme   *Temps de la montée de l'homme vers Dieu*
οἱ μὲν τῆς τοῦ θεοῦ πρὸς ἀνθρώπους   οἱ δὲ τῆς τῶν ἀνθρώπων πρὸς θεὸν ὑπάρ-
εἰσὶ καταβάσεως   ουσιν ἀναβάσεως
[THAL 22.55]   [THAL 22.56]

πρότερον   νῦν   ὕστερον

MYST 8
Première entrée du Grand-Prêtre
symbolisant la venue du Fils de Dieu
dans ce monde.

→ Rites de la synaxe exposés dans la
Mystagogie

Ce schéma n'est pas à proprement parler historique. On peut toutefois avec les précautions d'usage et pour convenir d'un terme propre à le désigner le déclarer 'méta-historique'. D'ailleurs, le seul événement 'objectivement' situé ou situable est l'Incarnation du Verbe. Cette vision globale qui décrit, dans l'extension d'un schéma, un rapport de concepts-limites est vraisemblablement conçue par Maxime comme une prédétermination de la temporalité globale du monde créé que le divin contient en lui sous forme de rapports de succession absolument inétendus. Nous y avons fait à plusieurs reprises référence en émettant l'idée d'une structure temporelle *a priori* appliquée dans le présent cas au projet divin sur la totalité du monde. Il est d'ailleurs tout à fait possible que Maxime y fasse directement allusion en affirmant dans l'*Ambiguum* 10 que : « . . . les raisons du temps demeurent en Dieu (οἱ λόγοι τοῦ χρόνου ἐν τῷ Θεῷ διαμένωσιν [1164b]) ». Nous avons vu que chez le moine byzantin les raisons (*logoi*) pouvaient désigner des rapports de nature mathématique, c'est-à-dire des rapports stables. Ce point sera précisé dans la prochaine section. Il est d'ailleurs partiellement vérifiable dans ce tableau dans la mesure où l'enchaînement 'principe' / 'milieu' / 'fin' est absolument permanent. Jamais ces concepts ne pourront se mélanger indifféremment.

Ce schéma permet de situer correctement les rites de la synaxe—nous entendons par là la conception symbolique du temps de l'*ecclesia*—dans l'économie divine. De fait, le rituel (i.e. la progression des rites), mais surtout la symbolique qui lui est associée reproduisent en type cette seconde période de l'âge du monde. Ils en imitent et par là en révèlent point par point l'ordre. Ils inscrivent ainsi dans la visibilité d'une action spatialement et temporellement située, l'invisible processus du dessein divin conçu de façon absolument 'a-temporelle' et inétendue contrairement à ce que la représentation spatiale d'un tableau nous impose. Les rites de la synaxe peuvent ainsi être conçus comme jouant sans cesse et de façon ordonnée dans le temps de l'histoire humaine les étapes successives d'une disposition providentielle de Dieu à l'égard des êtres qu'il a produit. Cette disposition ordonnée s'exprime chez Maxime par la formule d'ordonnancement sacré (ἡ ἱερὰ διάταξις [MYST 13.668 (692b)] ; τὴν ... ἁγίαν διάταξιν [24.1080–1081 (712b)]) qui implique logiquement dans ce monde-ci du mouvement, des étapes et un ordre.

La première venue du Christ symbolisée par l'entrée du Grand Prêtre [MYST 8] non seulement inaugure explicitement la seconde période de l'économie divine par un mouvement de remontée (ἀνάβασις) mais implicitement, elle contient, achève et accomplit la première période de l'économie cosmique qui devait la préparer (la κατάβασις de Dieu vers l'homme). De ce point de vue, elle embrasse la totalité du temps. Il est à noter que la première venue du Christ est le seul symbole qui renvoie à un événement efficace situé chronologiquement dans le passé comme l'atteste l'usage, par Maxime, de l'aoriste (ἐλευθερώσας τε καὶ λυτρωσάμενος [8.611–612 (688c)]; πάλιν πρὸς τὴν ἐξ ἀρχῆς ἐπανήγαγε τῆς βασιλείας χάριν [8.613–614 (688c)]). La première venue du Christ, hormis le fait qu'elle libère la nature des hommes de la tyrannie du diable qui s'exprime dans la *Mystagogie* en terme de corruption et de mort, réintroduit dans le monde la grâce du Règne qui se trouve dans le principe. Du point de vue de notre activité de perception, le principe se situe dans le passé mais du point de vue du dessein divin que nous pouvons partiellement concevoir par l'intelligence, il est toujours présent. Enfin, il faut ajouter que les effets produits par cette première étape s'étendent par delà la nature humaine au monde tout entier (παντὸς τοῦ κόσμου [Myst 8.616–617 (688cd)]). Cette indication semble claire-ment tenir que, pour Maxime, la 'grâce du Règne' s'étend à la tota-lité du monde créé.

L'entrée du peuple, les premières lectures, les chants divins et les proclamations de paix bien qu'ordonnés ne sont pas d'un point de vue grammatical (temps du verbe) précisément déterminés. Ils sont par contre clairement préparatoires à la Lecture de l'Evangile et à la célébration des Mystères qui représentent la seule véritable 'mys-tagogie'. L'entrée du peuple [Myst 9] fait référence, comme le dit Maxime, non seulement à la conversion (ἐπιστροφή [Myst 9.623 (689a)]) des incroyants qui viennent à la foi mais à notre propre redressement (διόρθωσις [Myst 9.630 (689a)]). Ainsi, comme le sou-tient le Confesseur, entrer dans l'*ecclesia* signifie entrer dans la vertu conçue de façon figurée comme une *ecclesia*.[138] Les premières lectures [Myst 10] indiquent les volontés divines et la conduite à tenir. Les chants divins [Myst 11] ont pour objectif de renouveler et d'affermir dans l'âme le désir de Dieu. Enfin les proclamations de paix [Myst 12] attestent l'approbation divine de l'engagement pris par l'âme. Ces parties introductives paraissent particulièrement adaptées à la pratique du rite pour ceux qui sont encore menacés par les apparences et l'instabilité du monde présent. Maxime devait sans doute y faire allusion lorsqu'il signalait sans triomphalisme que pour l'heure, il fal-lait exhorter tout chrétien à être assidu à la sainte synaxe et à ce qui s'accomplissait en elle, même si certains sont incapables de voir la profondeur des choses qui adviennent.[139]

Nous avons vu qu'après les rites préparatoires, la lecture de l'Evangile annonçait symboliquement l'accomplissement de ce monde-ci ; le renvoi des catéchumènes, la seconde venue du Christ ; la fermeture des portes, le dépassement des choses matérielles et l'en-trée dans le monde intelligible ; l'entrée des saints et vénérables mys-tères, un enseignement nouveau au sujet du plan de Dieu ; le baiser spirituel, la concorde et l'unanimité ; la confession du symbole de la foi, l'action de grâce mystérieuse qui se fera dans l'*aiôn* à venir; le

---

[138] Cette précision de Maxime pourrait faire directement allusion à la bonne dis-position et aux 'justes' rapports qu'entretiennent âme et corps dans le composé humain. Cf., la description de ces rapports harmonieux en Myst 5.

[139] Cf., Myst 24.886ss (701d).

'trois fois saint', l'union et l'égalité avec les puissances incorporelles et intelligibles; l'invocation de Dieu-Père, l'adoption filiale; la confession du 'un seul saint', le rassemblement et l'union; et pour fin de toutes choses (τέλος πάντων), la distribution du mystère, la transformation qui n'est autre que la divinisation.

Cette ascension liturgique est en fait, comme on peut aisément le constater, un processus ordonné de réduction à l'unité et à l'un. Il domine toute la symbolique de la *Mystagogie* : dépassement de la matière [Myst 15], entrée dans le monde intelligible [Myst 15], unification [Myst 17 ; 19 ; 21] pour finalement atteindre, par concentration,[140] l''un' le plus secret de Dieu (πρὸς τὸ ἓν τῆς αὐτοῦ κρυφιότητος [Myst 23.872–873 (701b)]). Nous pouvons sans peine reconnaître dans ce mouvement l'acclimatation d'un des principaux topiques du néoplatonisme par la liturgie byzantine.

3.c.4. *De l'usage de la théoria symbolique dans l'analyse des actions rituelles*

Nous devons enfin tenter de dégager le rite de l'interprétation symbolique qui tend à en voiler la 'matérialité'. Nous nous proposons donc d'en faire abstraction et de nous réorienter vers l'analyse de son support 'concret'. Nous ne nous attarderons pas à l'histoire du rite, ni à l'explication de chacun de ses actes mais aux conséquences philosophiques de son mouvement ordonné. L'hypothèse d'une véritable typologie temporelle, présupposée par Maxime abstraction faite de son interprétation allégorique, doit être ici-même vérifiée.

L'enchaînement des actions rituelles dans le cadre spatio-temporel de la synaxe est, à l'instar de la configuration visible de l'*ecclesia*, un objet de perception sensible. Les parties du temps de la synaxe ne sont cependant pas initialement perçues de façon globale comme coexistant simultanément mais selon un ordre de succession qui voit des choses premières, des choses secondes etc.

Nous nous souvenons que la perception est le point de départ de la deuxième *théoria* sur l'*ecclesia*. La nature du lieu avait alors été étudiée à partir de la configuration visible d'un bâtiment. Nous avons précédemment expliqué les raisons qui incitèrent Maxime à opérer de cette manière. De façon tout à fait parallèle ici, la perception

---

[140] Nous comprenons 'concentration' dans le sens de ramener toutes choses à son centre (i.e. réunir en un point).

séquentielle d'actions 'chronologiquement' distinctes quoique coordonnées devait permettre à l'auditeur de Maxime, *a fortiori* à celui qui se trouvait dans l'espace ecclésial et qui pouvait par là assister à la succession des actions rituelles, de dégager une typologie du mouvement ordonné inscrit dans le temps liturgique de la synaxe. Cette typologie, ici linéaire, devait reproduire perceptiblement des rapports fondamentaux (*logoi*)[141] de nature mathématique auxquels il devenait possible d'accéder, comme l'induisait à propos du sensible et de l'intelligible l'exposé du moine byzantin, par un procédé de simplification (τοῖς λόγοις ἁπλούμενος [Myst 2.245 (669c)]). Ces rapports (*logoi*) procèdent d'un *logos* premier.[142] Comme principe, ce *logos* contient et règle toutes les déterminations temporelles de l'Univers. Le mouvement ascendant qui cherche à remonter du phénomène à la cause explicative en passant par les étapes stables du mouvement rituel—objet de perception sensible—et les rapports abstraits invisibles n'est autre qu'une application à la synaxe liturgique de la *théoria* symbolique dont Maxime a établi les principes dans la deuxième *théoria* sur l'*ecclesia* [cf., Myst 2.251ss (669cd)].

Chez Maxime, le mouvement anagogique de la *théoria* symbolique doit être prolongé par un mouvement descendant qui par *logoi* et types informe la faculté de perception à nouveau capable de percevoir dans la temporalité du monde sensible (i.e. de l'univers physique) la permanence de certains rapports progressifs et la trace du dessein divin.

Dans les 'apparences' du monde sensible, le flux continuel des êtres, leur apparition, leur disparition, pouvaient induire la thèse d'une prédominance des mécanismes de corruption sur celui de la durée (i.e. de la permanence).[143] Cette perception problématique est bien attestée chez Maxime qui n'hésite pas, dans l'*Ambiguum* 10 à comparer les apparences du monde sensible aux eaux instables qui doivent être quittées pour la terre ferme.[144] La métaphore du passage de l'instabilité des flots à la stabilité de la terre est parfaitement

---

[141] Pour Maxime, les *logoi* du temps demeurent en Dieu (cf., Amb 10, 1164b).

[142] C'est ainsi que nous nous autorisons à comprendre le rapport du logos-un et des *logoi* multiples dans l'*Ambiguum* 7 (Πολλοὶ λόγοι ὁ εἷς λόγος ἐστὶ, καὶ εἷς οἱ πολλοί . . . [1081c]).

[143] Cf., Myst 23.796ss (697d).

[144] Pour l'intégralité de cette question : Amb 10, 1116d–1117b.

appropriée pour décrire l'entrée dans l'*ecclesia* [Cf., MYST 24.1229ss (717c)] laquelle est, pour le moine byzantin, un substitut de la nature.[145]

Tout comme la disposition spatiale du bâtiment-*ecclesia*, l'ordre temporel de la succession des rites se substitue à une analyse directe de la nature et de son mouvement. Cette substitution est faite, disions-nous, en raison d'une fragilité native dans le mode humain de perception quelque peu troublé par son attachement passionné aux êtres et aux choses. On peut ajouter que le caractère fuyant du temps compliquait sérieusement toute l'activité de perception. Il semble que Maxime ait voulu, dans la *Mystagogie*, attirer les facultés de l'âme vers des rapports stables, géométrique dans l'espace ecclésial et vraisemblablement arithmétique dans le temps ecclésial. Il est relativement aisé de concevoir le caractère géométrique de l'architecture sacrée. Sa parenté avec l'usage des concepts de centre, de rayons et de cercle ainsi qu'avec les notions de limite, de position et de schéma s'impose. Il est par contre nettement moins évident d'associer le temps à l'enchaînement progressif des nombres. Remarquons toutefois que nombre et temps présentent une importante similitude dans leur ordre de succession. Cette observation remonte à Aristote lui-même. Il a montré dans le livre des *Catégories* que nombre et temps avaient en commun d'être caractérisés par un certain ordre et que cet ordre s'exprimait pour l'un comme pour l'autre par les concepts d'antériorité et de postériorité.[146] Dans le livre de la *Physique*, Aristote les a d'ailleurs associés en faisant du temps le nombre du mouvement.[147] Cette thèse est connue et admise par Maxime.

Maxime pourrait confirmer le postulat de la parenté du mouvement mesuré et du nombre quand, dans le cinquième chapitre de la *Mystagogie*, il affirme que la vie de l'âme est structurée sur un rapport arithmétique. Son ascension—c'est l'objectif du rituel pour l'âme gnostique- dans laquelle elle rassemble toutes ses puissances est un mouvement dix-quatre-un comme en témoigne le Confesseur lui-même en soutenant que l'âme fait de sa décade une monade, c'est-à-dire un 'un' (μονάδα τὴν ἑαυτῆς δεκάδα ποιῆσαι [MYST 5.420–421 (677d)]) en accomplissant les quatre vertus génériques. Nous pouvons constater dans le même chapitre qu'il s'agit là du mouvement

---

[145] Cf., MYST 23.802–803 (697d).
[146] Cf., ARISTOTE, *Catégories* [5a28–32], R. Bodéüs ed.
[147] Cf., ARISTOTE, *Physique* IV [219b1–2], H. Carteron ed.

inverse au *tétractys* pythagoricien que Maxime formule ainsi : « La tétrade est décade en puissance composée par enchaînement progressif (ἀπὸ τῆς μονάδος εἱρμῷ) à partir de la monade » [Myst 5.426–427 (680a)]. Le concept d'enchaînement progressif qui est un rapport de succession stable et ordonné est par ailleurs clairement associé par Maxime aux étapes du rites. Chacun des symboles est dit passer selon un enchaînement progressif et un ordre des choses immédiates jusqu'à la fin de toutes choses (καθ᾽ εἱρμὸν καὶ τάξιν ἀπὸ τῶν προσεχῶν μέχρι τοῦ πάντων τέλους [Myst 24.901–902 (704a)]).[148]

La perception du rapport stable de succession dans le mouvement progressif des rites de la synaxe permettait ainsi de remonter à l'ordre invisible et transcendant vraisemblablement cause explicative de tous les mouvements ordonnés de la nature. Cette démarche pouvait ainsi satisfaire l'étude de la nature en esprit que l'entrée dans l'*ecclesia* devait, selon Maxime, permettre.

Tout comme le bâtiment ecclésial présentait dans sa structure spatiale de l'unité et de la distinction, l'action qui s'y déroulait pouvait elle aussi présenter dans sa structure temporelle de l'unité et de la distinction. L'*ecclesia* allait ainsi devenir non seulement la cause formelle tant de la bonne disposition (εὐθετισμός)[149] des réalités créées que de la progression en bon ordre (εὖ διατάττων)[150] de leurs mouvements mais également la cause efficiente de l'unification sans confusion de toutes choses, non de son propre fait mais en vertu d'une disposition divine qui n'est autre que la Providence. Le temps de l'*ecclesia* pouvait dès lors coïncider typologiquement avec l'essence authentique du temps qui, pour le néoplatonisme se manifestait activement

---

[148] On peut ajouter que le rapport 'un-quatre-dix' ($\underline{1}+2+3+\underline{4}=\underline{10}$) est inscrit dans l'avènement progressif et ordonné de la totalité du monde pour la philosophie athénienne (explicitement in : Proclus, *In Platonis Timaeum commentaria* [II.53.7–15], E. Diehl ed.); dans cette dernière la décade est habituellement associée au monde (Proclus, *In Platonis rem publicam commentarii* [2.169.9ss ; 170.8ss], W. Kroll ed. ; Proclus, *In Platonis Timaeum commentaria* [II.233.22], E. Diehl ed.), la tétrade à l'âme (Proclus, *In Platonis Timaeum commentaria* [II.233.22], E. Diehl ed.) et la monade à l'intellect ou à la cause démiurgique du monde (Proclus, *In Platonis Timaeum commentaria* [II.233.21], E. Diehl ed. ; Proclus, *In Platonis rem publicam commentarii* [2.169.19], W. Kroll ed.). Ces références ne sont guère exhaustives mais rendent compte d'un topique néoplatonicien, issu du pythagorisme, relativement bien attesté dans l'Antiquité tardive.

[149] Cf., Simplicius, Corollarium de loco [642.28–29], *In Aristotelis physicorum libros octo commentaria*, H. Diels ed.

[150] Cf.; Simplicius, Corollarium de tempore [793.8], *In Aristotelis physicorum libros octo commentaria*, H. Diels ed.

en tant qu'il était « *placé*, comme le soutient Jamblique, sur le même rang que l'opération progressive et ordonnée qui a organisé les œuvres du Démiurge ».[151] S'il est concomitant à l'activité organisatrice du Démiurge dont il paraît être une des principales expressions, il doit traverser temps et siècles en exprimant de façon adéquate à chaque moment du temps une disposition providentielle du Créateur. Dans lequel cas, il est une cause par laquelle les avènements de l'économie cosmique et même les événements qui traversent l'histoire humaine ne se confondent pas mais sont à la fois unis et distincts.

La culture philosophique du VIIème siècle allait permettre le développement d'une conception de l'*ecclesia*, comme toute la première *théoria* a tenté de le démontrer, non seulement comme l'image et le type autorisé du divin en tant qu'elle a, par imitation et type, la même activité que lui (ὡς τὴν αὐτὴν αὐτῷ κατὰ μίμησιν καὶ τύπον ἐνέργειαν ἔχουσαν [Myst 1.130–131 (664d)]) mais aussi comme l'expression d'un dessein providentiel inscrit dans la nature des choses.

---

[151] Simplicius, Corollarium de tempore [793.30–31], *In Aristotelis physicorum libros octo commentaria*, H. Diels ed.

CONCLUSION

La présente étude a été caractérisée, comme on a pu le constater, par la volonté de pénétrer dans un certain nombre de difficultés inhérentes à l'intelligence du système de Maxime le Confesseur. Elle a tenté, en prenant appui sur des textes, d'en repérer et d'en organiser les principaux éléments. Y est-t-elle parvenue ? Sur les points qu'elle s'était initialement proposée, on peut en effet raisonnablement admettre qu'elle a permis un certain progrès du dossier portant sur le *background* néoplatonicien du moine byzantin. Elle a notamment pu relever à plusieurs reprises une certaine familiarité du Confesseur avec le vocabulaire et les idées de la tradition jamblichéenne telle qu'elle a été reformulée dans l'Ecole philosophique d'Athènes où dominent incontestablement les figures de Proclus, de Damascius et de Simplicius. Cette connaissance lui vient-elle du Pseudo-Denys comme paraissent en convenir plusieurs études ? La mention de la *Hiérarchie ecclésiastique* dans le prologue de la *Mystagogie* et la citation explicite du traité des *Noms divins* dans le 23ème chapitre pourraient avoir voilé la nécessité de réexaminer la question de la transmission de la nomenclature du néoplatonisme au moine byzantin. La fréquentation des textes nous a souvent poussés à nous demander si la médiation du *Corpus* dionysien relativement bien admise ne devait pas être foncièrement révisée. L'influence directe de Denys sur Maxime fait encore l'objet d'une importante section de la thèse de Christian Boudignon.[1] Nous n'avons pas cherché dans ces pages à répondre à ce problème bien qu'on puisse y trouver plusieurs indications sur la nécessité de reprendre à l'avenir cette énigme de l'histoire des idées.

La présente recherche a été dominée par des questions relevant de l'étude de la nature (ἡ φυσικὴ θεωρία) et par des problématiques touchant à nos modalités de perception et de connaissance.

---

[1] Cf., Ch. BOUDIGNON, *La « Mystagogie » ou traité des symboles de la liturgie*, p. 66 ; section dans laquelle il discute W. VÖLKER, « Der Einfluss des Pseudo-Dionysius Aeropagita auf Maximus Confessor », *Texte und Untersuchungen* 77 (1961), Berlin, p. 331–350 et A. LOUTH, « St Denys the Areopagite and St. Maximus the Confessor : a Question of Influence », *Studia Patristica* XXVII (1993) 166–174.

Nous avons pu par exemple démontrer que le propos de Maxime sur l'*ecclesia* cherchait à établir non seulement les conditions mais également le cadre d'une 'étude de la nature *en esprit*' dont l'influence sur la pensée byzantine postérieure n'a pas encore fait l'objet d'un examen approfondi. Nous avons noté que l'originalité de cette approche qui consiste à saisir les choses et leur organisation à partir de leur principe (i.e. en cherchant à les fonder sur des principes plus élevés) présente une très grande similitude avec la *noéra théoria* de Jamblique.

L'analyse philosophique a été manifestement privilégiée ici. Pourtant, l'ensemble du parcours proposé comporte en maints endroits d'importants points de synthèse qui pourraient prendre place dans l'élaboration d'une 'théologie byzantine de la création' notamment à partir de ses deux principaux aspects : l'espace (i.e. le lieu) et le temps-*aiôn*. L'introduction de ce travail avait clairement affirmé que celui-ci s'engageait sur la base d'un risque mesuré mais réel. Cette règle a sans cesse accompagné la présente démarche.

Autant que possible cette investigation s'en est tenue à des textes et à des comparaisons de textes cherchant à évaluer la pertinence de notions apparues comme déterminantes pour la compréhension de la pensée du moine byzantin. De façon générale, on a tenté de saisir les matériaux conceptuels de Maxime tant du point de vue de leur environnement textuel que de leur cadre philosophique plus large.

Toute cette enquête a été menée dans le but de clarifier—dans les limites de la *Mystagogie*—certains concepts-clés qui occupent une place prépondérante dans le raisonnement de Maxime le Confesseur et de relever l'importante mutation que ces notions allaient subir une fois intégrées dans ce système 'philosophique' du monde profondément acclimaté aux points d'équilibre de la christologie chalcédonienne.[2]

Le fait que l'*ecclesia* soit dans ces théories considérée comme un 'substitut' de la nature autorisait la démarche qui consistait à l'aborder avec les catégories de lieu et de temps. La catégorie πoῦ par exemple allait permettre de penser toutes choses comme étant non seulement dans un lieu mais également dans une position essentielle et dans une raison de nature qu'elles ne pouvaient quitter sans laisser prévaloir en elles la corruption. Elle permettait par ailleurs, par la

---

[2] Sur ce point assez formel, la récente thèse de M.-L. Charpin (voir *Introduction* et *bibliographie*) a vu juste et apporte une contribution majeure.

notion de 'position', de partiellement expliquer le rapport délicat des notions génériques du 'tout' et de la 'partie' dominant sensiblement les problématiques cosmologiques depuis le *Parménide* de Platon jusqu'aux grands commentateurs néoplatoniciens de l'Antiquité tardive. La catégorie πότε toujours pensée avec la catégorie ποῦ montrait tous les êtres, quelle que soit leur nature, comme dépendant directement d'un principe, autrement dit comme marqués par une limite initiale qui les démarque ainsi foncièrement du divin tel qu'il devait être conçu par Maxime. Nous avons démontré que cette théorie reproduisait sous une forme christianisée le topique néoplatonicien selon lequel la nature des êtres et le temps sont simultanés et coexistants en vertu d'un même acte créateur [Cf., PROCLUS, *In Platonis Timaeum commentaria* [II.100.1ss], E. Diehl ed. ; pour Maxime : AMB 10, 1164a]. Les catégories ποῦ et πότε occupent une telle position dans le système du moine byzantin qu'elles ne pouvaient pas être absentes de l'entité qui allait justement représenter la clé herméneutique du système, à savoir l'*ecclesia*. Cette approche a permis de préciser l'importance du rapport tout-parties et du rapport réciproque des parties à l'*intérieur* d'un-tout commun. Cette problématique maximienne consécutive à celle qui fut discutée dans la tradition des commentateurs du *Parménide* de Platon n'a jamais vraiment été abordée ailleurs.[3] Elle est restée dans l'ombre des principales études qui se sont consacrées à l'œuvre du moine byzantin. La présente enquête a pu sur ce point servir d'indicateur et permettre de saisir une caractéristique importante de la pensée de Maxime difficilement accessible sans un net 'recadrage' philosophique.[4]

C'est sur l'arrière-plan d'un rapport structurel et plus précisément du rapport tout-parties que l'*ecclesia* a été globalement envisagée non plus seulement comme un substitut de la nature comme la *Mystagogie* nous y autorisait mais plus typiquement comme un substitut du lieu

---

[3] On peut toutefois rappeler l'article de Salvatore Lilla qui a indiqué plusieurs points de contacts entre les commentaires de Damascius sur le Parménide et le Corpus dionysien, in : S. LILLA, « Pseudo-Denys l'Aréopagite, Porphyre et Damascius », *Denys l'Aréopagite et sa postérité en Orient et en Occident*. Actes du Colloque International Paris, 21–24 septembre 1994, Y. de Andia ed., Paris, Collection des Etudes Augustiniennes, Série Antiquité 151, 1997, p. 117–154.

[4] Tollefsen a tenté de positionner cette question autour de la catégorie de substance (οὐσία) en envisageant la totalité sous le rapport de l'universel et la partie sous le rapport du particulier. Voir : T. TOLLEFSEN, *The Christocentric Cosmology of St. Maximus the Confessor*. A Study of his Metaphysical Principles, p. 131ss.

comme l'environnement culturel et philosophique du Confesseur devait le permettre. Elle allait ainsi apparaître comme un lieu—contenant et réceptacle—doté d'une puissance d'union spécifique en vertu d'une disposition divine à son égard, d'une part, et de sa propre organisation interne (i.e. de sa configuration spatiale) d'autre part. L'*ecclesia* maximienne devenait ainsi un lieu qui ne devait plus être considéré comme extérieur aux 'choses' qu'il avait charge de mesurer et contenir mais à l'instar du *pneuma* stoïcien comme les pénétrant tout entier de sa puissance de cohésion et d'union. L'*ecclesia* en est ainsi venue à apparaître sous un double aspect. Idéal tout d'abord comme esquisse de la bonne disposition des parties d'un tout donné quel qu'il soit et expression d'un ordonnancement sacré dans lequel êtres et choses allaient être potentiellement réorientés en vue de la déification. Elle allait enfin apparaître sous l'aspect d'un 'atelier' (ἐργαστήριον) ou laboratoire[5] où les choses non seulement devaient se révéler sous leur identité véritable mais pouvaient trouver aussi le moyen d'atteindre ce qu'elles étaient en puissance. L'*ecclesia* se laissait dès lors saisir non seulement comme la révélatrice d'un bon ordre de choses mais comme l'instance qui pouvait le cas échéant le rétablir et ceci en vertu d'une causalité qu'elle porte, selon Maxime, dans sa nature intrinsèque. Elle devait de cette façon se révéler comme le 'salut' du monde dans la mesure où ce dernier ne correspondait pas ou plus à l'ordre divin. Le rite de la synaxe avait dès lors charge de réacclimater la nature des hommes à l'ordre de position qu'ils paraissaient comme entité collective avoir un jour quitté. Avec l'*ecclesia* de la *Mystagogie* maximienne le mouvement naturel des êtres ne fut plus considéré comme un changement pour la corruption mais un mouvement pour la déification. On peut prudemment soutenir que tel était le but que Maxime le Confesseur devait se fixer lorsqu'il décida de rapporter les propos d'un bienheureux vieillard dont il pourrait partiellement partager l'identité.

Cette fresque très byzantine, tant par sa prétention à l'universalité que par sa complexité, est sans doute une des expressions les plus puissantes d'un système 'philosophique' résolument recentré sur le Christ.

---

[5] Que nous pouvons nommer ainsi par analogie avec la thèse anthropologique maximienne qui veut que l'homme soit une sorte de 'laboratoire' où tout se concentre. Voir : Amb 41, 1305b–1308c.

Les pages précédentes nous ont donné les moyens d'exposer de façon plus systématique les présupposés méthodologiques du Confesseur. On peut se référer particulièrement, dans le troisième chapitre, à la section 3.b.7. *Du rapport très général : théoria symbolique et correspondance analogique.*

Nous avons notamment relevé l'importance attribuée par Maxime à la perception sensorielle (i.e. spatio-temporelle) qui n'a que peu attiré l'attention des études maximiennes antérieures. Nous avons vu dans la *Mystagogie* la nécessité d'une certaine rééducation de la faculté humaine de perception. Maxime semble avoir privilégié la vue et l'audition aux autres sens. Ces deux facultés font d'ailleurs l'objet d'une note éclairante dans le 24ème chapitre de la *Mystagogie* où le moine byzantin soutient : « Rien n'est plus enclin aux péchés que ces organes (il vient de parler des yeux, des oreilles et de la langue), s'ils ne sont pas éduqués par la raison, et rien à l'inverse n'est plus apte qu'eux au salut, quand la raison les ordonne, les règle et les mène où il faut et où elle veut ».[6] Il est intéressant de noter que c'est au terme de la *Mystagogie* que viennent se placer ces remarques. Il est vraisemblable que Maxime ait eu à l'esprit l'idée d'une éducation ou rééducation des sens par la raison lorsqu'il dissertait sur l'*ecclesia* visible en tant qu'objet de perception sensible et propédeutique à l'apprentissage du vrai. Pour l'auteur de la *Mystagogie,* il fallait en effet fermer les sens à ce qui est extérieur à l'*ecclesia* pour y revenir après un travail sur les facultés de perception sensible. Maxime voulait sans doute proposer par-là une certaine structure de l'acte de connaissance qui débouchera dans le cinquième chapitre de la *Mystagogie* sur les traces d'un traité de l'âme qui devrait comme tel faire l'objet d'une étude en soi.

Les propos du moine byzantin semblent nettement dire que, pour celui qui a parcouru les diverses étapes de l'initiation, qui relèvent conjointement de l'être et de la connaissance, les êtres et les choses référés au Dieu un se dévoilent dans leur identité véritable, dans leur sympathie naturelle et dans leur destinée commune. Ces caractéristiques sont, pour Maxime, révélées dans l'*ecclesia* faite-de-mains-d'homme qui dévoile dans la spatio-temporalité actuelle le dessein éternel du Dieu Créateur.

---

[6] Myst 24.1164–1168 (716a), traduction Ch. Boudignon retouchée.

BIBLIOGRAPHIE

Les ouvrages marqués d'une astérisque (*) ont joué un rôle déterminant dans l'élaboration de ce travail de thèse.

I *Instruments de travail*

ALEXANDRE, PLANCHE, DEFAUCONPRET, *Dictionnaire Français-Grec*, Paris, Hachette, 1888.
BAILLY A., *Dictionnaire grec français*, Paris, Hachette, 1950²⁶ (édition revue par L. Séchan et P. Chantraine).
BIZOS M., *Syntaxe grecque*, Paris, Vuibert, 1981.
BONITZ H. ed., *Index Aristotelicus*, 1870.
CHANTRAINE P., *Dictionnaire étymologique de la langue grecque*, t.I [A-K], Paris, Klincksieck, 1990.
——, *Dictionnaire étymologique de la langue grecque*, t.II [Λ-Ω], Paris, Klincksieck, 1984.
GOULET R. dir., *Dictionnaire des philosophes antiques*, 2 vol., Paris, CNRS, 1989.
LALANDE A., *Vocabulaire technique et critique de la philosophie*, Paris, PUF, 1988¹⁶.
LAMPE G.W.H., *A Patristic Greek Lexicon*, Oxford, 1997¹³.
*LIDDELL H.G. – SCOTT R., *A Greek-English Lexicon*, Oxford, 1978.
LITTRÉ E., *Dictionnaire de la langue française*, Paris, 1872, supplément 1876.
*THESAURUS LINGUAE GRAECA, CD-Rom TLG E.

II *Editions de la Mystagogie*

La « Mystagogie » ou traité sur les symboles de la liturgie de Maxime le Confesseur (580–662). Edition, traduction, commentaire, Ch. Boudignon ed., Université de Provence (Aix-Marseille I), U.F.R. Civilisations & Humanités, Janvier, 2000 (ce texte doit faire l'objet d'une prochaine parution dans le *Corpus Christianorum Series Graeca* [Leuven-Turnhout]).
Option a été prise de baser cette étude sur l'édition critique en cours provenant des travaux de Christian Boudignon à paraître dans le *Corpus Christianorum Series Graeca* [CCSG]. On y a adopté la numérotation de l'épreuve de cette édition qu'il a eu la gentillesse de nous communiquer et qui va en devenir la référence. Pour la commodité de la consultation des citations reproduites dans ce travail, on lui a ajouté son parallèle dans la *Patrologia Graeca* de Migne (PG 91). En règle générale, une traduction différente de celle que Boudignon offre dans sa dissertation doctorale a été proposée en fonction de la portée philosophique de telle ou telle expression qui méritait d'être précisée.

III *Editions critiques des œuvres de Maxime le Confesseur*

MASSIMO CONFESSORE, *Capitoli sulla Carita*, A. Ceresa-Gastaldo ed., Rome, Editrice Studium, 1963.
MAXIMI CONFESSORIS, *Quaestiones ad Thalassium I.* Quaestiones I–LV, C. Laga & C. Steel eds., Leuven-Turnhout, Brepols, CCSG 7, 1980.
——, *Quaestiones ad Thalassium II.* Quaestiones LVI–LXV, C. Laga & C. Steel eds., Leuven-Turnhout, Brepols, CCSG 22, 1990.
——, *Quaestiones et dubia*, J.H. Declerck ed., Leuven-Turnhout, Brepols, CCSG 10, 1982.

——, *Ambigua ad Iohannem*. Iuxta Iohannis Scotti Eriugenae latinam interpretationem, E. Jeauneau ed., Leuven-Turnhout, Brepols, CCSG 18, 1988.

——, *Opuscula exegetica duo* : Expositio in psalmum LIX, Expositio orationis Dominicae, P. Van Deun ed., Leuven-Turnhout, Brepols, CCSG 23, 1991.

——, *Ambigua ad Thomam una cum Epistula secunda ad eundem*, B. Janssens ed., Leuven-Turnhout, Brepols, CCSG 48, 2002.

Les autres textes cités [*Ambigua ad Iohannem* (texte grec) ; *Centuries sur la théologie et l'économie de l'Incarnation du Fils de Dieu ; Opuscules théologiques et polémiques ; Lettres*] dans ce travail proviennent de l'édition de Migne :
Patrologia Graeca, vols 90–91, J.-P. Migne ed., Paris, 1860.

Traductions consultées :
– *Mystagogie* [Myst] :
La Mistagogia ed altri scritti, Firenze, Testi Cristiani, 1931 ; traduction italienne : R. Cantarella.
L'Initiation chrétienne, A. Hamman ed., Paris, 1963 ; traduction française : M. Lot-Borodine, publiée une première fois dans la revue *Irénikon* 13 (1936) ; 15 (1938).
Maximus Confessor. Selected Writings, New York, Paulist Press, 1985 ; traduction anglaise : G.C. Berthold.
Voir également (bibliographie *supra*) la traduction française de Christian Boudignon (2000) et (bibliographie *infra*) la traduction française provenant de la thèse de M.-L. Charpin (2000).

– *Ambigua ad Iohannem* [Amb] :
Saint Maxime le Confesseur, *Ambigua*, Paris, Suresnes, Editions de l'Ancre, 1995 ; traduction française intégrale: E. Ponsoye (à utiliser avec la plus grande précaution).
Louth A., *Maximus the Confessor*, London, New York, 1996 ; traduction anglaise de l'*Ambiguum* 10 : A. Louth.

– *Centuries sur la théologie et l'économie de l'Incarnation du Fils de Dieu* [ThEc] :
Riou A., *Le monde et l'Eglise selon saint Maxime le Confesseur*, Paris, Beauchesne, Théologie historique, 1973 ; traduction française de la première Centurie : A. Riou.
La Philocalie, vol. 1, Les écrits fondamentaux des pères du désert aux pères de l'Eglise (IVᵉ–XIVᵉ siècles), présentée par O. Clément, Paris, DDB-Lattès, 1995 ; traduction française intégrale : J. Touraille.

– *Centuries sur la Charité* [Char] :
La Philocalie, vol. 1, Les écrits fondamentaux des pères du désert aux pères de l'Eglise (IVᵉ–XIVᵉ siècles), présentée par O. Clément, Paris, DDB-Lattès, 1995 ; traduction française intégrale : J. Touraille.

– *Questions à Thalassios* [Thal] :
Saint Maxime le Confesseur, *Questions à Thalassios*, Paris, Suresnes, Editions de l'Ancre, 1992 ; traduction française intégrale : E. Ponsoye (à utiliser avec la plus grande précaution).
Maxime le Confesseur. Le mystère du Salut, Namur, Editions du Soleil levant, 1964 ; traduction française d'extraits : A. Argyriou et I.-H. Dalmais.

– *Opuscules théologiques et polémiques* [OpThPol] :
Maxime le Confesseur, *Opuscules théologiques et polémiques*, Paris, Cerf, 1998 ; traduction française intégrale : E. Ponsoye (à utiliser avec la plus grande précaution).

IV *Sources philosophiques et patristiques principales*

*Alcinoos	*Enseignements des doctrines de Platon*, J. Whittaker & P. Louis eds., Paris, Les Belles Lettres, 1990.
Ammonius	*In Porphyrii isagogen sive quinque voces*, CAG 4.3, A. Busse ed., Berlin, 1891.
	In Aristotelis categorias commentarius, CAG 4.4, A. Busse ed., Berlin, 1895 ; traduction française : *Les Attributions (catégories)*. Le texte aristotélicien et les prolégomènes d'Ammonius d'Hermeias, Y. Pelletier ed., Paris-Montréal, Les Belles Lettres-Bellarmin, 1983.
*Anonyme	*Prolégomènes à la philosophie de Platon*, L.G. Westerink ed., Paris, Les Belles Lettres, 2003 (second tirage).
*Anthologies	*The Concept of Time in Late Neoplatonism*. Texts with Translations, Introduction and Notes, S. Sambursky & S. Pines eds., Jerusalem, The Israel Academy of Sciences and Humanities, 1971.
	The Concept of Place in Late Neoplatonism. Texts with Translations, Introduction and Notes, S. Sambursky ed., Jerusalem, The Israel Academy of Sciences and Humanities, 1982.
Aristote	*De l'interprétation (De interpretatione)*, L. Minio-Paluello ed., Oxford, Clarendon Press, 1949 (reprinted 1966); traduction française de J. Tricot, *Organon* [I. catégorie, II. De l'interprétation], Paris, Vrin, 1994 (réédition).
	De l'âme, A. Jannone & E. Barbotin eds., Paris, Les Belles Lettres, 1995.
	Métaphysique (Metaphysics), vol. I & II, W.D. Ross ed., Oxford, Clarendon Press, 1924 (reprinted 1948) ; traduction française de J. Tricot, *Métaphysique*, 2 vol., Paris, Vrin, 1991 (réédition).
	*Physique I–IV, H. Carteron ed., Paris, Les Belles Lettres, 1990[7]; nouvelle traduction française : *Physique* I–VIII, L. Couloubaritsis & A. Stevens eds., Paris, Vrin, 1999.
	Du Ciel, P. Moraux ed., Paris, Les Belles Lettres, 1965 ; traduction française antérieure de J. Tricot : *Traité du ciel* suivi du traité pseudo-aristotélicien *Du Monde*, Paris, Vrin, 1949.
	*Catégories, R. Bodéüs ed., Paris, Les Belles Lettres, 2001.
Basile de Césarée	*Homélies sur l'Hexaéméron*, St. Giet ed., Paris, Cerf, SC 26bis, 1968[2].
Chrysippe (Fragments)	*Stoicorum Veterum Fragmenta [SVF]*, vol. 2, J. von Arnim ed., Leipzig, Teubner, 1903.
Clément d'Alexandrie	*Stromates*, livre 1, C. Mondésert & M. Caster eds., Paris, Cerf, SC 30, 1951.
Cosmas Indicopleustès	*Topographie chrétienne*, 3 Tomes, W. Wolska-Conus ed., Paris, Cerf, SC 141, 159, 197, 1968–1970–1973.
Damascius	*Traité des premiers principes* 3 vol., L.G. Westerink & J. Combès eds., Paris, Les Belles Lettres, 1986, 1989, 1991.
	Commentaire du Parménide de Platon, vol. I & II, L.G. Westerink & J. Combès eds., Paris, Les Belles Lettres, 1997.
David	*Prolegomena et in Porphyrii isagogen commentarium*, CAG 18.2, A. Busse ed., Berlin, 1904.
Denys l'Aréopagite (pseudo)	**Corpus Dionysiacum I : Pseudo-Dionysius Areopagita. De divinis nominibus*, B.R. Suchla ed., Berlin, De Gruyter, Patristische Texte und Studien 33, 1990.
	Corpus Dionysiacum II : Pseudo-Dionysius Areopagita. De coelesti hier

archia, de ecclesiastica hierarchia, de mystica theologia, epistulae, G. Heil & A.M. Ritter eds., Berlin, De Gruyter, Patristische Texte und Studien 36, 1991.

DIADOQUE DE PHOTICÉE   *Œuvres spirituelles,* E. des Places ed., Paris, Cerf, SC 5ter, 1997.

DIDYME D'ALEXANDRIE   (Didymus der Blinde) *De Trinitate,* Buch 2 (kap. 1–7), I. Seilered ed., Meisenheim, Hain, Beiträge zur Klassischen Philologie, Heft 52, 1975.

ÉLIAS   *In Porphyrii Isagogen et Aristotelis Categorias,* CAG 18.1, A. Busse ed., Berlin, 1900.

EUCLIDE   *Elementa,* vol. 1–4, E.S. Stamatis ed., Leipzig, Teubner, 1969–1973.

ÉVAGRE LE PONTIQUE   *Traité pratique ou le moine,* I & II, A. & C. Guillaumont eds., Paris, Cerf, SC 170–171, 1971.
Le gnostique ou à celui qui est devenu digne de la science, A. & C. Guillaumont eds., Paris, Cerf, SC 356, 1989.

FLAVIUS JOSÈPHE   *Les Antiquités juives,* E. Nodet ed., Paris, Cerf, 1992?.

GRÉGOIRE DE NAZIANZE   *Discours 27–31,* P. Gallay ed., Paris, Cerf, SC 250, 1978.
Discours 20–23, J. Mossay ed., Paris, Cerf, SC 270, 1980.

GRÉGOIRE DE NYSSE   *La vie de Moïse,* J. Daniélou ed., Paris, Cerf, SC 1ter, 1968³; *De Vita Moysis,* Gregorii Nysseni Opera, vol. VII, Pars I, H. Musurillo ed., Leiden, Brill, 1964.
La création de l'homme, J. Laplace ed., Paris, Cerf, SC 6, 1943 ; *Sermones de creatione hominis,* Gregorii Nysseni Opera, Supplementum, H. Hörner ed., Leiden, Brill, 1972.

JAMBLIQUE   *Les mystères d'Égypte,* E. des Places ed., Paris, Les Belles Lettres, 1966.
*Protreptique, E. des Places ed., Paris, Les Belles Lettres, 1989.
De communi mathematica scientia liber, N. Festa ed., Leipzig, Teubner, 1891 ; *De communi mathematica scientia ; In Nicomachi arithmeticam introductionem ; Theologoumena arithmeticae,* in : GIAMBLICO, *Il numero et il divino,* a cura di Fr. Romano, Milano, Rusconi, 1995 (avec traduction italienne).

JEAN CHRYSOSTOME   *Sur l'incompréhensibilité de Dieu,* t.I, J. Daniélou et al. eds., Paris, Cerf, SC 28bis, 1970².

JEAN DAMASCÈNE   *Die Schriften des Johannes von Damaskos.* I. Institutio Elementaris, Capita Philosophica (Dialectica), B. Kotter ed., Berlin, Walter de Gruyter, Patristische Texte und Studien 7, 1969.

JEAN SCOT ÉRIGÈNE   *Periphyseon.* Liber Primus, E. Jeauneau ed., Leuven-Turnhout, Brepols, Corpus Christianorum Continuatio Mediaeualis CLXI, 1996 ; également : PL 122, 441a–620a ; traduction française : *De la division de la Nature.* Periphyseon, Livre I et Livre II, F. Bertin ed., Paris, PUF, 1995.

MOSCHUS (Jean)   *Le pré spirituel,* M.-J. Rouët de Journel ed., Paris, Cerf, SC 12, 1947.

NEMESIUS D'ÉMÈSE   *De natura hominis,* M. Morani ed., Leipzig, Teubner, 1987.

NICOMAQUE DE GÉRASE   *Introduction arithmétique,* J. Berthier ed., Paris, Vrin, 1978.

OLYMPIODORE   *In Aristotelis meteora commentaria,* CAG 12.2, G. Stüve ed., Berlin, 1900.
Prolegomena et In Categorias, CAG 12.1, A. Busse ed., Berlin, 1902.

ORIGÈNE   *Contre Celse,* Livres 3 et 4, M. Borret ed., Paris, Cerf, SC 136, 1968.

Traité des principes (Peri Archôn), M. Harl et al. eds., Paris, Etudes augustiniennes, 1976.
Philocalie, 1–20. Sur les Ecritures, M. Harl ed., Paris, Cerf, SC 302, 1983.

PAUL LE SILENTIAIRE *Description de Sainte-Sophie de Constantinople*, M.-C. Fayant ed., Die, Editions A. Die, 1997.

PHILON D'ALEXANDRIE *De somniis I–II*, P. Savinel ed., Paris, Cerf, 1962.
De Vita Mosis I–II, R. Arnaldez et al. eds., Paris, Cerf, 1967.
De congressu eruditionis gratia, M. Alexandre ed., Paris, Cerf, 1967.
Quaestiones et solutiones in Exodum I–II, A. Terian ed., Paris, Cerf, 1992.

PHILOPON (Jean) *In Aristotelis physicorum libros octo commentaria*, CAG 17, H. Vitelli ed., Berlin, 1888.
In Aristotelis de anima libros commentaria, CAG 15, M. Hayduck ed., Berlin, 1897 ; *De Anima 3* (perdu dans sa version grecque), traduction anglaise de la version latine de Guillaume de Moerbeke, in : *On Aristotle on the Intellect (de Anima 3.4–8)*, translated by W. Charlton, Ithaca-New York, Cornell University Press, 1991.
In Aristotelis categorias commentarium, CAG 13.1, A. Busse ed., Berlin 1898.
De Aeternitate Mundi contra Proclum, H. Rabe ed., Leipzig, Teubner, 1899.

PHOTIUS *Bibliothèque*, Tome III, 'Codices 186–222', R. Henry ed., Paris, Les Belles Lettres, 1962.

PLATON *Parménide, in : Œuvres complètes, t.VIII.1, A. Diès ed., Paris, Les Belles Lettres, 1967[7] ; nouvelle traduction française : Parménide, L. Brisson trad. et notes, Paris, GF, 1994.
La République (Livre IV–VII), in : Œuvres complètes, t.VII.1, E. Chambry ed., Paris, Les Belles Lettres, 1923.
Phèdre (Phaedrus), Platonis opera, vol. 2, J. Burnet ed., Oxford, Clarendon Press, 1967.
Le Sophiste (Sophista), Platonis opera, vol. 1, J. Burnet ed., Oxford, Clarendon Press, 1967.
*Timée, in : Œuvres complètes, t.X, A. Rivaud ed., Paris, Les Belles Lettres, 1985[6] ; nouvelle traduction française : Timée, L. Brisson trad. et notes, Paris, GF, 1992.

PLOTIN *Traité sur les nombres* (Ennéade VI.6), J. Berthier et al. eds., Paris, Vrin, 1980.
*Enneas VI, Plotini Opera, T.III, P. Henry et H.-R. Schwyzer eds., Paris-Bruxelles-Leiden, Museum Lessianum Series Philosophica XXXV, 1973.

POSIDONIOS *Die Fragmente*, vol. 1, W. Theiler ed., Berlin, De Gruyter, 1982.

PROCLUS *De Providentia et Fato*. Trois études sur la Providence, t.2, D. Isaac ed., Paris, Les Belles Lettres, 1979.
In Platonis Parmenidem, V. Cousin ed., Paris, 1864 ; traduction anglaise : PROCLUS' Commentary on Plato's *Parmenides*, G.R. Morrow and J.M. Dillon eds., Princeton, University Press, 1987.
In primum Euclidis elementorum librum commentarii, G. Friedlein ed., Leipzig, Teubner, 1873 ; traduction française : PROCLUS DE LYCIE, *Les commentaires sur le premier livre des éléments*

d'Euclide, P. Ver Eecke ed., Bruges, DDB, 1948; traduction anglaise : PROCLUS, *A commentary on the first book of Euclid's Elements*, Princeton, University Press, 1992.

*In Platonis Timaeum commentaria, 3 vol., E. Diehl ed., Leipzig, Teubner, 1903–1906 ; traduction française : PROCLUS, *Commentaire sur le Timée*, 5 tomes, A.-J. Festugière ed., Paris, Vrin—C.N.R.S., 1966–1968.

In Platonis rem publicam commentarii, 2 vol., W. Kroll ed., Leipzig, Teubner, 1899–1901 ; traduction française : PROCLUS, *Commentaire sur la République*, 3 tomes, A.-J. Festugière ed., Paris, Vrin, 1970.

Théologie platonicienne, T.I, H.D. Saffrey et L.G. Westerink eds., Paris, Les Belles Lettres, 1968.

Théologie platonicienne, T.III, H.D. Saffrey et L.G. Westerink eds., Paris, Les Belles Lettres, 1978.

Théologie platonicienne, T.IV, H.D. Saffrey et L.G. Westerink eds., Paris, Les Belles Lettres, 1981.

*The Elements of Theology, E.R. Dodds ed., Oxford, Clarendon Press 1992² ; traduction française : PROCLUS, *Éléments de théologie*, J. Trouillard ed., Paris, Aubier, 1965.

PSEUDO-ELIAS *Lectures on Porphyry's Isagoge*, L.G. Westerink ed., Amsterdam, 1967.

SEPTANTE (LXX) *La Bible d'Alexandrie LXX. 2. L'Exode*, A. Le Boulluec et P. Sandevoir eds., Paris, Cerf, 1989.

SIMPLICIUS **Corollarium de loco, In Aristotelis physicorum libros octo commentaria*, CAG 9, H. Diels ed., Berlin, 1882 ; traduction anglaise : *Corollaries on Place and Time*, translated by J.O. Urmson, annotated by L. Siorvanes, London, Duckworth, 1992 ; traduction française partielle de A.-J. Festugière en annexe de PROCLUS, *Commentaire sur la République*, t.III, Paris, Vrin, 1970.

*Corollarium de tempore, In Aristotelis physicorum libros octo commentaria, CAG 9, H. Diels ed., Berlin, 1882 ; traduction allemande : E. Sonderegger, *Simplikios : zur Zeit*. Ein Kommentar zum Corollarium de tempore, Göttingen, Hypomnemata, Heft 70, 1982 ; traduction anglaise : *Corollaries on Place and Time*, translated by J.O. Urmson, annotated by L. Siorvanes, London, Duckworth, 1992.

In Aristotelis de Caelo commentaria, CAG 7, J.L. Heiberg ed., Berlin, 1894.

*In Aristotelis categorias commentarium, CAG 8, K. Kalbfleisch ed., Berlin, 1907 ; traduction française de Ph. Hoffmann : *Commentaire sur les Catégories*. Fascicule I, Introduction, première partie (pp. 1–9, 3 ; Kalbfleisch), I. Hadot ed., Leiden, Brill, Philosophia Antiqua, vol. L, 1990 ; *Commentaire sur les Catégories*. Fascicule III, Commentaire aux premiers chapitres des Catégories, (pp. 21–40, 13 ; Kalbfleisch), I. Hadot ed., Leiden, Brill, Philosophia Antiqua, vol. LI, 1990 ; *Commentaire sur les Catégories d'Aristote*. Chapitres 2–4, commentaire de C. Luna, Paris, Les Belles Lettres, Anagôgê, 2001.

In Aristotelis physicorum libros octo commentaria, CAG 10, H. Diels ed., Berlin, 1895 ; extrait traduit en anglais : SIMPLICIUS, *Against Philoponus on the Eternity of the World* [*In Phys*. 1326,38–1336,34], translated by Ch. Wildberg, London, Duckworth, 1991.

Commentaire sur le Manuel d'Épictète, t.I, I. Hadot ed., Paris, Les Belles Lettres, 2001.

Syrianus	*In Aristotelis metaphysica commentaria*, CAG 6.1, W. Kroll ed., Berlin, 1902.
Theodoret de Cyr	*Thérapeutique des maladies helléniques*, P. Canivet ed., Paris, Cerf, SC 57, 1958.
Theodore de Mopsueste	*Les homélies catéchétiques de Théodore de Mospueste*, R. Tonneau & R. Devreesse eds., Città del Vaticano, Biblioteca Apostolica Vaticana, 1949.
Theophraste	*Métaphysique*, A. Laks & G.W. Most eds., Paris, Les Belles Lettres, 2001.
Zacharie de Mitylène	*Ammonius De opificio mundi*, PG 85, 1011–1144; la seule édition critique est en langue italienne : Zacaria Scolastico, *Ammonio*, M. Minniti Colonna, Napoli, 1973.

V   *Etudes de la Mystagogie*

Bornert R., *Les commentaires byzantins de la divine liturgie du VIIᵉ au XVᵉ s.*, Paris, Archives de l'Orient chrétien 9, 1966 (§2 : La *Mystagogie* de saint Maxime le Confesseur).

Charpin M.-L., *Union et différence*. Une lecture de la Mystagogie de Maxime le Confesseur, thèse de doctorat dactylographiée, Université de soutenance, Paris IV, 2000 (une publication scientifique est en cours).

Dalmais H.-I., « 'Place de la Mystagogie' de saint Maxime le Confesseur dans la théologie liturgique byzantine », *Studia Patristica* V Berlin (1962) 277–283.

———, « Mystère liturgique et divinisation dans la 'Mystagogie' de saint Maxime le Confesseur », in : *Epektasis. Mélanges patristiques offerts au cardinal Daniélou*, Paris, 1972, p. 55–62.

———, « Théologie de l'Eglise et mystère liturgique dans la 'Mystagogie' de saint Maxime le Confesseur », *Studia Patristica* XIII (1975) 145–153.

———, « L'Eglise, icône du Mystère : la 'Mystagogie' de saint Maxime le Confesseur, une ecclésiologie liturgique », in : *L'Eglise dans la liturgie, Conférence Saint Serge, XXVIᵉᵐᵉ semaine d'études liturgiques, 26–29 juin 1979*, Rome 1980, p. 107–117.

———, « La manifestation du Logos dans l'homme et dans l'Eglise. Typologie anthropologique et anthropologie ecclésiale d'après 'Qu.Thal.' 60 et la 'Mystagogie' », in: *Maximus Confessor, Actes du Symposium sur Maxime le Confesseur*, Chr. Von Schönborn & F. Heinzer eds., Fribourg, 1982, p. 13–25.

Dragas G.D., « The Church in Saint Maximus' Mystagogy », *Irish Theological Quarterly (The)* 53/2 (1987) 113–129.

Dupont V.L., « Le dynamisme de l'action liturgique. Une étude de la mystagogie de saint Maxime le Confesseur », *RevSR* 65 (1991) 363–388.

Nikolaou T., « Zur Identität des *Makarios gerôn* in der 'Mystagogia' von Maximos dem Bekenner », *Orientalia Christiana Periodica* 49 (1983) 407–418.

Ossorguine N., « Eléments cosmiques de la mystagogie liturgique », in : *Mystagogie: Pensée liturgique d'aujourd'hui et liturgie ancienne*, Conférence Saint Serge. XXXIXᵉ semaine d'études liturgiques (Paris, 30 juin–3 juillet 1992), Roma, Edizione liturgiche, 1993, p. 243–252.

Ozoline N., « La symbolique cosmique du temple chrétien selon la mystagogie de Saint Maxime le Confesseur », in : *Mystagogie : Pensée liturgique d'aujourd'hui et liturgie ancienne*, Conférence Saint Serge. XXXIXᵉ semaine d'études liturgiques (Paris, 30 juin–3 juillet 1992), Roma, Edizioni liturgiche, 1993, p. 253–262.

Zhivov V.M., « The 'Mystagogia' of Maximus the Confessor and the development of the Byzantine Theory of the Image », *St. Vladimir's Theological Quarterly* 31 (1987) 349–376.

VI   *Littérature secondaire sur Maxime le Confesseur*

BALTHASAR H.U. (Von), *Kosmische Liturgie*. Das Weltbild Maximus des Bekenners, Einsiedeln, 1961.

BLOWERS P., *Exegesis and Spiritual Pedagogy in Maximus the Confessor*, Indiana, Notre Dame, University of Notre Dame Press, 1991.

——, « Gregory of Nyssa, Maximus Confessor, and the Concept of 'Perpetual Progress' », *VC* 46 (1992) 151–171.

*CRISTIANI M., « Κόσμος αἰσθητός. Le système des cinq sens dans les *Ambigua* de Maxime le Confesseur », *Micrologus* X (2002) 449–462.

DALMAIS I.H., « La théorie des '*logoi*' des créatures chez saint Maxime le Confesseur », *Revue des sciences philosophiques et théologiques* 36 (1952) 244–249.

GATTI M.L., *Massimo il Confessore*. Saggio di bibliografia generale ragionata e contributi per una ricostruzione scientifica del suo pensiero metafisico e religioso, Milano, 1987.

KARAYIANNIS V., *Maxime le Confesseur*. Essence et énergies de Dieu, Paris, Beauchesne, Théologie historique, 1993.

KATTAN A.E., *Verleiblichung und Synergie*. Grundzüge der Bibelhermeneutik bei Maximus Confessor, Leiden, Brill, Supplements to Vigiliae Christianae LXIII, 2003.

*LACKNER W., *Studien zur Philosophischen Schultradition und zu den Nemesioszitaten bei Maximos dem Bekenner*, Graz, 1962 (thèse dactylographiée).

LARCHET J.-C., *La divinisation de l'homme selon saint Maxime le Confesseur*, Paris, Cerf, Cogitatio Fidei, 1996.

LEVY A., *Le créé et l'incréé chez S. Maxime le Confesseur et S. Thomas d'Aquin*. Aux sources de la question palamite, Fribourg, thèse dactylographiée, 2002 (doit faire prochainement l'objet d'une publication scientifique).

LOUTH A., « St. Denys the Areopagite and St. Maximus the Confessor : a Question of Influence », *Studia Patristica* XXVII (1993) 166–174.

——, *Maximus the Confessor*, London, New York, Routledge, 1996.

——, « Recent Research on St. Maximus the Confessor : A Survey », *St. Vladimir theological Quarterly* 42 (1998) 67–84.

PERL E.D., *Methexis : Creation, Incarnation, Deification in Saint Maximus Confessor*, (Dissertation Thesis, Ph.D., Yale University, 1991), Ann Arbor, Mich., U.M.I. Dissertation Services, 1995.

PLASS P., « Transcendant Time in Maximus the Confessor », *The Thomist* 44 (1980) 259–277.

——, « 'Moving Rest' in Maximus Confessor », *Classica et mediaevalia* 35 (1984) 177–190.

RIOU A., *Le monde et l'Eglise selon saint Maxime le Confesseur*, Paris, Beauchesne, Théologie historique, 1973.

*SHELDON-WILLIAMS I.P., « The Greek Christian Tradition from the Cappadocians to Maximus and Eriugena », *The Cambridge History of Later Greek and Early Medieval Philosophy*, A.H. Armstrong ed., Cambridge, 1967, p. 425–533.

SHERWOOD P., *An annotated date-list of the works of Maximus the Confessor*, Rome, 1952.

——, *The Earlier Ambigua of St. Maximus the Confessor*, Rome, 1955.

——, « (Influence du pseudo-Denys sur) Saint Maxime le Confesseur (+662) », in: *Dictionnaire de Spiritualité*, t.III, 1957, 295–300.

——, Maximus and Origenism. ΑΡΧΗ ΚΑΙ ΤΕΛΟΣ, in: *Berichte zum XI internationalen Byzantinisten-Kongress*, München, 1958, III, 1.

STEEL C., « 'Elementatio evangelica' de Maxime le Confesseur », in: *Festschrift Frans Neirynck. The Four Gospels 1992*, F. Van Segbroeck et al. eds., Leuven, University Press, 1992, p. 2419–2432.

——, « Le jeu du Verbe. A propos de Maxime. Amb. Ad Ioh. LXVII », *Philohistôr. Miscellanea in Honorem Caroli Laga Septuagenarii*, A. Schoors et P. Van Deun eds., Leuven, Orientalia Lovaniensia Analecta 60, 1994, p. 281–293.

THUNBERG L., *Microcosm and Mediator. The Theological Anthropology of Maximus the Confessor*, Lund, 1965; 2ᵉ éd., Chicago-La Salle, 1995.

——, *Man and cosmos*, St Vladimir's Seminary Press, Crestwood, New York 1985.

*TOLLEFSEN T., *The Christocentric Cosmology of St. Maximus the Confessor*. A Study of his Metaphysical Principles, Universitet i Oslo, Acta humaniora nr. 72, 2000.

VAN DEUN P., « La symbolique des nombres dans l'œuvre de Maxime le Confesseur (580–662) », *Byzantinoslavica* 53 (1992) 237–242.

VÖLKER W., « Der Einfluss des Pseudo-Dionysius Areopagita auf Maximus Confessor », *Texte und Untersuchungen* 77 (1961), Berlin, p. 331–350.

VII *Etudes générales*

ALGRA K., *Concepts of Space in Greek Thought*, Leiden, Brill, 1995.

AUBENQUE P., *Le problème de l'être*. Essai sur la problématique aristotélicienne, Paris, PUF, Quadrige, 1994².

AUJOULAT N., *Le néo-platonisme alexandrin*. Hiéroclès d'Alexandrie, Leiden, Brill, 1986.

BALTHASAR H.-U. (Von), *Présence et pensée*. Essai sur la philosophie religieuse de Grégoire de Nysse, Paris, Beauchesne, 1988².

BARREAU H., « Modèles circulaires, linéaires et ramifiés de la représentation du temps », in : *Mythes et représentations du temps*. Phénoménologie et Herméneutique, Paris, C.N.R.S, 1985.

BENAKIS L., « The Problem of General Concepts in Neoplatonism and Byzantine Thought », in : *Neoplatonism and Christian Thought*, D. O'Meara ed., Washington, Catholic University of America, 1978, p. 75–86.

BERCHMAN R.M., « Rationality and Ritual in Neoplatonism », in : *Neoplatonism and Indian Philosophy*, P. Mar Gregorios ed., Albany, State University of New York Press, 2002, p. 229–268.

BRÉHIER E., « L'idée de néant et le problème de l'origine radicale dans le néoplatonisme grec », *Revue de Métaphysique et de Morale* 26 (1919) 443–475 (repris in : *Etudes de philosophie antique*, Paris, PUF, 1955, p. 248–283).

——, « Posidonius d'Apamée théoricien de la géométrie », in : *Etudes de philosophie antique*, Paris, PUF, 1955, p. 117–130.

BUCHMAN H., « The geometry of Middle byzantine Churches and some possible implications », *JÖB* 42 (1992) 293–321.

CAMPBELL Th.L., *Dionysius the Pseudo-Areopagite, The Ecclesiastical Hierarchy*, Washington DC, University Press of America, 1981.

CHARLES-SAGET A., *L'architecture du divin*. Mathématique et Philosophie chez Plotin et Proclus, Paris, Les Belles Lettres, 1982.

——, « La théurgie, nouvelle figure de l'*ergon* dans la vie philosophique », in : *The Divine Iamblichus*. Philosopher and Man of Gods, H.J. Blumenthal & E.G. Clark eds., London, Bristol Classical Press, 1993, p. 107–115.

COURTINE J.-F., « La dimension spatio-temporelle dans la problématique catégoriale du 'De divisione naturae' de Jean Scot Érigène », *Les Études Philosophiques* 3 (1980) 343–367.

CRISTIANI M., « Lo spazio e il tempo nell'opera dell'Eriugena », *Studi medievali*, Serie 3, 14/1, 1973, 39–136.

——, « L'universo spazio-temporale di Giovanni Eriugena », *Sentimento del tempo e periodizzazione della storia nel Medioevo (atti del XXVI Convegno storico internazionale : Todi 10–12 ottobre 1999)*, Spoleto, 2000, p. 73–105.

CRUBELLIER M., « Le temps dans la philosophie d'Aristote », *Penser le temps*, Paris, Ellipses, 1996, p. 7–18.

——, « La beauté du monde. Les sciences mathématiques et la philosophie première », *Revue internationale de philosophie* 201 (3/1997) 307–332.

Cupane C., « Il ΚΟΣΜΙΚΟΣ ΠΙΝΑΞ di Giovanni di Gaza », *JÖB* 28 (1979) 195–207.

De Libera A., *La querelle des Universaux*. De Platon à la fin du Moyen Âge, Paris, Seuil, 1996 (en particulier : 2. Du néoplatonisme grec au péripatétisme arabe).

Dillon J., « Iamblichos de Chalcis », *DPhA*, tome III (2000), 824–836.

Dixsaut M., « Le temps qui s'avance et l'instant du changement (Timée, 37c–39e, Parménide, 140e–141e, 151e–155e) », *Revue philosophique de Louvain* 101 (2003) 236–264.

*Duhem P., *Le système du monde*, t.I, Paris, Hermann, 1913.

Festugière A.-J., *Contemplation et vie contemplative selon Platon*, Paris, Vrin, 1950².

——, « Le temps et l'âme selon Aristote », in : *Etudes de philosophie grecque*, Paris, Vrin, 1971, p. 197–220.

——, « Le sens philosophique du mot ΑΙΩΝ. A propos d'Aristote, *De Caelo I, 9* », in : *Etudes de philosophie grecque*, Paris, Vrin, 1971, p. 254–272.

——, « L'ordre des lecture des dialogues de Platon au Vème/VIème siècles », in: *Etudes de philosophie grecque*, Paris, Vrin, 1971, p. 535–550.

——, « Contemplation philosophique et art théurgique chez Proclus », in: *Etudes de philosophie grecque*, Paris, Vrin, 1971, p. 585–596.

*Galperine M.-C., « Le temps intégral selon Damascius », *Les Études Philosophiques* 3 (1980) 325–341.

Gersh St., Κίνησις Ἀκίνητος. A Study of Spiritual Motion in the Philosophy of Proclus, Leiden, Brill, 1973.

——, *From Iamblichus to Eriugena*. An Investigation of the Prehistory and Evolution of the Pseudo-Dionysian Tradition, Leiden, Brill, 1978.

——, « Porphyry's Commentary on the 'Harmonics' of Ptolemy and Neoplatonic Musical Theory », in : *Platonism in Late Antiquity*, St. Gersh & Ch. Kannengiesser eds., Notre Dame Indiana, University of Notre Dame Press, 1992, p. 141–155.

——, « Dialectical and Rhetorical Space. The Boethian Theory of Topics and its Influence during the Early Middle Ages », in : *Raum und Raumvorstellungen im Mittelalter*, J.A. Aertsen & A. Speer eds., New York-Berlin, Miscellanea Mediaevalia 25, 1998, p. 391–401.

——, « Proclus' theological methods. The programme of *Theol.Plat.*I.4 », in: *Proclus et la théologie platonicienne*. Actes du Colloque International de Louvain (13–16 mai 1998) en l'honneur de H.D. Saffrey et L.G. Westerink, A.Ph. Segonds & C. Steel eds., Leuven-Paris, 2000, p. 16–27.

Goulet R., *La Philosophie de Moïse*. Essai de reconstruction d'un commentaire philosophique préphilonien du Pentateuque, Paris, Vrin, 1987.

——, « Elias », *DPhA*, tome III (2000), 57–66.

Grabowski S.J., « God 'contains' the Universe. A Study in Patristic Theology », *Revue de l'Université d'Ottawa*. Section spéciale 26 (1956) 90*–113*.

*Hadot I., *Le problème du néoplatonisme alexandrin*. Hiéroclès et Simplicius, Paris, Etudes augustiniennes, 1978.

Hadot P., « Les divisions des parties de la philosophie dans l'Antiquité », *Museum Helveticum* 36 (1979) 202–223 (repris in: *Etudes de philosophie ancienne*, Paris, Les Belles Lettres, 1998).

——, « Sur divers sens du mot *pragma* dans la tradition philosophique grecque », in : *Concepts et catégories dans la pensée antique*, P. Aubenque ed., Paris, Vrin, 1980, p. 309–319.

Haldon J.F., *Byzantium in the Seventh Century: The Transformation of a Culture*, Cambridge, 1990.

*Hamelin O., *Le système d'Aristote*, Paris, Alcan, 1976⁴.

*Hoffmann Ph., « Simplicius: Corollarium de loco », in: *L'astronomie dans l'Antiquité classique*. Actes du Colloque tenu à l'Université de Toulouse-Le Mirail (21–23 octobre 1977), Paris, Les Belles Lettres, 1979, p. 143–163.

——, « Jamblique exégète du Pythagoricien Archytas: Trois originalités d'une doctrine du temps », *Les Études Philosophiques* 3 (1980) 307–323.

——, « Les catégories ΠΟΥ et ΠΟΤΕ chez Aristote et Simplicius », in: *Concepts et catégories dans la pensée antique*, P. Aubenque ed., Paris, Vrin, 1980, p. 217–245.

——, « Paratasis. De la description aspectuelle des verbes grecs à une définition du temps dans le néoplatonisme tardif », *REG* XCVI (1983) 1–26.

——, « Catégories et langage selon Simplicius—La question du 'skopos' du traité aristotélicien des 'catégories' », in: *Simplicius, sa vie, son œuvre, sa survie*. Actes du colloque international de Paris (28 sept.–1er oct. 1985), I. Hadot ed., Berlin-New York, Walter De Gruyter, 1987, p. 61–90.

——, « Sur quelques aspects de la polémique de Simplicius contre Jean Philopon: De l'invective à la réaffirmation de la transcendance du ciel », in : *Simplicius, sa vie, son œuvre, sa survie*. Actes du colloque international de Paris (28 sept.–1er oct. 1985), I. Hadot ed., Berlin-New York, Walter De Gruyter, 1987, p. 183–221.

——, « Damascius », *DPhA*, tome II (1994), 541–593.

——, « La fonction des prologues exégétiques dans la pensée pédagogique néoplatonicienne », in : *Entrer en matière*. Les prologues, J.-D. Dubois & B. Roussel eds., Paris, Cerf, Centre d'études des religions du livre, 1998, p. 209–245.

——, « Les catégories aristotéliciennes ποτὲ et ποὺ d'après le commentaire de Simplicius. Méthode d'éxégèse et aspects doctrinaux », in : *Le commentaire entre tradition et innovation*, Actes du colloque international de l'Institut des traditions textuelles (Paris et Villejuif, 22–25 septembre 1999), M.-O. Goulet-Cazé ed., Paris, Vrin, 2000, p. 355–376.

HUXLEY G.L., *Anthemius of Tralles*. A Study in Later Greek Geometry, Cambridge, Massachusetts, Greek, Roman, and Byzantine Studies, 1959.

KRAUTHEIMER R., *Early Chrstian and Byzantine Architecture*, Baltimore, Penguin Book, The Pelican History of Art, 1986⁴.

LARSEN B.D., *Jamblique de Chalcis*. Exégète et philosophe, Aarhus, Universitetforlaget, 1972.

LEMERLE P., *Le premier humanisme byzantin*, Paris, PUF, 1971.

LERNOULD A., *Physique et théologie*. Lecture du Timée de Platon par Proclus, Lille, Presses Universitaires du Septentrion, 2001.

LILLA S., « Pseudo-Denys l'Aréopagite, Porphyre et Damascius », in : *Denys l'Aréopagite et sa postérité en Orient et en Occident*. Actes du Colloque International Paris, 21–24 septembre 1994, Y. de Andia ed., Paris, Collection des Etudes Augustiniennes, Série Antiquité 151, 1997, p. 117–154.

LUNA C., « La relation chez Simplicius », in: *Simplicius, sa vie, son œuvre, sa survie*. Actes du colloque international de Paris (28 sept.–1er oct. 1985), I. Hadot ed., Berlin-New York, Walter De Gruyter, 1987, p. 113–143.

MAGUIRE H., *Art and eloquence in Byzantium*, Princeton N.J., Princeton University Press, 1994.

MAHÉ J.-P., « Quadrivium et cursus d'études au VIIe s., en Arménie et dans le monde byzantin, d'après le Kᶜnnikon d'Anania Sirakac'i », *Travaux et Mémoires* 10 (1987) 159–206.

MAINSTONE R.J., *Haghia Sophia: Architecture, Structure and Liturgy of Justinian's Great Church*, Thames & Hudson, 1997.

MANGO C.A., *Byzantine Architecture*, New York, Abrams, 1976.

MEYENDORFF J., *Le Christ dans la théologie byzantine*, Paris, Cerf, 1969.

——, *Unité de l'Empire et divisions des chrétiens*, Paris, Cerf, 1993.

MILLER J., *Measures of Wisdom*. The Cosmic Dance in Classical and Christian Antiquity, Toronto, University of Toronto Press, 1986.

MORISON B., *On location. Aristotle's concept of place*, Oxford, Clarendon Press, 2002.

MURPHY F.X., SHERWOOD P., *Constantinople II et III*, Paris, Histoire des Conciles oecuméniques 3, 1974.

O'BRIEN D., « Temps et éternité dans la philosophie grecque », in : *Mythes et représentations du temps*. Phénoménologie et Herméneutique, Paris, C.N.R.Ś, 1985.

O'Meara D., *Pythagoras Revived*. Mathematics and Philosophy in Late Antiquity, Oxford, Clarendon Press, 1989.

——, « Vie politique et divinisation dans la philosophie néoplatonicienne », in : ΣΟΦΙΕΣ ΜΑΙΗΤΟΡΕΣ « Chercheurs de sagesse ». Hommage à Jean Pépin, Paris, Collection des Etudes Augustiniennes, Série Antiquité 131, 1992, p. 501–510.

——, « The hierarchical ordering of reality in Plotinus », in : *The Cambridge companion to Plotinus*, L. Gerson ed., Cambridge, 1996, p. 66–81.

——, « Philosophie politique néoplatonicienne chez le Pseudo-Denys », in : *Denys l'Aréopagite et sa postérité en Orient et en Occident*. Actes du Colloque International Paris, 21–24 septembre 1994, Y. de Andia ed., Paris, Collection des Etudes Augustiniennes, Série Antiquité 151, 1997, p. 75–88.

——, « Proclus : the Geometry of the Divine » [à paraître 2002/2003].

Ostrogorsky G., *Histoire de l'Etat byzantin*, Paris, Payot, 1977.

O'Neill W., « Time and Eternity in Proclus », *Phronesis* 7 (1962) 161–165.

Ouzounian A., « David l'Invincible », *DPhA*, tome II (1994) 614–615.

Pépin J., « Eléments pour une histoire de la relation entre l'intelligence et l'intelligible chez Platon et dans le néoplatonisme », *Revue philosophique* 81 (1956) 39–64.

Reale G., « La dottrina dell'origine del mondo in Platone con particolare riguardo al Timeo e l'idea cristiana della creazione », *Rivista di Filosofia neo-scolastica* LXXXVIII (gennaio-marzo 1996) 3–33.

*Roueché M., « Byzantine philosophical Texts of the seventh Century », *JÖB* 23 (1974) 61–76.

——, « A middle byzantine Handbook of logic Terminology », *JÖB* 29 (1980) 71–98.

——, « The Definitions of Philosophy and a new Fragment of Stephanus the Philosopher », *JÖB* 40 (1990) 107–128.

Routila L., « La définition aristotélicienne du temps », in : *Concepts et catégories dans la pensée antique*, P. Aubenque ed., Paris, Vrin, 1980, p. 247–252.

Runia D.T., « A brief history of the term *kosmos noétos* from Plato to Plotinus », in : *Traditions of Platonism*. Essays in Honour of John Dillon, J.J. Clearly ed., Aldershot, Ashgate, 1999, p. 151–171.

Rutten C., *Les catégories du monde sensible dans les* Ennéades *de Plotin*, Paris, 1961.

Saffrey H.-D., « Accorder entre elles les traditions théologiques : Une caractéristique du néoplatonisme athénien », in : *Proclus and his Influence in medieval Philosophy*, E.P. Bos & P.A. Meijer eds., Leiden, Brill, 1992, p. 35–50.

——, *Recherches sur le néoplatonisme après Plotin*, Paris, Vrin, 1990.

*Sambursky S., *The physical World of late Antiquity*, London, Routledge and Kegan Paul, 1987.

Scholten Cl., *Antike Naturphilosophie und christliche Kosmologie in der Schrift "De opificio mundi" des Johannes Philoponos*, Berlin-New York, Walter De Gruyter, 1996.

Schönborn (von) Ch., *Sophrone de Jérusalem*. Vie monastique et confession dogmatique, Paris, Beauchesne, Théologie historique 20, 1972.

Shaw G., *Theurgy and the Soul*. The Neoplatonism of Iamblichus, Pennsylvania, University Park, 1995.

Sonderegger E., *Simplikios: zur Zeit*. Ein Kommentar zum Corollarium de tempore Göttingen, Hypomnemata, Heft 70, 1982.

Sorabji R., *Time, Creation and the Continuum*. Theories in Antiquity and the early Middle Ages, Ithaca-New York, Cornell University Press, 1983.

——, « Infinity and the Creation », in : *Philoponus and the Rejection of the Aristotelian Science*, R. Sorabji ed., London, Duckworth, 1987, p. 164–178.

——, *Matter, Space and Motion*. Theories in Antiquity and Their Sequel, Ithaca-New York, Cornell University Press, 1988.

Taft R.F., « The Liturgy of the Great Church : an initial Synthesis of Structure and Interpretation on the Eve of Iconoclasm », *Dumbarton Oaks Papers* 34–35 (1980–1981) 45–75 (repris dans : *Liturgy in Byzantium and Beyond*, Aldershot, Ashgate, Variorum Collected Studies, 1995).

——, *Le rite byzantin*. Bref historique, Paris, Cerf, Liturgie, 1996.

TAORMINA D.P., *Jamblique critique de Plotin et de Porphyre*. Quatre études, Paris, 1999.

TROUILLARD J., « Le cosmos du Pseudo-Denys », *Revue de théologie et de philosophie*, Série 3, 5, 1955, 51–57.

——, *La mystagogie de Proclos*, Paris, Les Belles Lettres, 1982.

VERBEKE G., « Some later neoplatonic Views on divine Creation and the Eternity of the World », in : *Neoplatonism and Christian Thought*, D. O'Meara ed., Washington, Catholic University of America, 1978, p. 45–53.

——, « La perception du temps chez Aristote », in: *Aristotelica*. Mélanges offerts à Marcel De Corte, Liège, Presses Universitaires, Cahiers de philosophie ancienne n°3, 1985, p. 351–377.

VERRYCKEN K., « The Development of Philoponus' Thought and its Chronology », in: *Aristotle transformed*. The ancient Commentators and their Influence, R. Sorabji ed., London, Duckworth, 1990, p. 233–274.

*WOLSKA W., *Recherche sur la 'Topographie chrétienne' de Cosmas Indicopleustès*. Théologie et science au VIème siècle, Paris, PUF, 1962.

WOLSKA-CONUS W., « Stéphanos d'Athènes et Stéphanos d'Alexandrie », *Revue des études byzantines* 47 (1989) 5–89.

INDEX DES AUTEURS CITÉS

INDEX DES NOTIONS

SUPPLEMENTS TO VIGILIAE CHRISTIANAE

1. Tertullianus. *De idololatria.* Critical Text, Translation and Commentary by J.H. Waszink and J.C.M. van Winden. Partly based on a Manuscript left behind by P.G. van der Nat. 1987. ISBN 90 04 08105 4

2. Springer, C.P.E. *The Gospel as Epic in Late Antiquity.* The *Paschale Carmen* of Sedulius. 1988. ISBN 90 04 08691 9

3. Hoek, A. van den. *Clement of Alexandria and His Use of Philo in the* Stromateis. An Early Christian Reshaping of a Jewish Model. 1988. ISBN 90 04 08756 7

4. Neymeyr, U. *Die christlichen Lehrer im zweiten Jahrhundert.* Ihre Lehrtätigkeit, ihr Selbstverständnis und ihre Geschichte. 1989. ISBN 90 04 08773 7

5. Hellemo, G. *Adventus Domini.* Eschatological Thought in 4th-century Apses and Catecheses. 1989. ISBN 90 04 08836 9

6. Rufin von Aquileia. *De ieiunio* I, II. Zwei Predigten über das Fasten nach Basileios von Kaisareia. Ausgabe mit Einleitung, Übersetzung und Anmerkungen von H. Marti. 1989. ISBN 90 04 08897 0

7. Rouwhorst, G.A.M. *Les hymnes pascales d'Éphrem de Nisibe.* Analyse théologique et recherche sur l'évolution de la fête pascale chrétienne à Nisibe et à Édesse et dans quelques Églises voisines au quatrième siècle. 2 vols: I. Étude; II. Textes. 1989. ISBN 90 04 08839 3

8. Radice, R. and D.T. Runia. *Philo of Alexandria.* An Annotated Bibliography 1937–1986. In Collaboration with R.A. Bitter, N.G. Cohen, M. Mach, A.P. Runia, D. Satran and D.R. Schwartz. 1988. repr. 1992. ISBN 90 04 08986 1

9. Gordon, B. *The Economic Problem in Biblical and Patristic Thought.* 1989. ISBN 90 04 09048 7

10. Prosper of Aquitaine. *De Providentia Dei.* Text, Translation and Commentary by M. Marcovich. 1989. ISBN 90 04 09090 8

11. Jefford, C.N. *The Sayings of Jesus in the Teaching of the Twelve Apostles.* 1989. ISBN 90 04 09127 0

12. Drobner, H.R. and Klock, Ch. *Studien zu Gregor von Nyssa und der christlichen Spätantike.* 1990. ISBN 90 04 09222 6

13. Norris, F.W. *Faith Gives Fullness to Reasoning.* The Five Theological Orations of Gregory Nazianzen. Introduction and Commentary by F.W. Norris and Translation by Lionel Wickham and Frederick Williams. 1990. ISBN 90 04 09253 6

14. Oort, J. van. *Jerusalem and Babylon.* A Study into Augustine's *City of God* and the Sources of his Doctrine of the Two Cities. 1991. ISBN 90 04 09323 0

15. Lardet, P. *L'Apologie de Jérôme contre Rufin.* Un Commentaire. 1993. ISBN 90 04 09457 1

16. Risch, F.X. *Pseudo-Basilius: Adversus Eunomium IV-V.* Einleitung, Übersetzung und Kommentar. 1992. ISBN 90 04 09558 6

17. Klijn, A.F.J. *Jewish-Christian Gospel Tradition.* 1992. ISBN 90 04 09453 9

18. Elanskaya, A.I. *The Literary Coptic Manuscripts in the A.S. Pushkin State Fine Arts Museum in Moscow*. ISBN 90 04 09528 4

19. Wickham, L.R. and Bammel, C.P. (eds.). *Christian Faith and Greek Philosophy in Late Antiquity*. Essays in Tribute to George Christopher Stead. 1993. ISBN 90 04 09605 1

20. Asterius von Kappadokien. *Die theologischen Fragmente*. Einleitung, kritischer Text, Übersetzung und Kommentar von Markus Vinzent. 1993. ISBN 90 04 09841 0

21. Hennings, R. *Der Briefwechsel zwischen Augustinus und Hieronymus und ihr Streit um den Kanon des Alten Testaments und die Auslegung von Gal. 2,11-14*. 1994. ISBN 90 04 09840 2

22. Boeft, J. den & Hilhorst, A. (eds.). *Early Christian Poetry*. A Collection of Essays. 1993. ISBN 90 04 09939 5

23. McGuckin, J.A. *St. Cyril of Alexandria: The Christological Controversy*. Its History, Theology, and Texts. 1994. ISBN 90 04 09990 5

24. Reynolds, Ph.L. *Marriage in the Western Church*. The Christianization of Marriage during the Patristic and Early Medieval Periods. 1994. ISBN 90 04 10022 9

25. Petersen, W.L. *Tatian's Diatessaron*. Its Creation, Dissemination, Significance, and History in Scholarship. 1994. ISBN 90 04 09469 5

26. Grünbeck, E. *Christologische Schriftargumentation und Bildersprache*. Zum Konflikt zwischen Metapherninterpretation und dogmatischen Schrift-beweistraditionen in der patristischen Auslegung des 44. (45.) Psalms. 1994. ISBN 90 04 10021 0

27. Haykin, M.A.G. *The Spirit of God*. The Exegesis of 1 and 2 Corinthians in the Pneumatomachian Controversy of the Fourth Century. 1994. ISBN 90 04 09947 6

28. Benjamins, H.S. *Eingeordnete Freiheit*. Freiheit und Vorsehung bei Origenes. 1994. ISBN 90 04 10117 9

29. Smulders s.j., P. (tr. & comm.). *Hilary of Poitiers' Preface to his* Opus historicum. 1995. ISBN 90 04 10191 8

30. Kees, R.J. *Die Lehre von der* Oikonomia Gottes in der Oratio catechetica *Gregors von Nyssa*. 1995. ISBN 90 04 10200 0

31. Brent, A. *Hippolytus and the Roman Church in the Third Century*. Communities in Tension before the Emergence of a Monarch-Bishop. 1995. ISBN 90 04 10245 0

32. Runia, D.T. *Philo and the Church Fathers*. A Collection of Papers. 1995. ISBN 90 04 10355 4

33. De Coninck, A.D. *Seek to See Him*. Ascent and Vision Mysticism in the Gospel of Thomas. 1996. ISBN 90 04 10401 1

34. Clemens Alexandrinus. *Protrepticus*. Edidit M. Marcovich. 1995. ISBN 90 04 10449 6

35. Böhm, T. *Theoria – Unendlichkeit – Aufstieg*. Philosophische Implikationen zu *De vita Moysis* von Gregor von Nyssa. 1996. ISBN 90 04 10560 3

36. Vinzent, M. *Pseudo-Athanasius, Contra Arianos IV*. Eine Schrift gegen Asterius von Kappadokien, Eusebius von Cäsarea, Markell von Ankyra und Photin von Sirmium. 1996. ISBN 90 04 10686 3

37. Knipp, P.D.E. *'Christus Medicus' in der frühchristlichen Sarkophagskulptur.* Ikonographische Studien zur Sepulkralkunst des späten vierten Jahrhunderts. 1998. ISBN 90 04 10862 9

38. Lössl, J. *Intellectus gratiae.* Die erkenntnistheoretische und hermeneutische Dimension der Gnadenlehre Augustins von Hippo. 1997. ISBN 90 04 10849 1

39. Markell von Ankyra. *Die Fragmente. Der Brief an Julius von Rom.* Herausgegeben, eingeleitet und übersetzt von Markus Vinzent. 1997. ISBN 90 04 10907 2

40. Merkt, A. *Maximus I. von Turin.* Die Verkündigung eines Bischofs der frühen Reichskirche im zeitgeschichtlichen, gesellschaftlichen und liturgischen Kontext. 1997. ISBN 90 04 10864 5

41. Winden, J.C.M. van. *Archè.* A Collection of Patristic Studies by J.C.M. van Winden. Edited by J. den Boeft and D.T. Runia. 1997. ISBN 90 04 10834 3

42. Stewart-Sykes, A. *The Lamb's High Feast.* Melito, *Peri Pascha* and the Quartodeciman Paschal Liturgy at Sardis. 1998. ISBN 90 04 11236 7

43. Karavites, P. *Evil, Freedom and the Road to Perfection in Clement of Alexandria.* 1999. ISBN 90 04 11238 3

44. Boeft, J. den and M.L. van Poll-van de Lisdonk (eds.). *The Impact of Scripture in Early Christianity.* 1999. ISBN 90 04 11143 3

45. Brent, A. *The Imperial Cult and the Development of Church Order.* Concepts and Images of Authority in Paganism and Early Christianity before the Age of Cyprian. 1999. ISBN 90 04 11420 3

46. Zachhuber, J. *Human Nature in Gregory of Nyssa.* Philosophical Background and Theological Significance. 1999. ISBN 90 04 11530 7

47. Lechner, Th. *Ignatius adversus Valentinianos?* Chronologische und theologiegeschichtliche Studien zu den Briefen des Ignatius von Antiochien. 1999. ISBN 90 04 11505 6

48. Greschat, K. *Apelles und Hermogenes.* Zwei theologische Lehrer des zweiten Jahrhunderts. 1999. ISBN 90 04 11549 8

49. Drobner, H.R. *Augustinus von Hippo:* Sermones ad populum. Überlieferung und Bestand – Bibliographie – Indices. 1999. ISBN 90 04 11451 3

50. Hübner, R.M. *Der paradox Eine.* Antignostischer Monarchianismus im zweiten Jahrhundert. Mit einen Beitrag von Markus Vinzent. 1999. ISBN 90 04 11576 5

51. Gerber, S. *Theodor von Mopsuestia und das Nicänum.* Studien zu den katechetischen Homilien. 2000. ISBN 90 04 11521 8

52. Drobner, H.R. and A. Viciano (eds.). *Gregory of Nyssa: Homilies on the Beatitudes.* An English Version with Commentary and Supporting Studies. Proceedings of the Eighth International Colloquium on Gregory of Nyssa (Paderborn, 14-18 September 1998) 2000 ISBN 90 04 11621 4

53. Marcovich, M. (ed.). *Athenagorae qui fertur* De resurrectione mortuorum. 2000. ISBN 90 04 11896 9

54. Marcovich, M. (ed.). *Origenis: Contra Celsum Libri VIII.* 2001. ISBN 90 04 11976 0

55. McKinion, S. *Words, Imagery, and the Mystery of Christ.* A Reconstruction of Cyril of Alexandria's Christology. 2001. ISBN 90 04 11987 6

56. Beatrice, P.F. *Anonymi Monophysitae* Theosophia, *An Attempt at Reconstruction.* 2001. ISBN 90 04 11798 9

57. Runia, D.T. *Philo of Alexandria:* An Annotated Bibliography 1987-1996. 2001. ISBN 90 04 11682 6

58. Merkt, A. *Das Patristische Prinzip.* Eine Studie zur Theologischen Bedeutung der Kirchenväter. 2001. ISBN 90 04 12221 4

59. Stewart-Sykes, A. *From Prophecy to Preaching.* A Search for the Origins of the Christian Homily. 2001. ISBN 90 04 11689 3

60. Lössl, J. *Julian von Aeclanum.* Studien zu seinem Leben, seinem Werk, seiner Lehre und ihrer Überlieferung. 2001. ISBN 90 04 12180 3

61. Marcovich, M. (ed.), adiuvante J.C.M. van Winden, *Clementis Alexandrini Paedagogus.* 2002. ISBN 90 04 12470 5

62. Berding, K. *Polycarp and Paul.* An Analysis of Their Literary and Theological Relationship in Light of Polycarp's Use of Biblical and Extra-Biblical Literature. 2002. ISBN 90 04 12670 8

63. Kattan, A.E. *Verleiblichung und Synergie.* Grundzüge der Bibelhermeneutik bei Maximus Confessor. 2002. ISBN 90 04 12669 4

64. Allert, C.D. *Revelation, Truth, Canon, and Interpretation.* Studies in Justin Martyr's Dialogue with Trypho. 2002. ISBN 90 04 12619 8

65. Volp, U. *Tod und Ritual in den christlichen Gemeinden der Antike.* 2002. ISBN 90 04 12671 6

66. Constas, N. *Proclus of Constantinople and the Cult of the Virgin in Late Antiquity.* Homilies 1-5, Texts and Translations. 2003. ISBN 90 04 12612 0

67. Carriker, A. *The Library of Eusebius of Caesarea.* 2003. ISBN 90 04 13132 9

68. Lilla, S.R.C., herausgegeben von H.R. Drobner. *Neuplatonisches Gedankengut in den 'Homilien über die Seligpreisungen' Gregors von Nyssa.* 2004. ISBN 90 04 13684 3

69. Mullen, R.L. *The Expansion of Christianity.* A Gazetteer of its First Three Centuries. 2004. ISBN 90 04 13135 3

70. Hilhorst, A. (ed.). *The Apostolic Age in Patristic Thought.* 2004. ISBN 90 04 12611 2

71. Kotzé, A. *Augustine's* Confessions: *Communicative Purpose and Audience.* 2004. ISBN 90 04 13926 5

72. Drijvers, J.W. *Cyril of Jerusalem: Bishop and City.* 2004. ISBN 90 04 13986 9

73. Duval, Y.-M. *La décrétale* Ad Gallos Episcopos: *son texte et son auteur.* Texte critique, traduction Française et commentaire. 2005. ISBN 90 04 14170 7

74. Mueller-Jourdan, P. *Typologie spatio-temporelle de l'*Ecclesia *byzantine.* La Mystagogie de Maxime le Confesseur dans la culture philosophique de l'Antiquité. 2005. ISBN 90 04 14230 4